人力资源管理新模式

超全流程及内控管理

尹秀美 / 编著

中国铁道出版社有限公司

CHINA RAILWAY PUBLISHING HOUSE CO., LTD.

图书在版编目（CIP）数据

人力资源管理新模式:超全流程及内控管理/尹秀美
编著.—北京：中国铁道出版社有限公司，2021.1
ISBN 978-7-113-26901-2

Ⅰ.①人… Ⅱ.①尹… Ⅲ.①企业管理－人力资源
管理－研究 Ⅳ.①F272.92

中国版本图书馆CIP数据核字（2020）第083798号

书　　　名：人力资源管理新模式——超全流程及内控管理
　　　　　　RENLI ZIYUAN GUANLI XINMOSHI : CHAOQUAN LIUCHENG JI NEIKONG GUANLI
作　　　者：尹秀美

责任编辑：王　佩　张文静　　读者热线：(010)63560056　　邮箱：505733396@qq.com
封面设计：宿　萌
责任校对：王　杰
责任印制：赵星辰

出版发行：中国铁道出版社有限公司（100054，北京市西城区右安门西街8号）
印　　刷：中煤（北京）印务有限公司
版　　次：2021年1月第1版　2021年1月第1次印刷
开　　本：787 mm×1 092 mm　1/16　印张：19.25　字数：419千
书　　号：ISBN 978-7-113-26901-2
定　　价：88.00元

前言

■ 写作缘起

首先，衷心感谢您能翻开这本书！

本书是我多年从事人力资源管理相关工作实践经验的沉淀与知识积累的精髓。在这十多年中，我接触了很多类型的企业，其中有上市公司、国企、民营企业等。不同的企业对人力资源管理认识的程度不同，非常重视人力资源管理的企业，其部门起到的作用会非常大；当然也不排除，有些中小型企业对人力资源这一板块不是很重视，他们认为人力资源管理部只是招人、结算工资、做表格、后勤服务等简单的工作，甚至有些企业的老板觉得人力资源管理部可有可无，增加了企业的人力成本。但是，我认为，企业在人力资源方面的管理水平从侧面反映了企业整体的经营管理水平。

从公司的组织发展、人力资源规划、招聘与配置、培训与开发、绩效管理、薪酬福利管理、劳动关系管理以及如何识人、用人、留人、去人、人才盘点等，要做好人力资源工作，是一件不可轻视的事情。

我编写《人力资源管理新模式——超全流程及内控管理》一书，希望读者可以从不同的角度来了解人力资源管理工作的重要性，并充分肯定人力资源管理的工作。

■ 内容结构

全书共 11 章，系统讲述了现代人力资源管理的地位、作用及人力资源管理工作范围、程序与内容。又按照人力资源管理工作模块以"专业认知＋体系搭建＋专业技巧＋制度与流程＋工具表单＋案例传真"的形式依次讲述招聘与配置管理、培训与开发管理、薪酬管理、绩效考核管理、社会保险与福利管理、员工关系管理以及企业如何开展人才盘点。书中语言通俗而朴实，案例源于现实工作，具有很强的实战性与操作性。

■ 本书亮点

（一）易知、易懂，内容全面。书中内容涵盖了人力资源管理部门所有的内容、工作流程、制度及工作表单。不论您从事人力资源管理的哪块工作，都可以为您提供对应的操作方法和解决问题的思路。

（二）实战、实用，模板齐全。本书不同于传统的理论式书籍，无论是想要从事或正在从事人力资源工作的人员，都可以现学现用。书中结合企业的工作场景进行详述，使读者更清晰自己的工作目标，由浅入深，从简单到精通，能够灵活运用书中的工作模板、工作制度、工作流程、工具表单，希望可以使您的人力资源工作变得简单而又得心应手。

（三）灵活、落地，案例丰富。书中提供大量的参考模板、案例、操作方法与技巧，便于您快速上手与落地。灵活运用的同时有利于提高您在人力资源领域的专业水平与技能，明确您的职业发展路径。

由于涉及人力资源的法律、法规等政策文件具有时效性，书中内容都是基于书稿完成时的相关政策规定。若政策有所变化，可能会带来某些内容及模块操作方式的变化。届时，请以最新的政策文件内容为准。

■ 读者对象

本书适合人力资源管理专业或实务操作的人员、想要或正在从事人力资源管理相关工作的人员、将要或已经成为人力资源主管/经理/总监、企业中高层管理人员、管理咨询人士、企业培训人员、其他对人力资源管理工作感兴趣的人员及各高等院校人力资源管理专业的师生阅读使用。

因时间有限，书中不尽之处在所难免，恳请读者批评指正，并真诚希望本书能帮助您取得显著进步。

尹秀美

2020 年 4 月

为方便读者学习，可扫描下方二维码或输入网址：

https://pan.baidu.com/s/1k07L3XPNA1nD2hp3_xh0cg（提取码：gx4a）

获取本书配套表单文件。

目录

第 3 章　基础人事管理 / 34

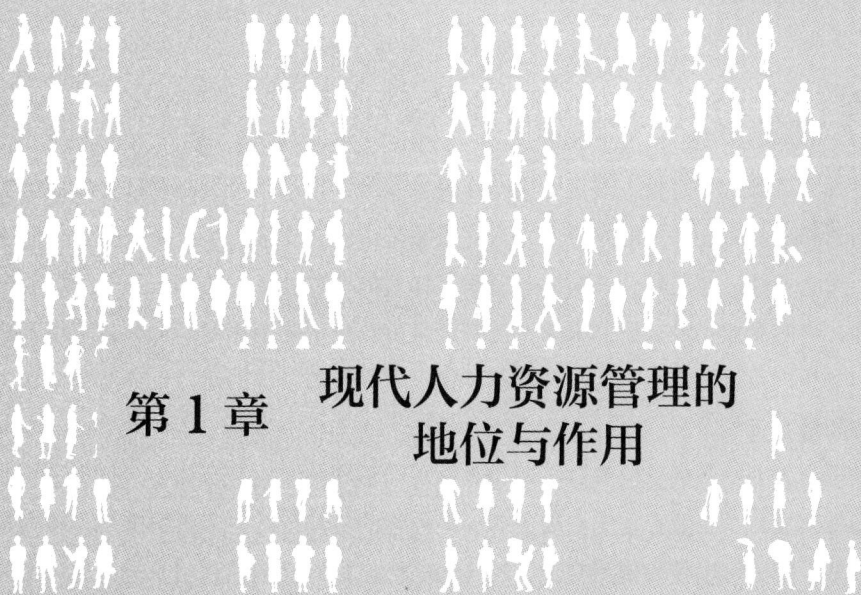

第 1 章　现代人力资源管理的
地位与作用

目前，一些著名企业已实施人力资源战略管理，而中小企业的人力资源管理依然停留在传统人事管理水平上，甚至有些中小企业都没有人力资源部，直接是由财务部兼做人力资源部的工作。由于缺乏清晰的人力资源战略及规划，未建立基于人才价值本位的选拔与用人机制，从而导致人才缺乏或流失严重。信息技术在未得到充分利用时，人力资源部仍忙于日常事务、打杂，做一些最简单最基础的事情，没有深入人力资源管理本质领域，只是在一些操作层面徘徊，未能发挥人力资源管理真正巨大的作用和价值。

1.1 现代人力资源管理的地位与作用

什么是人力资源？它是指人类进行生产或提供服务，推动整个经济和社会发展的劳动者的各种能力的总和。从企业管理的角度看，人力资源是由企业支配并加以开发的、依附于企业员工个体的、对企业经济效益和企业发展具有积极作用的劳动能力的总和。人力资源管理的重要性日益增强。许多企业已经认识到人力资源是最具有竞争优势的资源。在外部环境不断变化的今天，企业要想取得可持续竞争优势，就不能仅仅依靠传统管理的运营，还必须靠人力资源的优势来维持和培育竞争力。

概括来说，人力资源的价值来源于两个方面，即手和脑。人具有体力，体力是企业组织生产劳动的必备要素，是企业存在的必要条件，是人力的工具特性。人具有脑力，脑力是企业发展的充分条件。脑力可以使人调用其他各种资源、优化资源结构、利用其他资源创造价值，是人的智力特性。正是因为人同时具备这两方面的特性，使得它比资金资源更重要，因此，人力资源作为企业的第一资源是当之无愧的。

为了说明人力资源对企业的巨大作用，宝洁公司前董事长 Richard Deupree 曾说过这样的话，如果你把我们的资金、厂房及品牌留下，把我们的人带走，我们公司会垮掉；如果你拿走我们的资金、厂房及品牌，而把我们的人留下，10 年内我们将重建一切。凡是能够重视人力资源的企业，虽弱而强，能够得到可持续发展，最终可以取得成功；凡是不能够重视人力资源的企业，虽强而弱，可能会盛极一时，但终究必败。所以说，人力资源是一切资源中最宝贵的资源，是社会各项资源中最关键的资源，是一种可持续发展的资源，是影响全局的因素，也是对企业产生重大影响的资源，与其他任何资源相比，具有更重要的作用。

凡是成功的企业家，都是经营人的高手。所谓战略决定成败，谁来制订战略？谁来执行战略？肯定是人。而细节决定成败，如何落实、追踪细节？还要靠人。

1.2 认识现代人力资源管理

人力资源管理是指企业根据自身发展战略的要求，通过实施一系列的管理过程，保障企业发展的人力配置，并充分挖掘人力资源的潜能，即实现"事得其人，人尽其才"的人力资源管理目标，从而确保企业战略目标的实现。

"事得其人"是获取（招聘甄选）与维持（薪酬福利与员工关系）；"人尽其才"是激励（绩效管理）与开发（培训发展）。为了实现"事得其人，人尽其才"的目标，需要完成两项基础工作：了解分析"事"（事是什么，需要怎样的人来完成），了解分析"人"（分析预测人力资源的供给与需求），并在此基础之上制定人力资源各模块的工作目标以及实施方案。

人力资源管理是现代企业管理体系的重要环节，是提升企业价值的基础。

众所周知，中国企业的人力资源管理还处于"小学阶段"，还有很长的路要走。

人力资源管理的发展要经历以下阶段：人事管理－人力资源管理－战略人力资源管理－人才管理的演变阶段。

第一阶段：人事管理。20世纪90年代以前，"人"被看作档案来管理；人事部门仅是一个"办手续"的部门，是个琐碎次要的部门；工作内容包括日常考勤、工资发放、办理离职、退休、离休等。人事部门是一个不折不扣的事务性部门，HR充其量是一个高级办事员，并无人力资源专业化的要求。

第二阶段：人力资源管理。1993年，中国人民大学劳动人事学院率先将人事管理专业改为人力资源管理专业，中国开始从人事管理转向人力资源管理，并经历了一个快速发展、创新和变革期。在这个阶段，人力资源管理强调以"工作"为核心，其目标更看重如何使个人能够完成工作。此时人力资源管理的各个模块开始建立，例如：招聘、培训、薪酬、绩效等，但各个模块之间的关系呈现相互独立状态。

第三阶段：战略人力资源管理。2000年以后，战略人力资源管理开始走入大家的视线。在该阶段，有两个鲜明的特征：一是HRM(Human Resource Manager, 人力资源经理)被看成是企业的一个战略伙伴，它已经投入到战略制订的过程中，并且负责通过制订和调整HR的管理计划来帮助完成企业战略的贯彻和执行工作；二是组织的人力资源管理政策和实践应用与组织的战略相结合，即HRM要考虑组织的战略环境和文化。

第四阶段：人才管理。最近几年，人才管理成为一个热门词汇。人才管理是一个整合的人才发展体系，它关注于人才从吸引、招募、管理、发展和保留的整个循环，并将其看作一个整体进行管理，以保障在快速的商业变化下，企业能够保持充足的人才供应。人才管理的终极目标是实现公司发展过程中持续的人才输入。无论企业如何调整其商业战略，都必须要评估和重视支撑企业发展的人才需求。

HR的发展前景是非常广阔的，职业生涯的道路也是很宽的，做好了人的管理工作，还有什么管理做不好？这可能是吸引更多年轻人选择这个职业的原因。一般来讲，一个努力工作的

HR 管理者，能够有更多的机会接触到最新最强的管理理念和知识，是第一受益人。可以说，HR 工作是一个可以通过给企业增加价值从而实现自身价值的工作。目前我国大部分企业中的人事部门已转化为人力资源部门，而掌握专业人力资源管理知识且拥有职业资格证书的从业人员极其稀少。

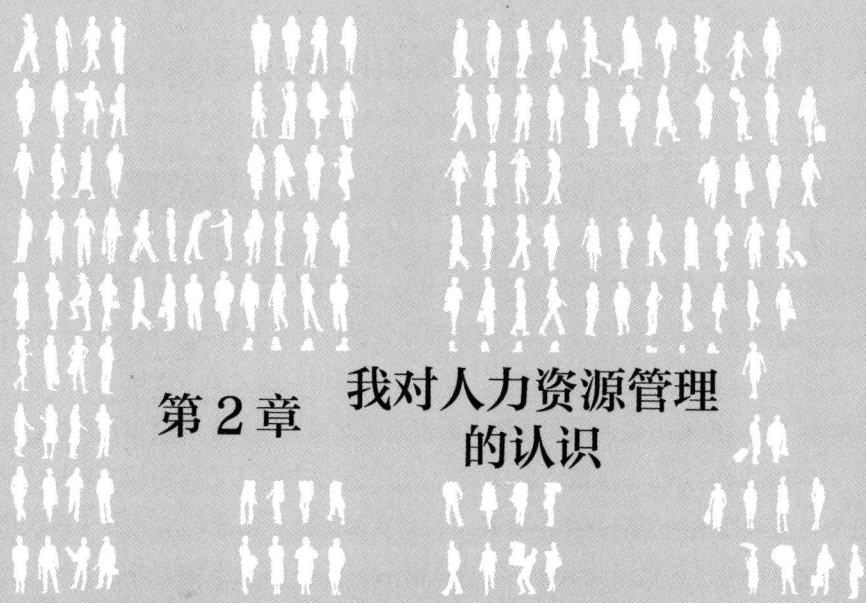

第 2 章　　我对人力资源管理
的认识

众所周知，人力资源管理人员是企业构成要素中最具潜力和活力，但是，在今天仍然有很多人在提到人力资源部的时候，依然以传统眼光来看待人力资源部门的相关职能，认为只是做人员招聘、建立档案、计算工资、办理保险的等事宜。其实，人力资源管理人员在一个企业中发挥着不同战略性、专业性、有效性的作用。

到底人力资源管理人员在企业中充当了什么角色呢？笔者认为人力资源管理在企业中扮演了企业战略伙伴、参谋和助手、企业变革推动者与创新者、员工服务者、HRBP 业务合作伙伴等角色。

2.1 人力资源管理在企业中扮演的角色

1. 企业战略伙伴

杰克·韦尔奇曾说过，"人力资源负责人在任何企业里都应该是第二号人物"。他与企业的关系是一种基于高度信任、伙伴成员间共享竞争优势和利益的长期性、战略性的协同发展关系，它能对外界产生独立和重大的影响，并为合作各方带来深远的意义。人力资源管理人员掌握和运用人力资源管理的系统知识与专业技能，为企业有效建立和推动实施包括人力资源规划、招聘选拔、培训开发、绩效管理、薪酬管理、职业生涯管理及员工关系管理等在内的人力资源管理专业功能模块、制度和方法，提高组织人力资源开发与管理的专业性和有效性。人力资源管理人员参与组织战略的分析、决策与制订，基于组织战略制订人力资源战略规划，保证人力资源管理机制与组织战略的纵向一体化对接、人力资源管理各功能模块的横向系统化匹配，并致力于从战略角度进行各类人才队伍的开发与建设，实现组织战略达成与员工职业成功的双赢。

2. 参谋和助手

人力资源管理人员为企业出谋划策，提出建设性的建议或意见，同时起着一个承上启下、沟通内外、协调左右、联系各方的枢纽作用。

3. 企业变革推动与创新者

人力资源管理人员参与和推动组织变革与创新，建立和推广变革文化与理念，参与建设组织的变革流程与方式，进行有效的变革沟通，妥善处理组织变革过程中的各种人力资源问题，强化和提高员工对组织变革的认同感与适应能力。

4. HRBP 业务合作伙伴

人力资源管理人员以业务需求为导向，参与推动业务流程的优化，为业务部门提供合适有效的人力资源管理工具和解决方案，建设与业务部门有机协同、长效互动的人力资源管理工作机制，开发与提升直线管理者的领导力和人力资源管理能力，推动建设高效和谐的业务团队。

做好人力资源部与业务部门之间的沟通桥梁，帮助业务部门设定人力资源的工作目标和计划，并树立对业务部门的内部客户服务意识，为他们提供专业的人力资源解决方案。它主要从 HR 视角出发参与业务部门管理工作；与人力资源专家和人力资源共享中心合作，给出有效的 HR 解决方案；向人力资源专家和人力资源共享中心反馈 HR 政策、HR 项目和 HR 进程的实施有效性；协调员工关系，调查培训需求；制订并执行业务部门 HR 年度工作计划；运作适应所在业务部门的 HR 战略和执行方案；参与所在业务部门的领导力发展和人才发展通道建设；支持企业文化变革并参与变革行动；建立所在业务部门的人力资源管理体系。

5．企业代表

人力资源管理者是企业的形象，一言一行都与企业息息相关。

6．员工服务者

人力资源管理人员建立并维护和谐的员工关系，设计实施员工利益的保障机制，维护员工的各项合法权益；帮助员工进行职业生涯规划，提供有益的职业发展指导；关注员工的身体与心理健康，采取有效的举措维护员工工作与生活的平衡，提高员工满意度，增强员工忠诚感与企业凝聚力。

7．知识的管理者

人力资源管理人员培育学习型组织和共享文化，推动组织管理信息系统的建设、优化和维护，积累、转移和整合组织内外的各类知识和智力资源，促进个体知识的组织化、隐性知识的显性化（标准化）、外部知识的内化以及组织知识的共享化，提升组织的学习与创新创造能力。

8．员工眼中的人力资源管理

平日里，员工眼中的 HR 总是一身职业装，各种专业名词、政策制度一讲就停不下来，任何时候看上去都是那么闪闪发光。但其实，HR 的工作是这样的……

（1）关于着装方面：员工认为 HR 穿着万年不变的职业装；而其他人就穿着风格多变的漂亮衣服。

（2）关于招聘方面：员工以及用人部门认为招人很容易，我要 10 个人，明天就上岗；而实际上，HR 要经过发布职位、收简历、筛选简历、电话邀约或发面试通知、现场面试、复试、测评、发 OFFER 等。

（3）关于员工福利方面：员工希望发巨额奖金、国内外旅游、丰厚的礼品；而实际上，按老板的福利标准（50 元或 100 元）安排，能发放的福利：电影券、礼品、日用品、购物卡等。

（4）关于工作时间方面：员工认为 HR 工作时间自由、有弹性，感觉无所事事；现实中的 HR 加班很晚，没时间陪家人，没时间逛街，HR 希望能不加班就不加班。

（5）关于 HR 在企业地位方面：员工认为 HR 团队在企业是最基层的；HR 团队眼里的自身地位是战略者、变革推动者、业务伙伴等。

（6）关于 HR 存在意义方面：员工眼中的 HR 是没事找事、效率低下、想尽办法折磨员工、没有技术含量等；真正的 HR 是支撑企业战略，提升自身价值。

一个专业的 HR，应该能明白孔子的那句话，"富与贵，是人之所欲也，不以其道得之，不处也"，只有在专业价值观之下发挥语言的艺术，才是对公司与员工最好的负责。

做 HR 的人，对综合素质的要求很高，例如亲和力、组织能力、沟通能力、逻辑思维能力、知识搬运能力、记忆力等，但我想还有一项很重要的基本素质，那就是"靠谱"。

9. HR 眼中的人力资源管理

要成为一名合格的 HRM 或者 HRD，要具备 7 项基本能力。

（1）专业基础知识

无论做哪一个行业的 HR，都应该掌握并深入理解该行业的专业知识，并且能够将其应用到实践当中，为实际工作做充分的准备。

如果要在企业中做人力资源管理者，首先要全面掌握人力资源各模块的专业知识、基本概念和操作流程。最好能考取人力资源管理师，考试的过程是学习的过程，也能够在人力资源管理工作中体现出专业性。

知识不仅仅来源于书本，更重要的是来源于实践，是从大量的实践中总结的成功的做人、做事的经验，利用学会的专业知识做事，能达到事半功倍的效果。

（2）沟通能力

人力资源部门必须和其他部门的人员处理好关系，在业务上充分实现合作，实现业务上的通畅，这就要求人力资源从业者必须要有很强的沟通能力。比如作为薪酬管理者，在做工资时，要与其他部门沟通协调好，把绩效工资及时地反馈回来，最后还要把工资方案与财务处做好对接，以保证工资及时发放。

（3）表达能力

表达能力分两个部分，一个是语言表达能力，一个是文字表达能力。语言表达能力是任何一位人力资源管理者必须具备的基本能力。比如在招聘面试过程中，面试官良好的语言表达是应聘者承认公司的第一步，能够提升公司对应聘者的吸引力。

在绩效考核中，将考核内容以及意义表达清楚，赢得被考核人员的认可，是做好绩效考核的第一步。在绩效反馈中，通过言语如实反馈员工绩效，特别是对于绩效差的员工要注意不伤害其积极性，是做好绩效管理的关键。

文字表达能力对于任何管理岗位都很重要。对于人力资源管理岗位来说，其写作能力主要体现在人力资源各模块的工作总结和制度方案设计上。

写出让领导满意的人力资源实施方案、将自己的管理思想充分地表达出来并赢得领导的认可、将自己的实践经验形成理论文字供他人参考是做好人力资源管理者综合素质的体现。这些工作大部分依赖的是写作能力。

（4）团队意识

人力资源管理工作是全公司上下相互联系、不可分割的统一体。比如对于招聘工作来说，不仅和人力资源部内部的培训、薪酬、绩效都有关系，还和外部的其他各部门也都有关系。

大型公司在人力资源管理方面的分工相对比较细致，每个人可能只能负责一个模块，也可能一个模块由好几个人一起负责。如果想把自己的工作做好，团队之间的协作能力必不可少。正所谓互帮互助、共同产出，合理分配、提升收入。对于整个公司的运营发展来说，人力资源部门只是其中之一，公司的良好运营和发展，要靠其他所有部门共同努力。

（5）服务意识

人力资源管理是一种服务性很强的工作。虽然良好的人力资源管理能为企业在招人、用人、留人、开发人方面降低成本，但是因为人力资源管理者不生产产品，不产生利润，即使是人力资源管理咨询，从表面上看也只是增加成本。所以，作为人力资源管理者应该有着强烈的服务意识，要认识到自己是为其他盈利部门提供人力资源服务，保障员工能够及时到位，做好员工管理工作。

（6）承接意识

承接意识，是承接公司的文化，承接公司的战略，承接公司的想法，把公司想做的事情落地。这其中最难做到的，是领会领导的意图和思想。我们做的职位越高，越需要我们知道领导真正想表达的是什么意思，需要我们知道领导对这件事情的态度到底是什么。这需要我们要能够足够了解领导。

（7）思考总结

善于思考和总结，才是一个人成长速度最快的方法。思考能使我们加深对事物的了解，能帮助我们积累丰富的经验，也能帮助我们触类旁通。通过思考做出的总结是珍贵的知识沉淀，更是从实践走向理论的桥梁。人力资源管理工作的思考总结能不断地优化工作流程，提升管理工作质量，更能快速提升自己的管理水平。

要想做好人力资源管理，提高工作效率，需要清楚以下几点：

● 明确岗位职责，组织结构清晰，以身作则，严于律己，梳理工作，分工明确，有效授权，树立榜样；区域划分，责任到部门，责任到人，不定期和定期检查和监督，公平公正，一视同仁；

● 有明确的工作目标和计划：制订短期、中期、长期的目标，年计划、半年度计划、季度计划、月度计划、周计划等，如下表所示，有效督导和跟踪，今日事今日毕；

___月第___周工作总结和___月第___周工作计划

姓　　名		岗　　位		日　　期	
第　周工作总结					
本周遇到的问题					
具体解决方案					
第　周工作计划					

● 制作时间管理表（上午、下午），工作按轻重缓急进行分配，用标签贴到显眼位置，什么时间段完成什么工作（限时承办），有效督导与跟进；

● 加强沟通，上传下达，树立服务意识，信息收集与整理，资源支持与共享。积极主动，认真负责，少说尽快，而是主动、马上、立刻采取行动执行，做到事半功倍；

● 改进方法和习惯，按照方法论做：目标、策略、执行、总结，不断优化工作方法；好记性不如烂笔头，勤于记录，做到手勤、腿勤、脑勤；

● 文件编上号、贴标签、容易找；不同的文件、物品放在熟悉的地方；

● 不要做老好人，学会说"NO"，工作中人际关系处理很重要，提高沟通效率，消除外界干扰；

● 做好团队建设，宣传与传播企业文化，严格执行制度，强化团队观念，注重与同事建立良好的合作关系，与同事多沟通，集思广益，齐心协力，共同进步，提高工作质量和效率，发挥团队的作用；

● 善于学习，积极思考，不断提高自身能力与素质。

2.2　人力资源管理对企业的意义

1. 实现人员资源配置，提升企业效益

对企业来说，人是创造财富的源泉，而 HR 在企业的发展过程中，能够支配企业的资源，是与员工打交道的岗位，也是连接企业与员工之间的桥梁。所以，HR 通过正确处理企业与员工之间的分工及协作，让员工各尽其能，提高工作效率，起到 1+1>2 的作用，帮助企业带来更多生产力、提升企业的劳动生产率，促进了企业经济效益。

2. 营造良好工作氛围，发挥团队力量

人的工作情绪会影响企业的发展。所以，HR 通过"走进"员工的心，反映员工的心声，对他们遇到的困难给予帮助；另外，平日里，多组织线下活动，拉近企业与员工之间的距离，营造良好的工作氛围，让员工更加积极工作，从而避免人才的流失。

3. 对企业的持续发展给予支持

人力资源管理就是"管人"。HR 根据企业制定的发展方针，帮助寻求符合企业发展的人才，并通过有效的人力资源管理，制定人才培训机制，根据人才工作的优缺点，做到人尽其才，实现合理资源放置的最大化。同时，为人才的发展提供施展才华的平台，使各类人才在经济社会发展的不同岗位上产生良好的绩效，确保企业反应的灵敏性和强有力的适应性，实现企业的持续发展。

2.3　现代人力资源管理与人事管理区别

1. 管理方式不同

传统人事管理主要以事为中心，讲究组织和员工的调配，过分强调人适应工作，管理活动局限于为事配人。同时，也忽略了人作为一种资源可以加以开发利用的事实，员工往往从事事务性操作，不利于开发员工的潜在能力。而现代人力资源管理则以人为中心，把人看作是企业的首要资产，尊重人格，充分发挥个人的潜能和创造性，注重满足个人的自我实现需求，这是企业核心价值观的高度体现，是保证企业竞争优势的源泉。

2．在企业中的战略地位不同

人事管理部门只是企业的一个业务部门或办事机构，而现代人力资源管理部门则是企业经营战略的重要组成部门，人作为新知识、新技术、新思维、新理念的主体，称为企业的特殊资本。因此，现代人力资源管理成为企业最重要的经营战略核心。

3．对人力的管理理念不同

传统的人力资源管理将人视为"工具"，而现代人力资源管理将人视作"资源"，注重产出和开发。在现行的会计制度中，对员工的投资诸如工资、奖金、福利、招聘费用、培训费用等都被记入产品成本，严格地控制对人力的投资，限制了员工的积极性和工作绩效，使员工不愿发挥全部潜力，妨碍了生产技术的改进和物质成本的降低，增加了产品的成本。

在现代企业制度中，什么是企业的核心竞争力，答案是人。只有人才才具有无可替代的、不能复制的优势。可是，人才不能用拿来主义，虽然我们也可以空投，不过那只是对极个别的高管或者尖端技术人才而言，我们不可能将所有的企业人才都空投，也不可能只靠个别尖端人才或者高管来创造我们的企业价值，所以说企业人才必须靠自身培养和发现。因此，人力资源管理部的一个重要的任务就是开发人才。现代人力资源管理则认为人力是资源，不仅是自然性的资源，而且是一种资本性资源。与物质资本的边际收益递减规律相反，人力资本体现的则是边际收益递增规律，即随着人力资本积累的增加，人力资本的收益率将会提高，而不是下降。可以这样说，企业对人的知识、能力、保健等方面的投资收益率远远高于一切其他形态投资的收益率。

4．管理着力点不同

人事管理主要着眼于当前员工的补充与上岗培训等，而现代人力资源管理则是谋求企业的长远发展、追求投入产出的最佳方式。基于人性的管理有时是用技术和资金等管理手段无法达到的另一层次的管理，是通过体现对人性需求的合理满足，得到被管理者的认可。这种科学巧妙的管理，可能以小博大，四两拨千斤，使"合适的人在合适的位置上"，以激活员工为手段，创造出"以十当百，以百当千"的积数绩效。

5．管理思想不同

传统人事管理的指导思想是对人进行外部的、孤立的、静止的管理，而现代人事管理则从系统论的思想出发，强调对人进行内在的、整体的和动态的管理，高度重视对人的管理的相关性、目的性和开发性。在对员工进行全过程的纵向管理方面，传统人事管理把员工的录用、培训、使用、调动、升降、退休等相互关联的几个阶段人为地隔开，孤立地进行管理，造成上述各阶段的彼此脱节。从横向上看，传统人事管理把相互联系的人划归各部门，各部门再从各自管辖范围出发，进行分块式管理，难以发挥员工的整体优势。现代人力资源管理则克服了上述弊端，把录用、培训、使用、调动、升降、退休有机联系起来，克服了部门分割的局限，将全部员工作为一个整体进行统一的全过程管理。

6. 组织绩效评价不同

在组织上，人力资源部门仅仅是组织中众多部门的一个，其功能仅仅是整个员工管理的一部分。现代人力资源管理中，人力资源管理作为一种思想贯穿于企业的各个层面，在组织内部建立整合式的功能。人力资源部在企业中的作用日趋重要。人事管理的主要对象是管理层，而企业中的操作层仍然被视为劳动力进行管理，这不仅伤害了他们的积极性，也很难融洽双方关系。在视员工为资源的人力资源管理中，对这种资源的开发就不仅限于管理层，以个人与企业的共同发展为目标的人力资源管理，将拓展到劳资关系的各个方面。

7. 管理定义的不同

人事管理是人力资源管理发展的第一阶段，是有关人事方面的计划、组织、指挥、协调、信息和控制等一系列管理工作的总称。

人事管理是计划经济阶段的产物。而现代人力资源管理，是在经济学与人本思想指导下，通过招聘、甄选、培训、报酬等管理形式对组织内外相关人力资源进行有效运用，满足组织当前及未来发展的需要，保证组织目标实现与成员发展的最大化。这就是预测组织人力资源需求并做出人力需求计划、招聘选择人员并进行有效组织、考核绩效支付报酬并进行有效激励、结合组织与个人需要进行有效开发以便实现最优组织绩效的全过程。人力资源管理分为6个模块：人员招聘与培训管理、岗位设计与培训、薪酬管理、绩效管理、劳动关系管理以及人力资源规划。

8. 管理本质不同

传统人事管理由于其内容的事务性和战术性所限，在组织中很难涉及全局性、战略性的问题，因而经常会被当作不需要特定的专业技术特长、纯粹的服务性的工作。现代人力资源管理更具有战略性、系统性和未来性，它从行政的事务性的员工控制工作转变为以组织战略为导向，围绕人力资源展开的一系列包括规划、开发、激励和考评等流程化的管理过程，目的是提高组织的竞争力。现代人力资源管理从单纯的业务管理、技术性管理活动的框架中脱离出来，根据组织的战略目标而相应制订人力资源的规划与战略，成为组织战略与策略管理中具有决定意义的内容。这种转变的主要特征是人力资源部门的主管出现在组织的高层领导中，并有人出任组织的最高领导。

9. 管理深度不同

人事管理是被动的，注重管人，只注重用好人的才能，发挥人的固有能力；现代人力资源管理是主动的、注重开发人的潜能，不断激发其工作动机。

2.4 人力资源组织岗位说明书

1. 人力总监的岗位说明书

一、基本资料

职称名称	人力总监	职位代码	—
所属部门	人力资源部	本职位定员人数	1 人
职务等级	总监级	薪酬等级	—
直接上级	总经理	直接下级	经理、主管、专员
管辖人数	5 人	晋升方向	副总经理、总经理

二、工作职责

1. 全面统筹规划公司的人力资源战略；
2. 建立并完善人力资源管理体系，研究、设计人力资源管理模式（包含招聘、绩效、培训、薪酬及员工发展等体系的全面建设），制定和完善人力资源管理制度；
3. 向公司高层决策者提供有关人力资源战略、组织建设等方面的建议，并致力于提高公司的综合管理水平；
4. 塑造、维护、发展和传播企业文化；
5. 组织制订公司人力资源发展的各种规划，并监督各项计划的实施；
6. 为公司主管以上的管理者进行职业生涯规划设计；
7. 及时处理公司管理过程中的重大人力资源问题；
8. 完成总经理临时交办的各项工作任务

三、岗位权限

建议权	对公司战略规划和经营建议权；对公司人员考核、教育、培训的权利以及奖惩的建议权	审批权	对公司人员入职、离职、转正、调薪、休假及各制度的审批权，对下级上报的各种费用的审批权
指导权	对人力资源部、子公司人力资源部工作的指导权	审核权	有对公司各项制度的审核权
监督权	对公司相关制度及绩效制度执行的监督权	考核权	对所属下级的管理水平、业务水平和业绩有考核评价权
解释权	人力资源管理各项制度和文件拟定与解释权	调配权	对本部门经理以下员工工作调配决定权，主管及以上级别员工与分（子）公司人力资源部人员调配建议权

四、任职资格

1	教育背景	人力资源、管理或相关专业本科以上学历
2	资格证	一级人力资源管理师资格证
3	工作经验	8 年以上相关工作经验，5 年以上（大中型企业，人数在 1 000 人以上）人力资源总监或经理工作经验
4	专业知识	对现代企业人力资源管理模式有系统的了解和实践经验积累，对人力资源管理各个职能模块均有较深入的认识，能够指导各个职能模块的工作； 具备现代人力资源管埋理念和扎实的理论基础； 熟悉国家、地区及企业关于合同管理、薪金制度、用人机制、保险福利待遇、培训等方面的法律法规及政策
5	能力与素质	具备较强的人际交往能力、综合分析、沟通协调、组织规划以及解决问题的能力
6	工作技能	熟悉现代人力资源管理制度；精通现代企业管理知识；能够撰写各类分析报告；熟悉办公软件及相关的人事管理软件；较好的英文听、说、读、写能力

7	个性特征	28～40岁，男女不限，性格沉稳，待人诚恳，具备很强的计划性、执行力、解决问题的能力；具备较强的激励、沟通、协调、团队领导能力，责任心、事业心强，具有较强的挑战能力、抗压能力、应变能力和良好的服务意识

2．人力资源经理的岗位说明书

一、基本资料

职称名称	人力资源经理	职位代码	—
所属部门	人力资源部	本职位定员人数	1人
职务等级	经理级	薪酬等级	—
直接上级	人力总监	直接下级	主管、专员
管辖人数	3人	晋升方向	总监

二、工作职责

1．参与制订人力资源战略规划，为重大人事决策提供建议和信息支持；
2．组织制定、执行、监督公司人事管理制度；
3．协助人力资源总监做好相应的职位说明书，并根据公司职位调整需要进行相应的变更，保证职位说明书与实际相符；
4．根据部门人员需求情况，提出内部人员调配方案（包括人员内部调入和调出），经上级领导审批后实施，促进人员的优化配置；
5．与员工进行积极沟通；
6．制订招聘计划、招聘程序，进行初步的面试与筛选，做好各部门间的协调工作等；
7．根据公司对绩效管理的要求，制订评价政策，组织实施绩效管理，并对各部门绩效评价过程进行监督控制，及时解决其中出现的问题，使绩效评价体系能够落到实处，并不断完善绩效管理体系；
8．制定薪酬政策和晋升政策，组织提薪评审和晋升评审，制定公司福利政策，办理社会保障福利；
9．组织员工岗前培训、协助办理培训进修手续；
10．配合人力资源总监做好各种职系人员发展体系的建立，做好人员发展的日常管理工作；
11．负责管理、控制公司各类资产，管理安排后勤及行政工作；
12．及时、如实、准确向上级领导汇报工作并及时完成领导交办的其他工作

三、岗位权限

建议权	—	审批权	—
指导权	—	审核权	—
监督权	—	考核权	—
解释权	人力管理各项制度和文件拟定与解释权	调配权	—

四、任职资格

1	教育背景	人力资源、管理或相关专业本科以上学历
2	资格证	一级或二级人力资源管理师资格证
3	工作经验	8年以上相关工作经验，5年以上（大中型企业，人数在500人以上）人力资源经理工作经验
4	专业知识	◆对现代企业人力资源管理模式有系统的了解和实践经验积累，对人力资源战略规划、人才的发现与引进、薪酬设计、绩效考核、岗位培训、福利待遇、公司制度建设、组织与人员调整、员工职业生涯设计等具有丰富的实践经验； ◆对人力资源管理事务性的工作有娴熟的处理技巧，熟悉人事工作流程； ◆熟悉国家、地区及企业关于合同管理、薪金制度、用人机制、保险福利待遇和培训方针
5	能力与素质	具备较强的人际交往能力、综合分析、沟通协调、组织规划以及解决问题的能力
6	工作技能	熟悉现代人力资源管理制度；精通现代企业管理知识；能够撰写各类分析报告；熟悉办公软件及相关的人事管理软件；较好的英文听、说、读、写能力

续上表

7	个性特征	28～35岁，男女不限，性格外向，待人诚恳、踏实、勤奋、热情、工作细致、认真负责，对人及组织变化敏感，具有很强的沟通、协调和推进能力；高度的敬业精神及高涨的工作激情，能接受高强度的工作，工作态度积极乐观；具有较强的应变能力和良好的服务意识

3.招聘主管的岗位说明书

一、基本资料

职称名称	招聘主管	职位代码	—
所属部门	人力资源部	本职位定员人数	1人
职务等级	主管级	薪酬等级	—
直接上级	人力资源经理	直接下级	—
管辖人数	—	晋升方向	—

二、工作职责

1. 根据现有编制及业务发展需求，协调、统计各部门的招聘需求，编制年度人员招聘计划；
2. 建立和完善公司的招聘流程和招聘体系；
3. 利用各种招聘渠道发布招聘广告，寻求招聘机构；
4. 执行招聘、甄选、面试、选择、安置工作；
5. 进行聘前测试和简历甄别工作；
6. 充分利用各种招聘渠道满足公司的人才需求；
7. 建立后备人才选拔方案和人才储备机制；
8. 及时、如实、准确向上级领导汇报工作并及时完成上级领导交办的其他工作

三、岗位权限

建议权	—	审批权	—
指导权	—	审核权	—
监督权	—	考核权	—
解释权	人力管理各项制度和文件拟定与解释权	调配权	—

四、任职资格

1	教育背景	人力资源、管理或相关专业本科以上学历
2	资格证	二级人力资源管理师资格证
3	工作经验	5年以上相关工作经验，3年以上（大中型企业，人数在500人以上）招聘主管工作经验
4	专业知识	◆熟悉企业管理知识，熟练人力资源管理等方面的知识； ◆对人才的发现与引进、组织与人员调整、员工职业生涯设计等具有丰富的实践经验； ◆对人力资源管理事务性工作有娴熟的处理技巧； ◆熟悉企业的招聘流程及各种招聘渠道
5	能力与素质	具备较强的人际交往能力、沟通协调、解决问题的能力
6	工作技能	熟悉办公软件及相关的人事管理软件；较好的英文听、说、读、写能力
7	个性特征	24～28岁，男女不限，性格外向、待人诚恳，具备很强的责任感和事业心；较高的敏感度及一定的判断能力；有良好的职业道德和职业操守，擅于沟通与协调，良好的团队合作意识；具有较强的应变能力和良好的服务意识

4. 薪酬主管的岗位说明书

一、基本资料

职称名称	薪酬主管	职位代码	—
所属部门	人力资源部	本职位定员人数	1 人
职务等级	主管级	薪酬等级	—
直接上级	人力资源经理	直接下级	—
管辖人数	—	晋升方向	—

二、工作职责

1. 起草公司年度薪酬规划及福利计划;
2. 参与制定、调整薪酬福利政策;
3. 定期收集市场薪酬信息和数据;
4. 根据公司业务发展情况和市场水平,制定合理薪酬调整实施办法;
5. 按时完成人工成本、人工费用的分析报告并及时更新维护员工资料库;
6. 制作公司每月的工资报表,按时发放工资;
7. 办理养老保险、医疗保险、失业保险、工伤保险、住房公积金等社会保险和基金;
8. 考勤、管理休假;
9. 其他与薪酬相关的工作;
10. 及时、如实、准确向上级领导汇报工作并及时完成上级领导交办的其他工作

三、岗位权限

建议权	—	审批权	—
指导权	—	审核权	—
监督权	—	考核权	—
解释权	人力管理各项制度和文件拟定与解释权	调配权	—

四、任职资格

1	教育背景	人力资源、劳动经济、心理学、管理学等相关专业本科以上学历
2	资格证	二级人力资源管理师资格证
3	工作经验	5 年以上相关工作经验,3 年以上(大中型企业,人数在 500 人以上)薪酬主管工作经验
4	专业知识	◆熟悉国家人事政策、法律和法规; ◆熟悉与薪酬相关的法律、法规; ◆熟悉薪酬福利管理流程; ◆人力资源管理理论基础扎实
5	能力与素质	具备较强的人际交往能力、综合分析、沟通协调、组织规划以及解决问题的能力
6	工作技能	熟悉现代人力资源管理制度;熟悉办公软件及相关的人事管理软件;较好的英文听、说、读、写能力
7	个性特征	24 ~ 28 岁,男女不限,性格外向、待人诚恳,具备很强的责任感和事业心;较高的敏感度及一定的判断能力;有良好的职业道德和职业操守,擅于沟通与协调,良好的团队合作意识;具有较强的应变能力和良好的服务意识

5. 绩效主管的岗位说明书

一、基本资料

职称名称	绩效主管	职位代码	—
所属部门	人力资源部	本职位定员人数	1 人
职务等级	主管级	薪酬等级	—

续上表

直接上级	人力资源经理	直接下级	—
管辖人数	—	晋升方向	—

二、工作职责

1. 协调组织完成公司绩效评价标准的调整，使其更符合不同阶段的要求；
2. 调查评价制度实施问题和效果，提供建议解决方案；
3. 建立公司职位流动和晋升体系；
4. 协助修订政策指南和员工手册，提供政策支持；
5. 改进、完善并监督执行公司考核体系和规范；
6. 指导各部门主管开展评价工作，向员工解释各种相关制度性问题；
7. 根据绩效评价结果实施对员工的奖惩工作；
8. 组织实施绩效评价面谈；
9. 协助上级完成其他相关绩效管理工作；
10. 及时、如实、准确向上级领导汇报工作并及时完成上级领导交办的其他工作

三、岗位权限

建议权	—	审批权	—
指导权	—	审核权	—
监督权	—	考核权	—
解释权	人力管理各项制度和文件拟定与解释权	调配权	—

四、任职资格

1	教育背景	人力资源、劳动经济学、心理学、管理学等相关专业本科以上学历
2	资格证	二级人力资源管理师资格证
3	工作经验	5年以上相关工作经验，3年以上（大中型企业，人数在500人以上）绩效主管工作经验
4	专业知识	◆熟悉国家人事政策、法律法规； ◆熟悉各种绩效评价方法； ◆熟悉绩效管理流程； ◆人力资源管理理论基础扎实
5	能力与素质	具备较强的人际交往能力、沟通能力、综合分析、沟通协调、组织规划以及解决问题的能力
6	工作技能	熟悉现代人力资源管理制度；熟悉办公软件及相关的人事管理软件；较好的英文听、说、读、写能力
7	个性特征	24～28岁，男女不限，性格外向、待人诚恳、原则性强，具备很强的责任感和事业心；较高的敏感度及一定的判断能力；有良好的职业道德和职业操守，擅于沟通与协调，良好的团队合作意识；具有较强的应变能力和良好的服务意识

6. 培训主管的岗位说明书

一、基本资料

职称名称	培训主管	职位代码	—
所属部门	人力资源部	本职位定员人数	1人
职务等级	主管级	薪酬等级	—
直接上级	人力资源经理	直接下级	—
管辖人数	—	晋升方向	—

二、工作职责

1. 制订公司及各个部门的培训计划和培训大纲，经批准后实施；
2. 编制、修订、完善员工培训手册，建立岗位职业发展方向，完善培训体系；
3. 建立和实施群组培训体系，并指导各部门的落实；
4. 按照 ISO 质量管理体系的要求，做好培训记录、培训考核的管理工作；
5. 拓展培训渠道和培训资源，积累培训经验和资料，并指导在各部门的落实；
6. 掌握需接受培训的人数和培训种类；
7. 与外部培训机构保持良好关系，并从中选择高质量的培训机构为公司提供培训；
8. 为内部培训师提供咨询和指导，提高培训质量及效果；
9. 统一安排和办理培训实习人员的工作；
10. 及时、如实、准确向上级领导汇报工作并及时完成上级领导交办的其他工作

三、岗位权限

建议权	—	审批权	—
指导权	—	审核权	—
监督权	—	考核权	—
解释权	人力管理各项制度和文件拟定与解释权	调配权	—

四、任职资格

1	教育背景	人力资源、管理或相关专业本科以上学历
2	资格证	二级人力资源管理师资格证
3	工作经验	5 年以上相关工作经验，3 年以上（大中型企业，人数在 500 人以上）培训主管工作经验
4	专业知识	◆熟悉培训市场，能与培训供应商保持联系及合作关系； ◆熟悉内部培训及外部培训组织作业流程，对年度培训规划有一定经验； ◆对人力资源管理事务性的工作有娴熟的处理技巧，熟悉人事工作流程，尤其是岗位培训流程
5	能力与素质	具备较强的表达能力、沟通能力、协调能力、组织规划以及解决问题的能力
6	工作技能	熟悉现代人力资源管理制度；熟悉办公软件及相关的人事管理软件；较好的英文听、说、读、写能力
7	个性特征	24～28 岁，男女不限，性格外向、待人诚恳；具备很强的责任感和事业心；较高的敏感度及一定的判断能力；有良好的职业道德和职业操守，擅于沟通与协调，良好的团队合作意识；具有较强的应变能力和良好的服务意识

7. 人力资源专员的岗位说明书

一、基本资料

职称名称	人力资源专员	职位代码	—
所属部门	人力资源部	本职位定员人数	1 人
职务等级	员工级	薪酬等级	—
直接上级	人力资源经理	直接下级	—
管辖人数	—	晋升方向	—

二、工作职责

1. 协助上级掌握人力资源状况；
2. 管理劳动合同，办理入职、离职、异动、转正等相关手续以及员工的工资和考勤结算；
3. 拟订公司规章制度、招聘制度草案；
4. 帮助建立积极的员工关系，协调员工与管理层的关系，组织策划员工的各类活动；
5. 协助上级推行公司各类规章制度的实施；
6. 协助上级完成对员工的年度考核；
7. 管理争端解决程序；
8. 及时、如实、准确向上级领导汇报工作并及时完成上级领导交办的其他工作

三、岗位权限

建议权	—	审批权	—
指导权	—	审核权	—
监督权	—	考核权	—
解释权	人力管理各项制度和文件拟定与解释权	调配权	—

四、任职资格

1	教育背景	人力资源、劳动经济学、心理学、管理学等相关专业本科以上学历
2	资格证	三级人力资源管理师资格证
3	工作经验	5年以上相关工作经验，3年以上（中小型企业，人数在200人以上）人力资源专员工作经验
4	专业知识	◆有人力资源项目规划和实施经验； ◆熟悉国家相关法律法规； ◆熟悉人力资源管理各项实务的操作流程。
5	能力与素质	具备较强的人际交往能力、综合分析、沟通协调、组织规划以及解决问题的能力
6	工作技能	熟悉现代人力资源管理制度；人力资源管理理论基础扎实；熟练使用相关办公软件；较好的英文听、说、读、写能力。
7	个性特征	24～26岁，男女不限，性格开朗、待人诚恳、踏实、勤奋、热情、工作细致、认真负责，善于与人沟通，办事沉稳、细致，思维活跃，有创新精神，良好的团队合作意识；优秀的品行和职业素质，强烈的敬业精神与责任感，工作原则性强

8. HRBP的岗位说明书

一、基本资料

职称名称	HRBP	职位代码	—
所属部门	人力资源部	本职位定员人数	1人
职务等级	经理级	薪酬等级	—
直接上级	人力资源总监	直接下级	—
管辖人数	—	晋升方向	—

二、工作职责

1. 根据人力资源规划，编制招聘需求分析；
2. 建立招聘流程与招聘制度的设计；
3. 招聘渠道分析与选择；
4. 根据业务单元人力需求，拟定员工职业生涯规划；
5. 根据设立的内部轮岗／晋升机制，组织实施；
6. 编制员工技能看板；
7. 建立员工流失控制机制，并统计分析员工流失信息；
8. 提供绩效管理思想，评估并验证有效性；
9. 执行薪酬调查（行业、目标公司）；
10. 协助制订薪酬体系，并实施薪酬核算；
11. 协助编制奖励机制、激励机制；
12. 培训需求分析，编制绩效提升需求、绩效改善报告；
13. 建立培训管理机制，编制培训管理制度及培训流程；
14. 编制培训计划，设计培训方式和渠道选择；
15. 实施培训，并完成培训效果评估；
16. 协助人力总监完成人力资源部的各项事务；
17. 及时、如实、准确向上级领导汇报工作并及时完成上级领导交办的其他工作

三、岗位权限

建议权	—	审批权	—
指导权	—	审核权	—
监督权	—	考核权	—
解释权	人力管理各项制度和文件拟定与解释权	调配权	—

四、任职资格

1	教育背景	人力资源、劳动经济学、心理学、管理学等相关专业本科以上学历
2	资格证	二级人力资源管理师资格证
3	工作经验	8年以上相关工作经验，3年以上（大中型企业，人数在500人以上）人力资源经理工作经验
4	专业知识	◆具备丰富的人力资源部管理知识和实践经验，尤其是规范化管理经验； ◆了解现代企业人力资源管理模式和实践经验积累，对人力资源管理各个职能模块均有较深入的认识，熟悉国家相关的政策、法律法规
5	能力与素质	具备较强的人际交往能力、综合分析、沟通协调、组织规划以及解决问题的能力
6	工作技能	熟悉现代人力资源管理制度；熟悉办公软件及相关的人事管理软件；较好的英文听、说、读、写能力
7	个性特征	28～35岁，男女不限，性格外向，待人诚恳、踏实、勤奋、热情、工作细致、认真负责，对人及组织变化敏感，具有很强的沟通、协调和推进能力；高度的敬业精神及高涨的工作激情，能接受高强度的工作，工作态度积极乐观；具有较强的应变能力和良好的服务意识

9.政委的岗位说明书

一、基本资料

职称名称	政委	职位代码	—
所属部门	人力资源部	本职位定员人数	1人
职务等级	经理级	薪酬等级	—
直接上级	人力资源总监	直接下级	—
管辖人数	—	晋升方向	—

二、工作职责

1. 结合公司业务发展战略，参与制订人员成长计划和人才梯队建设，配合经理组建团队；
2. 优化、完善团队组织架构，推动管理变革，诊断并解决日常运营中的人力资源相关问题；
3. 负责企业文化和价值观的传播、落地及考核，作为企业与员工之间的桥梁，推动企业价值观的传承和团队建设；
4. 不定期收集、处理、反馈员工意见，充分调动员工积极性，增强员工的归属感和凝聚力；
5. 及时、如实、准确向上级领导汇报工作并及时完成领导交办的其他工作

三、岗位权限

建议权	—	审批权	—
指导权	—	审核权	—
监督权	—	考核权	—
解释权	人力管理各项制度和文件拟定与解释权	调配权	—

四、任职资格

1	教育背景	人力资源、劳动经济学、心理学、管理学等相关专业本科以上学历
2	资格证	二级人力资源管理师资格证或心理咨询师

续上表

3	工作经验	8 年以上相关工作经验，5 年以上（大中型企业，人数在 500 人以上）HRBP 工作经验
4	专业知识	◆ 精通招聘、员工关系（偏文化落地），了解全模块基础知识； ◆ 认可企业文化，适应能力强； ◆ 良好的大局观，能有机结合业务开展人力资源各项工作并落地执行； ◆ 熟悉国家、地区及企业关于合同管理、薪金制度、用人机制、保险福利待遇、培训等方面的法律法规及政策
5	能力与素质	具备较强的人际交往能力、表达能力、综合分析、沟通协调、组织规划以及解决问题的能力
6	工作技能	熟悉现代人力资源管理制度；精通现代企业管理知识；能够撰写各类分析报告；熟悉办公软件及相关的人事管理软件；较好的英文听、说、读、写能力
7	个性特征	28～35 岁，男女不限，性格外向，待人诚恳、踏实、勤奋、热情、工作细致、认真负责，对人及组织变化敏感，具有很强的沟通、协调和推进能力；高度的敬业精神及高涨的工作激情，能接受高强度的工作，工作态度积极乐观；具有较强的应变能力和良好的服务意识

案例传真　华为的岗位说明书

一、基本资料

岗位名称	招聘专员	岗位等级	四级六等
所属部门	人力资源管理	定员标准	1
直接上级	人力资源总监	直接下级	招聘助理

二、岗位职责

（一）职责概述

规划，建立实施和维护公司招聘体系。（招聘专员主要负责发布和管理招、信息、聘前测试、简历甄别、组织招聘、员工人事手续办理、员工档案管理及更新等于招聘相关工作）。

（二）工作职责

1. 根据公司人力资源规划、结合人力市场需求状况，制订人力资源招聘中、短期和阶段新规划。

2. 设计、编制和维护公司组织架构、部门设置、岗位定编。

3. 实施各个岗位工作分析、编制和维护《岗位说明书》。

4. 制订、完善与招聘工作有关的流程、程序、规章和规范。

5. 结合公司实际状况和岗位设置情况，开发适合招聘渠道，如外部、内部、高级、中级、基层工作人员的招聘渠道等。

6. 根据部门提出的招聘需求，根据储备的招聘渠道，选择最有效地招聘渠道负责对招聘渠道实施规划、维护和拓展工作，保障招聘工作的有效性。

7. 公司各项招聘活动的实施、协调和跟进工作。

8. 进行招聘效果分析并开展招聘成果跟踪工作。

9. 建立和维护工作岗位人力测评题库。

10. 维护公司招聘网站。

11．建立和管理公司人才储备资料库。

12．受理员工离职面谈和进行离职工作。

13．完成上级安排的其他工作任务。

14．定期向总监汇报招聘工作的开展情况

三、监督及岗位关系

（一）所受监督及与其他岗位关系

1．监督：招聘专员直接接收人力资源部总监监督。

2．与其他岗位的关系。

（1）内部联系：与各部门相互协调；

（2）外部联系：招聘网站，咨询猎头公司，人才市场，校园招聘会。

（二）本岗位职务晋升路径

招聘专员—招聘经理—人力资源部经理。

四、工作内容及工作要求

（一）工作内容

1．各部门的用工申请的受理、登记、呈报；

2．内部招聘的具体实施，包括信息发布、考试、面试安排等；

3．外部招聘信息的草拟，经审核后发布；

4．外出招聘人员；

5．应聘人员资料库的建立和维护；

6．应聘人员的建立甄选；

7．应聘人员的面试安排及面试结果的跟进；

8．办理新员工报道手续及完成与用人部门交接；

9．建立、维护招聘渠道网络；

10．编制与维护员工花名册、架构图；

11．组织新员工参加入职培训，并组织考试；

12．员工劳动合同的签订；

13．办理员工岗位调动的具体工作；

14．负责监督员工岗位培训及技能培训工作；

15．协助编写培训方案，落实培训场所的选择、洽谈，以及培训讲师、教案的确定；

16．计划、协调公司内部培训事宜；

17．落实外派培训的联系、洽谈等事宜；

18．监督各部门执行培训计划的执行情况；

19．与各部门配合，进行调查研究，确定培训目的；

20．控制培训费用；

21．负责整理、登记公司全体员工的培训记录及考核记录；

22．统计员工流失率；

23．分析员工流失原因。

（二）工作要求

1．要确保信息准确到位，各项计划的制订要从企业具体情况出发，满足企业的实际需求，要做到切实可行。

2．做好监督和管理工作，对员工考核有据、纪律严明。

3．招聘过程中要讲求原则。

五、岗位权限

1．在需要接待面试者以及外出时，有调车的权利；

2．在销售人员的招聘过程中，有监督和否决权；

3．有对上级部门提出合理化建议和意见的权力；

4．有就本部门的规划向上级领导申报办公设备更新改造的权力。

六、劳动条件和环境

本岗位主要在室内工作，有事出差且多占用周日或节假日，公司提供基本办公条件，工作环境舒适。

七、工作时间

本岗位正常情况下实行每周 40 小时标准工时制。（如有工作需要周末及节假日加班）

八、资历

1．工作经验：三年以上大型企业人事招聘工作经验，熟悉招聘工作流程。

2．学历要求：本科以上的人力资源管理专业。

九、身体条件

本岗位要求身体健康，精力充沛，具有较强的控制力、观察力、调整力和记忆力，性格开朗，有狼嚎的向上的工作生活态度，具有较经的心理素质能力，有狼嚎的抗压能力，适应力强。

十、心理品质及能力要求

1．语言表达能力：能够准确、清晰、生动的向应聘者介绍企业情况；并准确、巧妙地回答应聘者提出的各种问题。

2．文字表述能力：能够准确、快速地将希望表达的内容用文字表述出来，对文字描述很敏感。

3．观察能力：能够很快的把握应聘者的心里。

4．有良好的职业道德，能够保守企业人事秘密。

5．独立工作能力强，能够独立完成不知招聘会场、接待应聘人员、应聘者非智力因素评价等。

十一、所需专业知识和技能

1．掌握人力资源管理专业和心理学相关知识。

2．熟练的英语表达和交流能力。

3．较高的计算机操作水平。

4．具有公关意识，能够准确把握同行人的招聘情况。

十二、绩效考核

序号	工作职责	衡量标准
1	根据公司人力资源规划，协助进行人员需求信息收集、分析、有效掌握各部门招聘需求，并负责执行，保证招聘任务顺利完成	计划内招聘达成率
2	编制年度人员招聘计划和年度招聘费用预算及各项具体招聘实施方案	计划、费用达成率
3	负责人员初试，组织用人部门面试测评，监控面试各环节，确保合适人员及时到岗	部门满意度
4	分析行业人才状况，了解竞争对手人员动态，精准定闪公司招聘渠道，并建立良好的合作关系	部门满意度
5	建立面试测评工具，并不断使用、修正，并提升分公司招聘管理水平	3 个以上有效测评工具
6	指导、协助分公司进行渠道选择、面试测评等招聘工作	分公司人员到位率
7	负责进行招聘活动的月度分析、评估工作	部门满意度
8	负责建立、维护应聘人员资料库	人才库数量及使用

2.5　员工胜任素质模型简述与考评表

胜任素质（Competency）又称能力素质，是为了完成某项工作，达成某一绩效目标，要求任职者具备的一系列不同能力的组合；是指驱动员工产生优秀工作绩效的各种个性特征的集合，它反映的是可以通过不同方式表现出员工的知识、技能、个性与内驱力等，能力是判断一个人能否胜任某项工作的优点，是决定并区别绩效差异的个人特征。

案例传真

某公司管理人员胜任素质模型：一心四力，如下图所示。

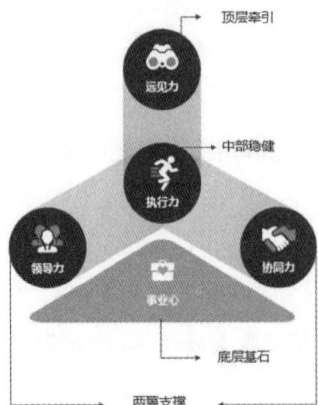

事业心——积极进取，敏锐学习
走出舒适区，努力成就一番事业的奋斗精神和拼搏进取的昂扬心态

远见力——战略推进，变革创新，系统思考，合理决策
远大的眼光和明智的判断，把握正确的方向

执行力——执行到位，专业，优化改善
展现专业能力，创造和改善组织环境，推动落实目标

领导力——建立成功团队，培育发展人才
为实现目标，打造一支强有力团队

协同力——认同与信任，全局协作
为实现目标，对上下左右各个单元统筹整合，发挥全局合力

某公司管理人员胜任素质模型：一心四力

（1）事业心——事业心来源于"不满足"。第一个不满足：事业不满足于现状，追求更大成功、付出巨大努力、想尽一切办法改善局面，是谓积极进取。第二个不满足：自身不满足于当下所知所想所掌控之事，保持虚心、保持好奇、保持开放，持续学习，充实和提高自我，是谓敏锐学习。

递进关系：作为能力模型底层基石，积极进取和敏锐学习贯穿所有管理人员能力模型。

（2）远见力——远见者，必高明而洞察。组织能否朝着正确的方向前行，"高明"是关键，"洞察"是保障。所谓高明，即站得高看得远，他们需要始终瞄准战略方向（战略推进），同时远见者不能闷头拉车，需要眼光向外，引入创新来加快速度(变革创新)。洞察之于远见的重要性在于，组织真正的走向，并不一定是既定的方向，而是关键节点上的管理人员所做的千千万万个决策的总和，管理人员看问题不能浮于表面，不能头疼医头脚疼医脚，需要透过现象看到本质，深入、全面、前瞻地看待问题（系统思考），然后权衡利弊，考虑多种方案，做出果断、正确的决定（合理决策）。

递进关系：战略推进方面，二级公司正职需视野宽广，具备商业头脑，同时保持战略敏感，将具体业务放在战略层面思考，在短期和长期之间做出取舍，是谓战略导向。其他二级公司正职、三级公司正副职、股份及二级公司正副职需达到推进战略，核心在于将战略目标分解落地，付出一切努力达成战略目标，必要时亲力亲为；在变革创新方面，股份及二级公司正副职需要在工作中，在专业层面、业务辅助层面有具体的创新想法并付诸应用（创新）；而按照决策链条，模型对二级公司正职、地市公司正副职有合理决策要求，在二级公司副职、股份及二级公司正副职模型中未涵盖，由于系统思考是合理决策前提，二级公司正职、地市公司正副职未包含系统思考，默认要做出合理决策必须具备系统思考。

（3）执行力——有远见者当需稳健前行。当方向正确，目标明确，管理人员需快速行动，想方设法将目标执行到位，是谓执行到位。执行不是瞎干蛮干，高质量执行需要运用专业性，需要对行业最佳实践的积累（专业），同时，我们所处的环境瞬息万变，在新的战略背景下，我们的事业永远无法依靠简单复制，需要保持一颗敏锐之心，发现影响效率、质量、组织成长性的薄弱环节，持续优化和改善，才能确保新的、更富有挑战性的目标达成。

递进关系：二级公司正职，统揽全局，在承担二级公司预算表现方面退无可退，同时又不应该参与过多具体执行工作，在执行到位方面核心是营造执行文化，需达到确保结果可见；二级公司副职、三级公司正副职是促进具体业务目标落地者，需要整合（或协助整合）跨职能工作，开展执行工作的核心是资源的调配、流程机制的设计与监控跟进，在执行到位方面需达到确保执行；股份及二级公司职能正副职所需执行的工作，一般可以限定在本职能范围内，无需统筹调配跨职能团队，需达到推动执行。二级公司副职作为某一个和几条线负责人、股份及二级公司正副职作为职能专家，展现专业性的场合非常频繁，在模型中加入了专业能力。二级公司副职、三级公司正副职展现场合相对较少，模型中未要求专业能力，默认这两个级别管理者，专业性已经具备。如果将业务推进比喻成一辆快速前行的汽车，二级公司正职作为一把手，在

25

"开车"同时需保持敏感,对"车况"敏感,发现组织层面的隐藏问题,驱动改善,与之相比,二级公司副职、三级公司正副职更需要敢拼敢干,顾虑少一点,"踩油门"多过"踩刹车",所以未将促进优化加入其模型。股份及二级公司正副职,紧盯业务的同时,更需要从本职能出发不断优化改进,从而辅助业务开展和目标达成,需要持续改善能力,其核心是发现影响效率、质量、内外部客户满意度的问题,改进方法并试验推广。

(4)领导力——作为确保执行的一翼,发挥众人的力量,管理人员必须首先将自己团队的潜力发挥出来,建立一支强有力的团队(建立成功团队),并持续培养发展这支团队(培育发展人才),让团队在组织前行过程中不断迎接新挑战。

递进关系:由于团队规模较小,结构较简单,建立成功团队并非股份及二级公司正副职所必需能力,访谈、焦点小组环节结果支持这一结果。二级公司副职、三级公司正副职、股份及二级公司职能正副职均需在培育发展人才上达到发展他人水平,由于二级公司正职,只培育发展直接所辖团队远远不够,需要建立一套培育人才的机制、氛围,所以二级公司正职在培育发展人才方面需升级到培育人才。

(5)协同力——作为确保执行另一翼,发挥众人的力量,管理人员必须对上下左右各个单元统筹整合,与各方关系人建立认同信任的关系(认同与信任)。在此基础上,从全局视角看问题,可以整合资源。同样重要的是,必要的时候可以被别人整合,成就他人、组织的成功,是谓全局协作。

递进关系:二级公司副职、股份及二级公司正副职在认同与信任中需达到获取认同级别。二级公司正职、三级公司正副职作为一方一把手,更需服众,而不是停留在点和线层面的信赖关系,所以这两个类别的管理者,在认同与信任方面,需达到赢得信任级别,其核心是建立威望,赢得追随。

二级公司副职、股份及二级公司正副职在全局协作中需达到协同增效级别,核心是主动贡献价值,成就组织的成功。二级公司正职、三级公司正副职在资源配置方面需要有更多判断,而不是停留在协作配合,他们需要考虑整合,以及在必要时候被整合,所以这两个类别管理者,在全局协作方面,需达到全局视野,其核心是顾全大局、统筹配置资源。

2.5.1 员工胜任素质模型的建立步骤

1. 明确目标

企业的发展战略目标是建立胜任素质模型的总指导方针。人力资源管理者应首先分析影响战略目标实现的关键因素,研究企业面临的挑战,然后提炼出企业要求员工应具备的胜任素质,最终构建出符合企业文化及环境的胜任素质模型。

2. 确定目标岗位

企业战略规划的实施往往与组织中的关键岗位密切相关。因此,人力资源管理者在建立胜任素质模型时应首先选择那些对企业战略目标的实现起关键作用的核心岗位作为目标岗位,然后分析目标岗位要求员工应具备的胜任素质特征，最终构建出符合岗位特征的胜任素质模型。

3. 界定绩优标准

完善绩效考核体系是界定绩优标准的基础。通过对目标岗位的各项构成要素进行全面评估，区分员工在目标岗位绩效优秀、一般和较差的行为表现，从而界定绩优标准，然后再将其分解细化到各项具体任务中去，最终识别任职者产生优秀绩效的行为特征。

4. 选取样本组

根据目标岗位的胜任特征，在从事岗位工作的员工中随机抽取绩效优秀员工（3～5名）和绩效一般员工（2～3名）作为样本组。

5. 收集、整理数据信息

收集、整理数据信息是构建胜任素质模型的核心工作，一般通过行为事件访谈法、专家数据库、问卷调查法等方式来获取样本组有关胜任特征的数据资料，并将获得的信息与资料进行归类和整理。

6. 定义岗位胜任素质

根据归纳整理的目标岗位数据资料，对实际工作中员工的关键行为、特征、思想和感受有显著影响的行为过程或片段进行重点分析，发掘绩效优秀员工与绩效一般员工在处理类似事件时的反应及行为表现之间的差异，识别导致关键行为及其结果的具有显著区分性的能力素质，并对识别出的胜任素质作出规范定义。

7. 划分胜任素质等级

定义了目标岗位胜任素质的所有项目后，应对各个素质项目进行等级划分，并对不同的素质等级作出行为描述，初步建立胜任素质模型。

8. 构建胜任素质模型

结合企业发展战略、经营环境及目标岗位在企业中的地位，将初步建立的胜任素质模型与企业、岗位、员工三者进行匹配与平衡，构建并不断完善胜任素质模型。

2.5.2　员工胜任素质（能力）评估表

（员工素质模型）通用类岗位员工能力评估指标参考表 1

序号	能力指标	定义	未达标 2分以下	待改进 2～3分（含2分）	达标 3～3.5分（含3分）	良 3.5～4分（含3.5分）	优 4分以上（含4分）
1	学习能力	通过自学更新知识结构，吸收新事物、新方法的能力；在工作中善于总结经验教训的学习之渠道；开辟新的信息收集渠道的能力	具有初步的学习能力；基本掌握现有专业知识和行业知识，具有初步的学习意识	一般的学习能力；在专业知识和行业知识上，有时更新专业知识结构；在工作中不善于向他人学习以前总结以前的经验教训	较强的学习能力；从工作中，能够学习本岗位所需的业务知识，愿意并善于向他人学习中的经验	极强的学习能力；从事自己不熟悉的业务时，能够通过自学更新知识；开辟新的学习经验渠道；主动获得新的知识和技能	学习能力强，积极主动，有意识地学习；能够积极主动地学习行业、专业和技能，并用于工作中；有向他人学习、总结经验教训的能力
2	创新能力	思维灵活，能够从不同的角度设想、思考并提出新方案；勤于改进工作方式和方法的能力	初步意识到新方法；具有了解其他领域的初步意识，但未有的使用	借用其他领域的方法：模仿其他领域的方法引进新的观念或程序；在工作中偶尔有创新	打破陈规：建设性进步，而不过于受当前问题的影响；在工作中有创新的思路，也有应用的工作方式或行动	培养创新性：承认并允许他人创新；鼓励他人实验、尝试新事物，鼓励尝试新的观念、方式与程序	创造利于培养创新的环境，承认并奖励那些有创造性的人；开诚布公地讨论创新问题；培养并形成创新型的团队管理理念
3	执行能力	对于组织和上级安排的任务，勇于承担、勤于思考、竭尽全力组织资源，及时、高效地完成使命	初步具有执行意识，但执行延误、经常出现推脱或畏难现象，需要特别关注和帮助，执行效果较弱	执行力一般，偶尔有推脱或畏难现象，执行过程需要上级经常关注和帮助，执行效果一般	执行力可满足岗位的要求、态度良好、积极，但缺乏独立思考的能力、需要上级支持，执行效果较好	具有较强的执行力，态度积极主动，在上级的指导下，能够独立思考、筹划，执行效果很好	具有出色的执行力和工作能力，无需上级监督和要求，能向上级提出中肯的建议，执行效果超出上级的想象
4	沟通能力	语言准确并简洁地表达自己的想法和感情；善于倾听他人、取得共识，通过说服改变对方行为	初步具有沟通能力；能理解谈话内容，在沟通中以自我为中心	谈话中基本能抓住基本简洁的重点，表达观点以自我为中心；在沟通中常以自我为中心	注意倾听，较强的沟通能力；表达方式以准确地接收他人的传递信息；能够倾听他人的意见、观点	善于支持自己观点，善于倾听；能用清楚的理由和事实支持他人，尊重他人，适当提问以获得对信息的准确理解	善于通过沟通建立并完善人际关系；沟通清晰、简洁、客观，且切中要害；针对不同听众，及时调整；建立并保持人际网
5	服务意识	关注客户、同事、同事以及下属单位的需求和利益；以追求客户、同事以及下属单位的满意度为组织工作的中心任务	具有初步的服务意识，基本了解客户需求，初步了解客户问题	基本的服务意识：追随客户（同事、下属单位）的想法与咨询，纠正客户的问题；迅速解决客户问题的有责任感	解决客户潜在需求：了解客户（同事、下属单位）业务，了解客户问题，与潜在客户现实的与之相应的产品与服务	增加附加值：做出坚实的努力为客户（同事、下属单位）提供附加价值，以最快的方式改善服务；以长远的眼光解决各种问题	做客户（同事、下属单位）的知己，主动参与客户过程，为了客户（同事、下属单位）的最佳利益，提供专业的建议

续上表

序号	能力指标	定义	未达标 2分以下	待改进 2~3分（含2分）	达标 3~3.5分（含3分）	良 3.5~4分（含3.5分）	优 4分以上（含4分）
6	QHSE能力（质量、健康、安全、环境）	1.展现有感领导能力，实现 QHSE 承诺（如：个人行动计划）2.熟悉 QHSE 基础知识、公司相关制度、流程和涉及行业的强制性标准 3.熟悉从事行业的 QHSE 各项要求 4.具备风险识别能力	1.未能展现有感领导能力，未能完成 QHSE 指标 2.不熟悉 QHSE 基础知识、行业、公司的相关制度、流程 3.未按应急方案执行工作中的风险识别 4.不能识别工作中的 QHSE 风险	1.未能完全实现自己对 QHSE 的承诺 2.不熟悉 QHSE 基础知识 3.对从事行业 QHSE 要求有一定了解 4.未能完全执行公司各项 QHSE 制度和流程 5.具备基本风险识别能力	1.能在一定程度上实现自己对 QHSE 的承诺 2.了解 QHSE 基础知识以及涉及行业的各项要求 3.能够完全执行公司 QHSE 相关制度、流程和涉及行业的各类标准 4.能识别工作中的主要风险	1.完成各项 QHSE 的承诺 2.熟悉 QHSE 基础知识、了解涉及行业的各项要求 3.能够完全执行公司 QHSE 相关制度、流程和涉及行业的各类标准 4.能准确识别工作中的风险，并提出控制建议	1.展现有感领导能力，完成各项 QHSE 承诺 2.熟悉 QHSE 基础知识、熟悉各行业各项要求 3.能够完全执行公司 QHSE 相关制度、流程和涉及行业的各类标准，提出改进优化建议并被采纳 4.能准确识别工作中的风险并完成控制活动
7	职业健康	1.身体、心理健康 2.能胜任本岗位对体能的要求 3.自我情绪调整能力	1.平均每月病假天数超过5天 2.无法胜任本岗位对体能的要求；无法完成现场体力工作 3.不能自我调节情绪，不能适应客观环境或工作条件的变化	1.平均每月病假天数为2~5天 2.无法完全达到本岗位对体能的要求；经常无法完成现场工作 3.有时不能自我调节情绪	1.平均每月病假少于2天 2.能够胜任本岗位对体能的要求，完成现场的体力工作 3.具有自我情绪调节能力	1.平均每月病假天数不超过1天 2.能够胜任本岗位对体能的要求，顺利完成现场的工作 3.具有较好的自我情绪调节能力，能够适应复杂的工作环境	1.平均每月病假天数少于1天 2.体能胜任本岗位对工作的要求，现场状态良好 3.与人相处自然融洽，营造积极向上的工作氛围 4.具有较强的自我情绪调节能力，能保持始终良好的情绪，与复杂工作环境的变迁能适应，与人交互能被大多数人所接受
8	信息化办公能力	能够应用各种常用办公软件和工具，提高工作效率	会应用简单的办公软件，偶尔使用公司办公平台，无法达到日常办公的要求	会应用简单的办公软件及公司的信息化办公平台，基本达到日常办公要求，但工作效率较低	能够正常应用常用的办公软件以及公司的信息化办公平台，达到日常办公要求，保证正常工作效率	能够熟练应用常用的办公软件以及公司的信息化办公平台，达到日常办公要求，并且能够提高办公效率	能够非常熟练地应用各种常用软件以及公司常用的信息化办公平台，大大满足日常工作要求，并且能够大幅提高工作效率优化工作流程通过信息化平台帮助其他人提高工作效率
9	专业知识能力	包括专业基础知识、行业知识、公司知识、实务知识、管理知识、专业工作技能等的掌握情况	基本掌握专业技能知识	对专业技能知识能够达到熟悉的程度	能够熟练掌握专业技能知识，并在工作中应用	对专业技能知识达到精通的程度，并在工作中熟练应用	对专业技能知识达到的程度，并能在工作中熟练应用和创新

管理人员能力素质考评表 2（部门经理用表）

被评估人姓名：　　　　　岗位名称：　　　　　所在公司：

评价方式：□自评　□上级评　□下级评　□同事评

测评项目		定义	岗位胜任标准 D（不合格）X＜70分	评价结果		
				C（基本合格）70分≤X＜80分	B（良好）80分≤X＜90分	A（优秀）90分≤X≤100分
关键能力	战略管理能力	通过对外部竞争环境分析以及内部经营状况的评估，明确公司使命、愿景和核心竞争力，规划未来产品、市场及核心能力，制定发展战略实施措施，确保公司战略目标实现的能力	1. 能够主动收集管辖领域战略规划所需要的内、外部信息，对所管辖领域存在的优势、劣势以及面临的机会、威胁进行分析，形成完整的所管辖领域的内、外部环境分析报告 2. 能够对所管辖领域的内外部环境分析报告中存在的主要问题提出解决方案			
	目标与计划管理能力	运用各种手段与方法，对工作目标进行分解并制订出有效实现的工作计划，确保工作目标有效实现的能力	1. 能够根据公司的年度计划，独立、合理地制订所负责团队的月度、季度、年度工作目标与工作计划 2. 能够有效地利用目标与工作计划进行工作管理，并能够对工作目标与计划中存在的问题进行及时的总结、评价及分析改进			
	团队管理能力	通过多种方法对团队成员进行激励来调动员工的工作积极性，确保团队目标得以实现的能力	1. 通过调研分析，能够独立了解、分析下属的培训需求，并指导其制订学习计划 2. 能够根据部门绩效指标合理分解形成下属的绩效指标与相关目标，并监督绩效与下属进行沟通，定期与下属进行绩效沟通、分析总结，制订改进计划			
	人才培养能力	根据公司的发展，结合员工个人特点，职业发展方向与界定等各种机会使员工不断成长，提供学习、培训和锻炼等方面的能力	1. 能够帮助下属确定短期的发展或提升目标，并辅导下属逐步达成 2. 当下属在工作中遇到困难寻求支援时，能够给予详细的指导或示范性说明，并为下属提供具体的支持和帮助			
	组织管理能力	指为充分发挥组织职能，运作高效而进行的组织架构设计，组织人员的分工和职责等界定，组织资源合理分配等方面的能力	1. 能够独立绘制所管辖领域的组织架构图，管理层级、汇报关系 2. 根据所管辖领域进行工作职能分解，能够独立根据职能编制所管辖领域中各个岗位的说明书 3. 编制的岗位说明书职责描述清楚，分工合理明确 4. 能够根据工作需要独立完善相关工作制度或修订、管理、监控职能			
	流程管理能力	指根据工作业务的需要制定、实施、优化并完善工作流程与相关配套制度，保障各项工作顺利进行的能力。	1. 能够不断优化所管辖范围内的工作流程，识别出关键流程与相关流程 2. 能够独立制定所管辖范围内的工作流程与相关配套制度，并能有效监控所管辖范围内流程的运行情况			

测评项目		定义	岗位胜任标准 D（不合格）X＜70分	评价结果		
				C（基本合格）70分≤X＜80分	B（良好）80分≤X＜90分	A（优秀）90分≤X≤100分
基本能力	领导能力	采用多种管理手段，解决人员冲突，促进合作，带领成员实现工作目标的能力	1. 对于涉及团队或部门每个人的重大问题，善于采取有效的方式进行处理，同时重视团队成员间之前就能提前处理，促进团队成员的合作 2. 预见团队成员中的问题，在问题出现之前就能提前处理，促进团队成员的合作			
	决策能力	制定策略、办法，在多方案中选择最佳方案的能力	1. 能够对下属提出的建议或突发事件有自己专业的认知和判断，并能进行及时有效的决策，同时能对影响决策的关键因素进行分析，决策较为准确 2. 能对所属工作有关的重大事件向上级提供合理的决策建议，协助上级对影响决策的因素进行分析，达到准确决策的目的			
	过程控制能力	有效监督与控制下属员工朝着正确的方向工作，确保组织目标及时高效完成的能力	1. 能根据下属的技能、水平、角色和兴趣，合理地安排工作任务 2. 能够把握工作任务的关键点，对安排的任务进行定期的跟进检查，并能及时提供必要的咨询和反馈			
	人际交往能力	与他人相处、建立互相信任、协作关系的能力	与公司其他部门的同事协作顺畅，能够建立信任的关系			
	沟通能力	通过口头和书面方式表达及交流思想的能力	1. 语言表达清晰，能够与同事进行较清晰的思想交流，在书面沟通方面文法规范、能够抓住重点，让别人易于理解 2. 与同事沟通时，具有积极主动性			
	学习能力	学习和掌握新知识或技能的愿望和能力	1. 主动学习意识较强，积极参与公司组织的相关培训，并主动实现个人提高 2. 能够主动编制个人学习计划并且有效实施			
	创新能力	指在工作过程中具有敢于突破以往经验、束缚的精神，创造或引进新观念、方式，提高工作绩效的能力	1. 持续关注本部门内与工作相关的信息，并主动学习和利用新思想和新方法 2. 不墨守陈规，敢于突破以往获得的知识和经验的框架，能够经常提出新观点、新见解和新方法			
	执行能力	贯物施行、实际履行工作任务，认可公司文化、制度等规定的工作方法的能力	1. 能够按照上级的要求严格执行工作计划 2. 能够利用有效的方法和途径，经常圆满地按时完成工作任务			
	文化传播能力	充分理解、认可公司文化，并通过会议、文件、口头交流等方式对公司文化进行宣传的能力	了解公司的发展历史与沿革，现状和文化内涵，认可公司企业文化并在部门范围进行正确传播			

31

续上表

测评项目		定义	岗位胜任标准 D（不合格）X < 70分	评价结果		
				C（基本合格）70分 ≤X< 80分	B（良好）80分 ≤X< 90分	A（优秀）90分 ≤X≤100分
关键素养	战略思维	深刻理解组织的发展战略，能根据部门的实际情况将公司战略落到实处，并采取相应的措施保障整体战略的实现	1. 关心公司整体经营战略，对公司整体发展情况比较了解 2. 能够根据公司整体发展情况和要求，不断调整部门的工作思路和方法			
	大局意识	能够站在集团或公司的角度来考虑整体问题与平衡整体利益的意识	能够站在公司的角度来完成公司对部门的使命要求，同时能够兼顾公司的整体利益与长期发展需求 2. 具有较强的集体观念和荣誉感			
	团队合作	指以实现团队整体目标为己任，能与团队成员相互支持，共享资源，共担责任，完成团队任务的合作精神和协作意识	1. 能做到待人，尊重别人的意见和观点 2. 比较信任工作伙伴，能比较客观地评价和肯定同事的工作 3. 处理事情时，能顾及感受到别人的需求			
	成就导向	是指个人具有成功完成任务或在工作中追求卓越的愿望，把事情做得更好的企图和行为	1. 为成功设置了比较明确的目标 2. 能够按照自己设定的标准和要求来开展各项工作 3. 持续不断地努力工作，学习			
	客户导向	具有主动帮助和服务客户，尽力满足客户需求的愿望，全力将努力放在发掘和满足客户的需求上。这里的客户包括外部客户和内部客户	1. 与内外部客户保持沟通，咨询客户的需求，能够迅速解决客户所提出的问题，对客户表现出责任感 2. 在工作中经常能够换位思考，体谅他人			
基本素养	忠诚度	对团队和企业的忠实程度	1. 坚守职业道德，保守企业秘密，对团队成员和企业充分信任，不做任何有损企业利益和企业形象的事，并积极主动对危害企业利益的行为进行批评与揭发 2. 具有较高的企业忠诚度，愿意与企业共同成长			
	敬业精神	敬业爱岗，遵照工作职责与岗位规范，制度等要求完成任务的精神	1. 能够积极地完成工作，主动思考工作中存在的问题，探求解决方案 2. 对于未完成的工作主动进行加班			
	责任心	认识到自己应承担的职责和要求，清楚本职工作在组织中的作用和贡献，忠于本职工作，主动、自觉追求组织目标的实现	1. 能主动地承担本部门相关的工作，工作态度认真、仔细 2. 承担相应的工作责任，尽力完成各项任务 3. 乐于接受额外的任务			
	主动性	依靠个人的能动性，紧追感积极主动地承担工作，完成任务	1. 能够积极主动及时向领导或同事反馈工作并发现更好的工作方式以满足工作需要 2. 善于主动思考和发现问题，工作积极主动			

续上表

测评项目	定义	评价结果		
		C（基本合格）70分≤X＜80分	B（良好）80分≤X＜90分	A（优秀）90分≤X≤100分
岗位胜任标准 D（不合格）X＜70分	优秀：是指被评价人具备了很高的水平，完全可以成为他人学习的楷模 良好：是指被评价人所具备的状态完全可以胜任岗位要求，充分满足目前工作的需要 基本合格：是指被评价人所具备的状态能够基本胜任岗位要求 不合格：是指被评价人所具备的状态不能胜任目前岗位要求			

备注

评价说明
1. 根据自己与被评价人的工作关系，选择评价方式
2. 根据被评价人目前岗位的任职情况和工作表现，对照评价项目的岗位胜任标准，逐项进行评价，并将评价分数填写在对应的空格内
3. 评价过程须遵循实事求是、客观公正的原则

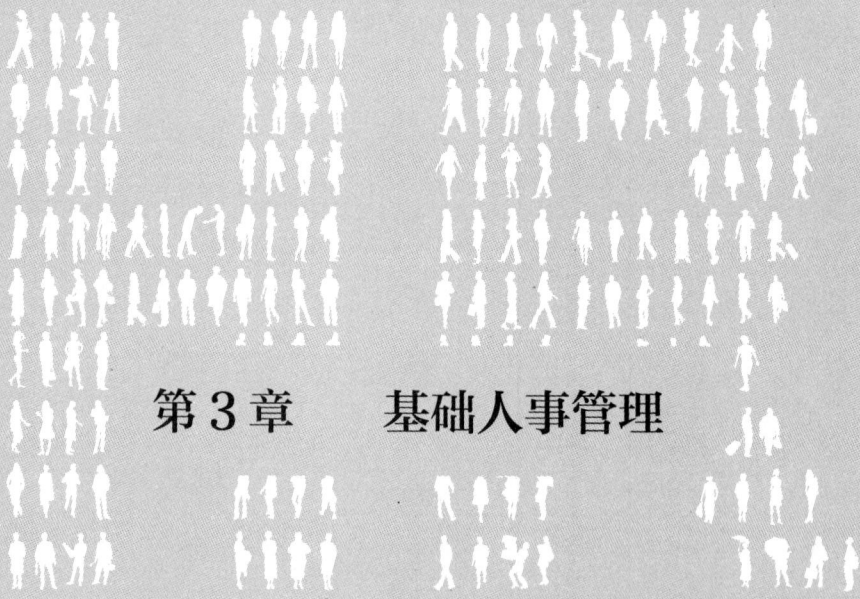

第 3 章　　基础人事管理

3.1 员工招聘管理流程与工具表单

3.1.1 员工招聘管理流程

×× 公司		员工招聘管理流程		
××-RZ01				
版本	拟定人	审核人	批准人	生效日期

1．目的

规范公司的招聘流程，健全人才选用机制，更加科学、合理地配置人力资源，满足公司人才的需要。

2．适用范围

适用于公司所有员工。

3．流程图

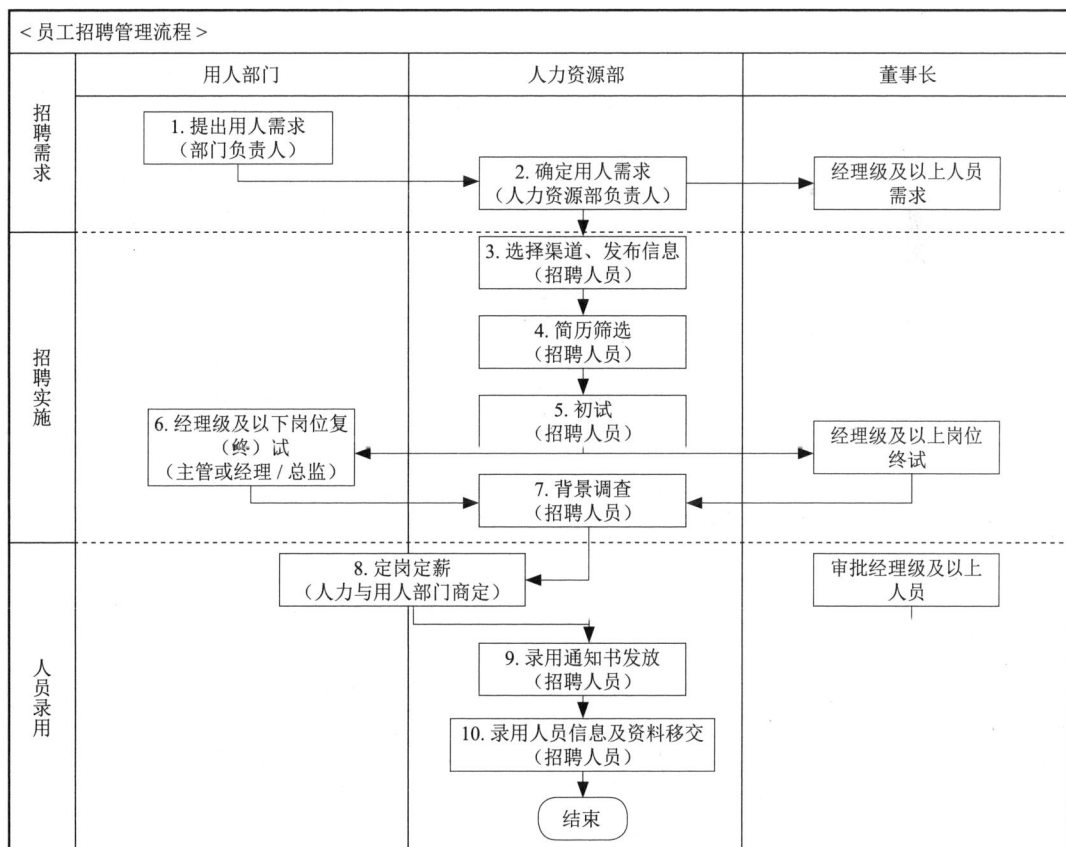

4. 流程说明

步骤	工作事项	责任岗位	事项说明	应用附件和表单
1	提出用人需求	部门负责人	1. 根据业务发展需要及在岗人员动态（紧急招聘岗位1个工作日内）填写《用人需求申报审批表》，每月25日前提交给人力资源部招聘人员 2. 岗位按照标准岗位名称及编制进行提报 3. 增补理由及提报要求如下（必要时可附页） 离职补员：需说明离职人员姓名、离职原因和时间 调动补员：需说明调岗人员姓名、调岗原因和时间 新增岗位：需说明增加的必要性，同时附《岗位说明书》 已有岗位增人：需说明该岗位的工作量情况及增加的原因，并说明同岗位的重新分工情况	表单1.用人需求申报审批表 表单2.岗位说明书
2	确定用人需求	人力资源部负责人	1. 招聘人员根据定岗定编核实需求，报招聘经理复核 2. 需求申报表审批权限：经理级及以下岗位部门负责人审批，人力资源部负责人复核。经理级及以上岗位董事长审批	
3	选择招聘渠道，发布招聘信息	招聘人员	收到用人需求审批计划1个工作日内，确定招聘渠道（优先内部调配），发布岗位信息；针对性搜集人才（区域同类企业、行业竞争对手）	
4	简历筛选	招聘人员	从求职者求职意向、个人信息、工作经历等方面筛选简历，与其电话沟通核实基本信息，匹配度较高者，预约面谈	
5	初试	招聘人员	1. 主管及以下员工由招聘人员担任初试官，经理级及以上岗位由招聘经理担任初试官 2. 初试时，招聘人员审核求职者《应聘履历表》及基本材料（身份证、学历证、技能资格证书等）；并从身体素质、文化匹配度、职业发展、任职能力等维度甄选，面试完成后，出具综评意见 3. 技术类岗位由面试官安排笔试并统计成绩 4. 面试官在面试时应展现个人良好素养，客观地介绍公司相关情况，酌情回答面试者问题 5. 招聘标准详见《新员工录用标准》执行	表单3.应聘履历表 表单4.面试评价表 附件1.新员工录用标准
6	复（终）试	主管或经理/总监	1. 经理级及以下岗位：主管/经理复试，总监终试 2. 经理级及以上岗位：总监复试，董事长终试 3. 复试安排前初试官应与复试官充分沟通面试者情况，帮助复试官更好地甄别人选 4. 复试官进行业务面试，判定候选人专业能力匹配度；出具复试综评意见，填写《面试评价表》 5. 终试官进行综合面试，出具预录意见	表单4.面试评价表
7	背景调查	招聘人员	1. 招聘人员跟进面试结果，经理级（含）以上及特殊岗位（财务、采购、人力等），需对其近两家工作单位进行背景调查 2. 背景调查人选：拟录用人员的直接上级/部门负责人、原所在单位人力资源部部门人员 3. 如出现背景调查结果与应聘者履历内容出入较大或劳动关系尚未解除者不予录用	表单6.拟录用员工背景调查表
8	定岗定薪	人力与用人部门商定	1. 人力与用人部门负责人双方商定候选人的职位与薪酬 2. 经理级及以上岗位人员录用需报董事长签字 3. 薪酬与岗位确认后，招聘人员与候选人确认岗位职责、薪酬情况，沟通一致确认报到时间。沟通不一致，招聘人员与人力、用人部门再次沟通，直至沟通一致，确认报到时间，无法达成一致则放弃候选人，重新招聘	
9	录用通知书发放	招聘人员	录用审批完发放《录用通知书》	附件2.录用通知书
10	录用人员信息及资料移交	招聘人员	1. 1个工作日内将录用人员信息及资料移交至人事专员，人事专员根据《入职转正管理流程》安排员工报到 2. 将候选人信息反馈至用人部门，部门做好员工工作安排准备	

5. 附加说明

（1）本规定自签批核准之日起生效，若有与原文件规定相冲突的地方，以本规定为准。

（2）本规定由人力资源部负责草拟、修订和解释，经董事长签批核准后生效，修订时亦同。

3.1.2 工具表单

表单 1. 用人需求申报审批表

用人需求申报审批表									
序号	部门	需求岗位名称	需求人数	要求到岗时间	岗位职责	任职要求	建议薪资范围	增补理由	备注
1									
2									
3									
4									
5									
6									
需求部门确认（签字）	部门负责人 / 总监审核（签字）	人力资源总监审批（签字）						董事长审批（签字）	

提报说明：
1. 用人部门根据业务发展需要及在岗人员动态情况（紧急招聘岗位 1 个工作日内）填写《用人需求申报审批表》，部门负责人签字确认后，每月 25 日前提交给人力资源部招聘人员
2. 岗位需求需按照标准岗位名称及编制进行提报，申报表审批权限：经理级以下岗位部门负责人审批，人力资源部负责人复核。经理级及以上岗位董事长审批
3. 增补理由及提报要求如下（必须时可附页）
离职补员：需说明离职人员姓名、离职原因和时间
调动补员：需说明调岗人员姓名、调岗原因和时间
新增岗位：需说明增加的必要性，同时附《岗位说明书》
已有岗位增人：需说明该岗位的工作量情况及增加的原因，并说明同岗位的重新分工情况

表单 2. 岗位说明书

×××岗位说明书

（一）基本资料

职称名称		职位代码	
所属部门		本职位定员人数	
职务等级		薪酬等级	
直接上级		直接下级	
管辖人数		晋升方向	

（二）工作职责

1.   2.   3.

（三）岗位权限

建议权		审批权	
指导权		审核权	
监督权		考核权	
解释权		调配权	

（四）任职资格

1	教育背景	
2	资格证	
3	工作经验	
4	专业知识	
5	能力与素质	
6	工作技能	
7	个性特征	

表单 3. 应聘履历表

应聘履历表

填表日期：　　　年　月　日

一、工作期望				
申请职位	1.	2.		近期一寸照片
是否接收外派	□是，可接受地点：1.　　2.		□否	
期望薪资	元／月	其他要求		
可到岗日期	年　月　日	现工作状态	□已离职 □在岗	
招聘信息来源	□招聘网站　□专场招聘　□微信／QQ　□人才市场 □内部推荐（推荐人姓名及部门）　□其他			
二、个人资料				
姓名		性别	籍贯	民族
身高	cm	体重　　　　kg	政治面貌	最高学历
婚姻状况	□未婚　　□已婚未育　　□已婚已育			
身份证号码			出生日期	年　月　日（□农历／□公历）
联系方式	手机：　　　座机：　　　QQ 号：			
通信住址				邮政编码
紧急联系人		紧急联系人电话		和本人关系
三、工作经历（请从最后的工作开始，由近到远填写最近四个工作单位的工作经历）				

起止年月	所在单位	职位	薪酬	离职原因	证明人	证明人联系方式

续上表

四、教育经历（请从最高的学历开始，由近到远填写自高中起的教育经历）			
起止年月	学校名称	专业	学位

五、培训／项目经历（指您所具备的可运用于所申请岗位的技能）				
培训／项目名称	是否取得证书	证书编号	取得时间	说明
	□是 □否			
	□是 □否			

六、家庭背景					
关系	姓名	年龄	工作单位	职务	联系电话

七、个人情况说明

是否有朋友或亲友在我单位或重要业务客户处工作？　　□否　　□是
是否有个人身体严重缺陷或严重疾病／传染病／有家族病史或接受过大型手术？　　□否　　□是
是否曾因缺勤或违纪而接受过纪律处分／被解雇？　　□否　　□是
是否与原单位签订竞业禁止协议，且在有效期内？　　□否　　□是　　有效期时间

声明：
我授予贵单位进行调查有关本人之资料，任何机构或人士将不因此而至负有毁坏本人名誉之责任；我承诺：本人对所填写内容的真实有效性负责，经核查，信息若有隐瞒或虚报，自愿无偿接受立即解雇处分。

　　　　　　　　　　　　　　　　　　　　　求职者本人签名：　　　　日期：

表单 4. 面试评价表

面试评价表

姓名		部门		应聘岗位		应聘时间	

人力资源部（初试）意见：（侧重人员素质、资质审查）

签名：　　　　日期：

拟任职岗位直接上级（复试）意见：（侧重专业知识、技能、解决问题能力）

签名：　　　　日期：

拟任职岗位隔级主管（终试）意见：（侧重求职动机及文化适应性、岗位匹配度）

签名：　　　　日期：

背景调查	□是（见附件）　　□否

续上表

录用与定岗定薪	录用部门			录用岗位		职级			到岗时间	
	试用期薪酬	固定工资				转正薪酬	固定工资			
		绩效工资					绩效工资			
		工资总额					工资总额			
	其他约定事项									
录用确认及签批	部门负责人／总监签字							人力资源总监签字		
	董事长签字									

录用核准规则：经理级以下人岗位由直接主管审核，人力资源部负责人复核，部门负责人审批；经理级及经理级以上岗位增加董事长审批。

表单 5. 拟录用员工背景调查表

拟录用员工背景调查表

（由近至远，至少调查最近两家单位，原则上由招聘负责人调查）

被调人		应聘职位		调查日期	
毕业学校		学历		专业	
调查项	服务单位一		服务单位二		
服务企业名称					
所处行业及规模					
企业现状					
服务起止时间					
所属部门／岗位					
调查对象					
调查对象职位					
调查对象联系方式					
您对他的工作能力、沟通能力等评价					
做出过哪些成绩					
主要职责					
离职待遇					
与领导和同事人际关系情况					
有无奖励和处罚记录					
他（她）的优、劣势是什么？					
离职原因					
离职交接完毕	□是　□否		□是　□否		

续上表

调查项	服务单位一	服务单位二
调查总结		
录用建议	□录用　□谨慎选用　□不录用	□录用　□谨慎选用　□不录用

调查人签字 / 日期：

附件 1. 新员工录用标准

新员工录用标准

录用岗位		员工姓名		到岗日期	
直属上级		所属部门			
录用标准	1. 报到 5 个工作日之内未转出原单位劳动关系，或者报到当日未提供劳动手册及退工单者，视为不符合录用条件				
	2. 报到当天提交在本市二级甲等医院参加的有效入职体检报告，证明身体状况健康良好（体检日期距报到日 6 个月内视为有效的标准之一）。无身体状况健康良好的体检报告或体检报告无效或报到当天不能提交者，视为不符合录用条件				
	3. 如实填写应聘申请表各项内容，无欺诈隐瞒事项。有欺诈隐瞒者，视为不符合录用条件				
	4. 经用人单位背景调查，无欺诈隐瞒事项。有欺诈隐瞒者，视为不符合录用条件				
	5. 严重违反公司的《规章制度》及员工行为规范、奖惩管理制度及各项公示过的规章制度的行为，视为不符合录用条件				
	6. 符合招聘信息上注明的应聘岗位任职要求，虚报，谎报，欺诈隐瞒者，视为不符合录用条件				
	7. 依照任职部门任职岗位工作职责，完成岗位工作及部门间配合工作，新员工月度绩效考核成绩 80 分以上，考核成绩达不到 80 分者，视为不符合录用条件				
	8. 入职培训考核分数低于各科规定的及格分数线，视为不符合录用条件				
	9. 试用期内，有一天（含）以上未提交工作日志，或者两天（含）以上延误提交者，视为不符合录用条件				
	10. 试用期内，累计旷工 1 天（含）以上，视为不符合录用条件				
	11. 试用期内，考勤打卡迟到早退或忘刷卡累计达 3 次（含）以上，视为不符合录用条件				
备注	以上新员工录用条件本人均知晓，并承诺可按新员工录用条件执行。在试用期间若有上述情形之一或其他不符合录用条件的情况发生，视为不符合录用条件。依照《中华人民共和国劳动合同法》第三十九条第一款，用人单位可以解除劳动合同，并无须给新员工任何经济补偿				
本人确认		确认日期			

附件 2. 录用通知书

录用通知书

尊敬的_____先生 / 女士，您好！

诚邀您加入_____；此通知书将会在邮件或书面回复后，表示接受聘用并生效。

您的职位及薪酬如下：

1. 正式入职时间：_____年__月__日 09:00。

2. 录用部门：_____，录用岗位：_____，工作地点：_____。

3. 拟签订劳动合同期限为___年，自劳动合同约定的起始日期开始计算，其中试用期为__个月（_____年__月__日至_____年__月__日）。

4.薪资标准：月薪（人民币税前薪资）；试用期____元/月，转正后____元/月；转正后参照公司相关制度购买社保。

请您于____年__月__日 09:00 前到公司办理入职。

1.报到地点：×××

2.入职需要携带的资料

①新版身份证原件及复印件 2 份（正反面同时复印在一页 A4 纸上）；

②上一家单位《离职证明》原件或有效失业证明；

③最近三个月内正面半身免冠彩色照片 1 寸和 2 寸各 2 张；

④有效学历证、学位证、职称证、执业资格证等证书原件和复印件各 1 份；

⑤健康证原件及复印件或三甲（含）以上人民医院的体检报告原件；

⑥办理中国银行卡复印件（本人户名、开卡，且在复印件上注明姓名、手机号、卡号、开户行信息）；

⑦其他资料：司机、财务岗位需提供担保人签章的《担保协议》。

温馨提示：

1.请您于 3 个工作日内确认并以电子邮件或书面形式回复是否接受此录用通知书，并按约定时间来司报到，提交的入职材料真实可靠，如未确认回复或逾期未报到且未提前与人力资源部门进行沟通或所提供信息、资料失实，本通知书自动失效，公司将有权取消您的聘用资格；

2.请您务必带齐以上资料，否则无法正常入职我司；

3.您入职当天会签收入职相关资料，确认已经明确知悉此通知书包含的信息；

4.如具有精神性、传染性疾病、心脑血管等不适合我公司工作的疾病，或者弄虚作假、隐瞒实情，我公司有权拒绝签署劳动合同且不承担违约责任；弄虚作假或隐瞒实情的，我公司有权要求您赔偿所有损失。

人力资源部

年　月　日

3.2　新员工培训管理流程与工具表单

3.2.1　新员工培训管理流程

×× 公司 ××-RZ02		新员工培训管理流程		
版本	拟定人	审核人	批准人	生效日期

1．目的

规范员工入司流程，明确新员工入司管理。为新员工提供一站式服务，加快新员工融入企业速度，提升新员工对公司认同度。

2．适用范围

适用于公司所有新入职员工。

3．流程图

1．目的

规范员工入司流程，明确新员工入司管理。为新员工提供一站式服务，加快新员工融入企业速度，提升新员工对公司认同度。

2．适用范围

适用于公司所有新入职员工。

3．流程图

<新员工培训管理流程>

	员工	用人部门	人力资源部
培训前			1.确认培训名单（人力资源经理） 2.发布培训计划（人力资源经理） 3.通知参训人员（人力资源经理） 4.培训前准备（讲师、教室、设备）（人力资源经理）
培训中	5.参加入职培训（员工）	5.协同安排员工参加培训（人力资源经理）	5.组织员工培训实施（人力资源经理） 6.培训考试（员工、人力资源经理）
培训后			7.培训效果反馈（员工、人力资源经理） 8.档案管理（人力资源经理） 结束

4. 流程说明

步骤	工作事项	责任岗位	事项说明	应用附件和表单
1	确认培训名单	人力资源经理	1. 每月中旬人力资源部组织新员工入职培训 2. 人力资源经理梳理新入职名单，按《新员工培训名单统计表》反馈给人力资源经理	表单1. 新员工培训名单统计表
2	发布培训计划	人力资源经理	根据参培名单，制订具体培训计划。计划包括培训时间以及课程安排，并及时将培训计划发送给人力资源经理	
3	通知参训人员	人力资源经理	提前一天确认参培员工人数，并提醒员工准时参加培训	
4	培训前准备（讲师、教室、设备）	人力资源经理	1. 根据《培训物料清单检点表》提前一周天准备会议室；会场物料（激光笔、笔记本电脑，投影仪等） 2. 提前邀请培训讲师（与讲师确认具体到会时间） 3. 准备《培训签到表》	表单2. 培训物料清单检点表 表单3. 培训签到表
5	组织员工培训实施	人力资源经理	1. 组织为期2天的新员工入职培训，培训前明确培训纪律 2. 培训内容包括：企业文化、公司简介与发展历程、行业介绍与客户开发、品牌介绍、商务礼仪等 3. 培训过程中，人力资源经理需做好过程跟踪控制和记录，及时解决培训过程中产生的临时需求	
	协同安排员工参加培训	人力资源经理	提前1天通知员工参加培训，知会员工具体时间及地址	
	参加入职培训	员工	新员工提前15分钟到会议室在《培训签到表》签到，并准时参加培训，不得迟到早退，严格遵守培训纪律 时间：培训当天09:00 地点：公司小会议室	表单3. 培训签到表
6	培训考试	人力资源经理/员工	1. 根据课程安排，人力资源经理组织培训考试 2. 参训员工根据问卷要求45分钟内完成考试，员工及时作答并提交考试试卷，考试成绩作为转正依据，人力资源部将培训相关资料整理保存	
7	培训效果反馈	人力资源经理/员工	1. 人力资源经理发放《培训效果评估表》；员工10分钟内完成效果评估表填写 2. 人力资源经理收集培训效果评估表，将员工反馈问题汇总，对员工提出的建议，并及时给出反馈	表单4. 公司新员工培训考试试卷 表单5. 培训效果评估表
8	档案管理	人力资源经理	参照《员工档案管理制度》执行	

5. 附加说明

（1）本规定自签批核准之日起生效，若有与原文件规定相冲突的地方，以本规定为准。

（2）本规定由人力资源部负责草拟、修订和解释，经董事长签批核准后生效，修订时亦同。

3.2.2 工具表单

表单1. 新员工培训名单统计表

新员工培训名单统计表

序号	公司	姓名/工号	部门	岗位	性别	电话	入职时间	备注

表单 2.培训物料清单一览表

培训物料清单一览表

环节		工作内容	完成时间	责任人	完成情况	备注
培训前	前期申请与通知	讲师邀约				
		会议室预定（提前一周）				
		开班 PPT 制作				
		培训课件				
	工具框	白板笔（红、蓝、黑各两支）				
		A4 纸张、白板架				
	培训设备	激光笔、电池				
		笔记本电脑				
		相机				
		投影仪				
	布场	视频设备调试				
		PPT 试播				
		主持人主持及游戏准备、主持稿				
培训中	现场跟进	拍照				
		签到				
		主持人及协助讲师操作电脑				
		关注现场需求				
培训后	收尾	纸质、电子资料归档				

表单 3.培训签到表

培训签到表

培训时间			培训老师		培训主题	
序号	姓名	部门	签到时间	备注	序号	姓名	部门	签到时间	备注
1					11				
2					12				
3					13				
4					14				
5					15				
6					16				
7					17				
8					18				
9					19				
10					20				

表单4. 新员工培训考试试卷

新员工培训考试试卷

部门：_____ 姓名：_____ 得分：_____

说明：

1. 考试方式为闭卷，考试时间为60分钟；

2. 考试成绩将会作为转正重要依据及纳入今后的考核体系中，请认真作答；

3. 考试成绩90分以上为优秀、80～90分为良、70～79分为及格、70分以下为不合格。考试成绩不合格者给予一次补考机会，补考不合者劝退。

一、填空题（每小空2分，共32分）

1. 公司全称 _____。公司性质 _____。

2. 公司主要产品是 _____。

3. 公司成立于 _____ 年，公司规模是 _____。

4. 公司的核心价值观是 _____。

5. 公司的愿景是 _____。

6. 公司的使命是 _____。

7. 公司实行 _____考勤制，员工不允许不打卡。

8. 新员工的试用期一般是 _____。

9. 员工自动离职提前 _____ 写书面申请，试用期员工辞职提前 _____ 写书面申请告知部门负责人，经负责人批准同意后报人力资源部。

10. 员工工资实行月薪制。每月 _____ 日之前支付本月工资，若遇节假日顺延。

11. 负责人员规划、招聘、培训、绩效等相关工作的部门是 _____。

12. 员工需在出差返回后 _____ 日内填写"员工报销单"。

13. 请假人必须填写公司统一印制的 _____。准假人必须签署明确意见，否则不按请假对待。

二、多选题（漏选，错选不得分，最少有一个答案符合，每题4分，共24分）

1. 当月迟到、早退（ ）次（含）以上或当年旷工（ ）天（含）以上的，予以解除劳动合同。

A.4次、2日 　　B.3次、3日 　　　　　C.3次、2日

2. 凡下列情况均以旷工论处（ ）。

A. 职工未经请假无故不上班；请假未经批准或请假期满未经续假及续假未准，其缺勤天数按旷工处理

B. 采取不正当手段，涂改、骗取、伪造各种休假证明

C. 不服从工作调动，经教育仍不到岗

D. 打架斗殴、违纪致伤造成无法上岗

E. 因其他违规违纪行为造成的缺勤

3. 当月迟到、早退两次（含）以上给予（　）处罚。

A. 警告　　　　　　　　B. 严重警告　　　　　　C. 解除劳动合同

4. 不请假或请假不准而擅自离岗 30 分钟以内视为（　）。

A. 脱岗　　　　　　　　B. 旷工　　　　　　　　C. 早退

5. 各类请假须至少提前（　）向具有准假权限的人提出。因无法事先请假的，可本人或委托他人以电话等形式告知上级主管或人力资源部门，当事人于上班后（　）应及时补假，否则，按旷工处理。

A.1 天、第二天　　　　B.1 天、第一天　　　　C.2 天、第一天

6. 上班忘记打卡，由本人填写（　），呈部门领导签字。

A.《未打卡证明单》　　B.《请假单》　　　　　C.《因公外出单》

三、简答题（44 分。第 1、2 题每题 12 分，第 3 题 20 分）

1. 本行业有哪些特点？竞品公司有哪些？

2. 你人生的梦想是什么？希望在本公司的三年职业规划是什么？

3. 写一篇参加此次新员工培训的心得（培训收获、培训感悟、培训建议等方面，字数 300字以上，请写在背面）。

表单 5. 培训效果评估表

培训效果评估表

评价项目	评价标准	非常满意（5分）	满意（4分）	一般（3分）	不满意（2分）	很不满意（1分）	得分（请在此填写）
课程内容	1. 课程的目的和意义是否得到了清楚的阐释	5	4	3	2	1	
	2. 课程素材是否清晰准确	5	4	3	2	1	
	3. 课程的流程是否清晰明了	5	4	3	2	1	
	4. 课程的难易程度是否合适	5	4	3	2	1	
	5. 课程是否解决了您工作上的实际需要	5	4	3	2	1	
	6. 课程教材中包含的实际案例丰富程度	5	4	3	2	1	
培训讲师	1. 专业知识	5	4	3	2	1	
	2. 授课技巧	5	4	3	2	1	
	3. 教学组织能力	5	4	3	2	1	
培训组织	1. 培训时间安排的合理性	5	4	3	2	1	
	2. 此次培训的后勤协助工作	5	4	3	2	1	
	3. 培训的辅助设备、培训资料是否齐全	5	4	3	2	1	
	4. 培训的现场管理和纪律维护	5	4	3	2	1	

评价项目	评价标准	非常满意（5分）	满意（4分）	一般（3分）	不满意（2分）	很不满意（1分）	得分（请在此填写）
总体评价	您对本次培训的整体评价	5	4	3	2	1	
参加此次培训，您觉得哪些方面受益（可多选）	A. 接触到一些实用的新知识　　　　　　B. 获得一些可以用在工作上的技巧及技术 C. 帮助我印证了某些观点　　　　　　　D. 帮助我改变自己的工作态度 E. 给了我一个客观认识自己及所从事工作的机会　　F. 其他 在此填入选项（　　　　　）						
此次培训帮您解决了哪些问题							
您认为此次培训可应用到工作中的知识点有哪些（不超过五个）							
您还想学习哪些课程							
您对本次培训的改善建议							

3.3　员工入职转正管理流程与工具表单

3.3.1　员工入职转正管理流程

×× 公司		员工入职转正管理流程		
××-RZ03				
版本	拟定人	审核人	批准人	生效日期

1. 目的

规范员工入职转正管理工作，明确新员工入司前各部门职责，为新员工提供入司一站式服务，加快新员工融入企业的速度，提升新员工对公司的认同度。

2. 适用范围

适用于公司所有员工。

3. 流程图

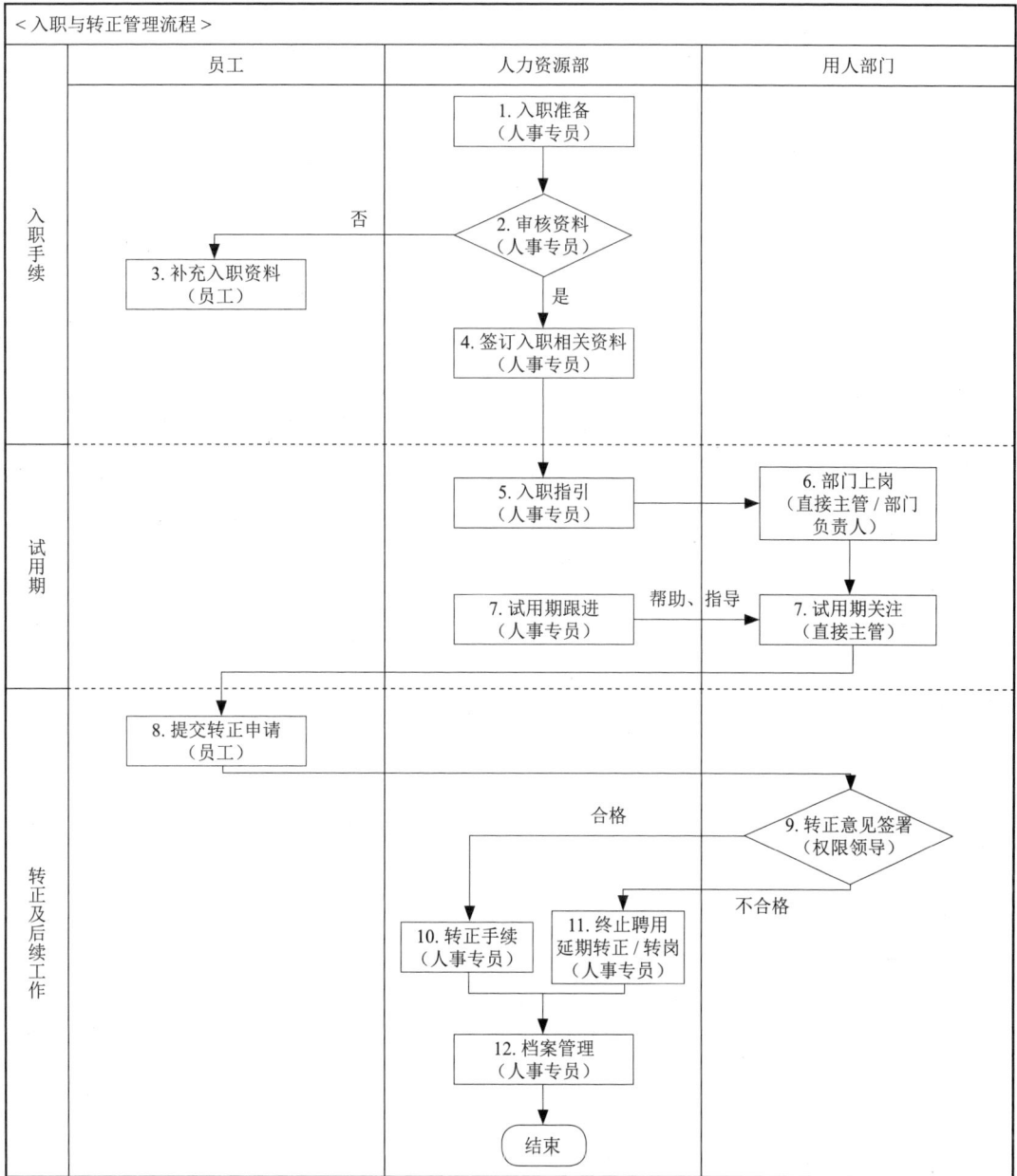

< 入职与转正管理流程 >

	员工	人力资源部	用人部门
入职手续	3.补充入职资料（员工）	1.入职准备（人事专员） 2.审核资料（人事专员） 4.签订入职相关资料（人事专员）	
试用期		5.入职指引（人事专员） 7.试用期跟进（人事专员）	6.部门上岗（直接主管/部门负责人） 7.试用期关注（直接主管）
转正及后续工作	8.提交转正申请（员工）	10.转正手续（人事专员）　11.终止聘用 延期转正/转岗（人事专员） 12.档案管理（人事专员） 结束	9.转正意见签署（权限领导）

流程图说明：
- 2.审核资料 → 否 → 3.补充入职资料；是 → 4.签订入职相关资料
- 5.入职指引 → 6.部门上岗
- 7.试用期跟进 帮助、指导 → 7.试用期关注
- 9.转正意见签署 → 合格 → 10.转正手续；不合格 → 11.终止聘用 延期转正/转岗

4. 流程说明

步骤	工作事项	责任岗位	事项说明	应用附件和表单
1	入职准备	人事专员	1.根据招聘人员提供的员工基本资料，提前1个工作日准备报到材料，做好入职接待的工作 2.招聘人员提前3个工作日告知用人部门员工报到时间，用人部门提前1个工作日与人力资源部沟通准备相关办公材料	
2	审核资料	人事专员	1.人事专员接收员工报到提供的个人力资源（资料包括如下）： ①新版身份证原件及复印件2份（正反面同时复印在一页A4纸上） ②上一家单位《离职证明》原件或有效失业证明；若因特殊原因无离职证明，则需签署《无离职证明承诺书》 ③最近三个月内正面半身免冠彩色照片1寸和2寸各2张	附件6.无离职证明承诺书

步骤	工作事项	责任岗位	事项说明	应用附件和表单
2	审核资料	人事专员	④有效学历证、学位证、职称证、执业资格证等证书原件和复印件各 1 份 ⑤健康证原件及复印件或三甲（含）以上医院的体检报告原件 ⑥办理中国银行卡复印件（本人户名、开卡，且在复印件上注明姓名、手机号、卡号、开户行信息） ⑦其他资料：司机、财务类岗位需提供担保人签章的《担保协议》 2. 审核材料完整性，留存复印件	附件 6. 无离职证明承诺书
3	补充入职资料	员工	资料不完整者要求员工 7 天内补交	
4	签订入职相关资料	人事专员	资料完整者，正常办理入职手续，签订劳动合同及相关协议 1. 签订《劳动合同》一式两份 2. 财务、运营及其他涉及公司经营信息、商业运作机密的岗位以及经理级及以上岗位，签订《保密协议》，一式两份 3. 财务人员签订《经济担保书》，一式两份 4. 提供上家单位《离职证明》	附件 2. 劳动合同 附件 3. 保密协议 附件 4. 经济担保书 附件 5. 离职证明
5	入职指引	人事专员	1. 拟定工号（公司简称＋年份＋四位流水号），以入职员工举例：JT20160001，详见《员工档案管理制度》，发放工牌 2. 录入考勤机和门禁系统指纹，指导正确使用指纹机 3. 对《新员工入司须知》进行简单说明 4. 带领熟悉公司办公环境（如茶水间、就餐区等）及各职能部门办公室布局，引导新员工至用人部门报到 5. 入职手续完毕后，人事专员于 2 个工作日内将员工详细信息录入《员工花名册》	附件 1. 新员工入司须知 表单 1. 员工花名册
6	部门上岗	直接主管／部门负责人	1. 入职当天直接主管组织简单欢迎会，欢迎新同事加入，介绍部门基本情况及同事，发放岗位说明书，并确认试用期目标、分配工作职责和任务 2. 人力资源部统一安排新员工入司培训，部门负责人安排试用引导培训，详见《新员工培训管理制度》	
7	试用期关注	直接主管	定期与新员工沟通了解岗位适应情况，协调解决问题，并评估反馈员工表现	
	试用期跟进	人事专员	1. 试用期间跟进新员工工作与生活情况，做好记录，填写《试用期跟踪表》 2. 转正提醒：人力资源部提前 15 天提供待转正名单给部门负责人，收集转正信息	表单 2：试用期跟踪表
8	提交转正申请	员工	1. 新员工于转正前 15 个工作日提交《新员工转正申请及评估表》 2. 试用期内离职的，员工提前 3 天以书面形式提交申请，方可解除劳动关系	表单 3. 新员工转正申请及评估表
9	转正意见签署	权限领导	根据《新员工转正申请及评估表》员工总结与部门面谈意见进行审批 1. 经理级以下员工转正由直接主管审核，部门总监审批，人力资源总监复核 2. 经理级员工转正，增加总裁审批 3. 经理级以上员工增加董事长审批	
10	转正手续	人事专员	核实转正资料、确定审批的合规性	
11	终止聘用延期转正	人事专员	1. 员工试用期考核证明不合格者，直接解除劳动关系，详见《员工离职管理制度》 2. 员工试用期考核待改进者，经与员工协商一致，可延长试用期限，但最长不得超过 3 个月，详见《劳动合同管理规定》	
12	档案管理	人事专员	按照《员工档案管理制度》标准执行存档	

5. 附加说明

（1）本规定自签批核准之日起生效，若有与原文件规定相冲突的地方，以本规定为准。

（2）本规定由人力资源部负责草拟、修订和解释，经董事长签批核准后生效，修订时亦同。

3.3.2 工具表单

表单 1. 员工花名册

序号	员工编号	姓名	部门	职位	职位等级	状态（在/离职）	性别	出生日期	年龄	婚否	民族	政治面貌	入职时间	转正时间	工龄	身份证号码	籍贯	户籍所在地	家庭住址
1	CP01-00001	××	市场部××组	市场部主管	主管级	在职	女	1982-12-24	37	已婚	汉族	群众	2014-8-15	2014-11-14	05年01月	430481198212245058	湖南常德	湖南长沙	湖南省望城县××乡××村××组××号
2	CP01-00002	×××	市场部××组	市场专员	员工级	在职	男	1989-12-24	30	未婚	汉族	党员	2010-11-12	2014-02-11	08年10月	430481198912245057			
序号以实际人数发号，不能将该编号给新的其他员工使用，而是应该启用新的编号	编号前四位为入职公司号，中间为"-"（数字键盘区的符号），后五位为公司实际有效人数。编号一旦发生变化，最终应为公司实际拥有员工数。员工编号由公司统一公布，张三同时公布。现有编号具有唯一性，现有人员根据入职时间先后排列顺序号，后入职时间的可以按照姓名的首字进行排列。员工编号具有唯一性，从入职公司开始编号不再更改，不论岗位、级别发生改变，员工离职后不能给其他员工使用。		部门用全称，一个部门一个名字，合并要空格，两个部门的名字中要空格。同一个格式中部门×××组中是×××组不要出现在同一个格式中	岗位名称统一，同一岗位不要出现或其他简称或全称，内容为：预算文员、客服文员等，不要出现"文员"。其他项（行和列都不要合并。单元格来非常便于分析和统计）	员工级、主管级、经理级、副总级、监理级、总经理级、总经理级	状态还是离职	男或备女	公式，可以采用下拉的方式单元格公式已经锁定公式已经锁定	公式，可以采用下拉的方式复制公式单元格公式已经锁定	未婚/已婚/离异	汉族/土家族等	按相应进行填写：群众、团员、党员	日期格式以这个统一，这一个数字前面的月份前面要加前0，不要出现其他的格式，如2014.10.31或2014年10月31日	日期格式以这个统一，这一个数字前面的月份前面要加前0，不要出现其他的格式，如2014.10.31或2014年10月31日	公式，可以采用下拉的方式复制的公式	身份证号码中间不要出现空格，该列单元格格式应设置为文本格式	具体到州市，例如湖南常德。注籍贯不同于户籍地	户籍地不一定和籍贯一样，注籍贯，户籍具体到市县	以身份证上地址为准

续上表

本人联系电话	紧急联系人及联系电话	毕业学校	学历	专业	毕业时间	劳动合同签订日期	劳动合同终止日期	招聘来源	试用期工资	转正工资	参保情况	社保开始缴费月份	岗位/薪资异动	劳动合同续签起止时间	备注
1808××8888	张三 137××7777	湖南大学	本科	环境艺术设计	2014/06	2014/8/15	2017/8/30	智联招聘网					1. 2014-8-15，入职，岗位为市场部××组初级市场专员，工资为固定工资2 400元/月+提成。2. 2014-10-14，转正，薪资从2 400元/月调整到3 000元/月。3. 2015-4-14，岗位晋升，加薪，岗位从市场部××组初级市场专员晋升到市场部××组中级市场专员，薪资从3 000元/月调整到4 000元/月		
1566××6666 联系电话号码中间不要出现空格	小王 1300××0000 若有两个号码就填写两个，便于遇到紧急情况时可及时联系	学校名称以毕业证上面名称为准，不要出现简称或者学院现简称或学校名乱，例如：1. 湖大、湘大这种简称，应以湖南大学、湘潭大学为准	学历：未知、小学、初中、高中、中专、技术、职高、大专、本科、成教本科、网校本科、硕士、博士	以毕业证上专业为准	注明毕业时间	劳动合同应签订日期时间和入职时间为同一天	合同终止时间应该以最后签订的一次劳动合同中的终止时间为准	招聘来源分为：网络、现场、校招、报纸、推荐、其他（具体方式）	写明试用期工资构成	写明转正工资构成	是否参保、购买五险、商业险、公积金	注明什么时候开始交的社保	岗位异动情况分为：入职、转正、调级、调岗（部门内、跨部门、跨公司）、薪资异动分为：加薪、降薪、补贴、福利（注：业绩奖金、年终奖、生育补贴、临时补贴不列入其中）	注明合同起止时间	

表单 2. 试用期跟踪表

试用期跟踪表

姓名／工号			部门			岗位	
入职时间			转正时间				
周期	时间			沟通记录			跟进人
入职第一周（7天）			企业文化、公司管理制度、部门管理、岗位职能、工作规划等				
入职一个月（30天）			团队适应、团队融入、任务推进等				
转正前一周			考核评估反馈、工作规划、个人定位与职位发展等				
综合评价							
人力资源经理签名：			人力资源总监签名：				
日期：			日期：				

表单 3. 新员工转正申请及评估表

新员工转正申请及评估表

姓名／工号			部门		入职时间	
试用岗位			试用期时间	自　年　月　日至　年　月　日		

1. 员工总结及自评（对照工作目标和职责找准亮点与问题，不够可附页）

2. 对组织（公司、上级、同事）与工作的建议

签字：　　　　　　日期：

面谈记录（面谈主要业绩与亮点，不足与改进方向）

转正人员签名：　　　　　　面谈人员（部门）签名：

直接主管评价及建议

序号	项目	权重	分数	评分标准（100分制，低于60分不合格）	
1	工作能力	40%		本职工作完成出色，专业知识扎实，动手能力强	
2	学习能力	20%		接受能力强，新知识能灵活运用于工作和生活中	1.超过或达到挑战目标，获满分 2.持平目标≦实际＜挑战目标获80%分值 3.未达到持平目标，不得分
3	文化认可度	20%		对价值观的认同度	
4	主动性	10%		主动提出并高效完成任务，敬业、勤奋	
5	协作精神	10%		遇事能很好协调沟通，处处为他人着想	
分值合计				总体评价	

建议：□提前转正，至　年　月　日　　□按期转正
　　　　□延长转正，至　年　月　日　　□终止试用
□其他：

签字：　　　　　　日期：

续上表

转正意见签署			
人力资源经理意见： □提前转正，至　年　月　日　　　　□按期转正 □延长转正，至　年　月　日　　　　□终止试用 □其他： 签字：　　日期：			
部门负责人／总监意见 签字：	人力资源总监意见 签字：	董事长意见 签字：	

附件 1. 新员工入职须知

新员工入职须知

亲爱的同事：

　　您好！××公司大家庭欢迎您的加入！

　　为了让您更清楚地了解公司的发展愿景、企业文化及管理规章制度等关乎员工自身成长的诸多事项，公司人力资源部特此进行新员工入职导引，以期帮助您尽快地适应公司氛围，融入工作团队，进入岗位角色，从而充分发挥潜能创造更多的价值，实现自己的事业梦想。

　　第一部分　入职办理流程

序号	时间	项目	具体要求	备注
1	08:45~09:00	新人报到	工作人员处签到，安排至会议室等候入职手续办理	
2	09:00~09:10	资料回收	按照《录用通知书》中要求提供本人入职相关资料，包括： ①新版身份证原件及复印件 2 份（正反面同时复印在一页 A4 纸上） ②上一家单位《离职证明》原件或有效失业证明；若因特殊原因无离职证明，则需签署《无离职证明承诺书》 ③最近三个月内正面半身免冠彩色照片 1 寸和 2 寸各 2 张 ④有效学历证、学位证、职称证、执业资格证等证书原件和复印件各 1 份 ⑤健康证原件及复印件或三甲（含）以上人民医院的体检报告原件 ⑥办理中国银行卡复印件（本人户名、开卡，且在复印件上注明姓名、手机号、卡号、开户行信息） ⑦其他资料：司机、财务类岗位需提供担保人签章的《担保协议》	上述资料中前三项缺一不可，否则延后办理入职手续，审核过程中一经发现资料有虚假、伪造等情况，将取消录用，相关的法律后果及经济损失由当事人自行承担
3	09:10~09:20	资料签订、签收	1. 填写完善入职信息登记表 2. 劳动合同、补充协议（一式两份） 3. 保密协议、经济连带责任书（财务人员） 4. 工牌领取 5. 指纹录入	
4	09:20~09:25	办公品领取	工作人员统一发放签字本、签字笔、电脑等办公用品	
5	09:25~09:30	制度通识	公司人力资源、行政、财务等通识类宣导	
6	09:30~09:40	办公环境介绍	办公环境（各部门分布、就餐等）介绍	
7	09:40~09:45	交接用人部门	引导新员工至用人部门报到	

　　第二部分　HR 管理制度通识

● 试用管理　固定合同期限 2 年（或 3 年），试用期 2 ～ 3 个月，经特批可提前转正；考核不符合录用条件将按试用期不合格处理。

- **转正管理** 提前 15 天左右发起转正流程，通知用人部门负责人、员工完成转正审批流程。

- **薪酬管理** 以薪酬确认单为准，试用期薪资为转正薪资的 80%；每月 15 日发放上月工资，逢周末或节假日顺延。

- **调动管理** 以公司经营发展与领导决策为据，员工需填写《调动审核表》《工作交接表》经由签核并落实交接后方可到新岗位报到。

- **班制管理** 双休，7 小时工作制，夏时令：09:00 ～ 18:00，午休 2 h；冬时令：09:00 ～ 17:30，午休 1.5 h。

- **考勤管理** 指纹打卡，早晚上下班各一次，打卡异常、迟到、早退、旷工、伪造出勤记录等一律按照《考勤管理制度》相关条款及制度流程进行处理，公司组织的会议、培训学习等除外。

- **请假管理** 事假（不带薪休假）应至少提前一天向所属部门负责人申请，获准后方可视为请假，否则将视为旷工；带薪休假如年假、婚假、产假 / 陪产假、丧假等均需符合相关条件，提供证明依据，并按照流程提前申请。

- **离职管理** 试用期员工，须至少提前 3 天书面申请；正式员工，须提前一个月申请，并完成岗位工作交接；无故连续旷工三天及以上视作自动离职。

- **招聘管理** 欢迎内部推荐，意向者可上智联招聘、前程无忧搜索公司名称并投递简历，或直接投递至公司招聘邮箱：_____，招聘专用电话：_____。

- **公司 QQ 群与微信群**

第三部分 其他管理制度

- **行政管理** 以公司行政管理相关制度为准，公司将统一安排培训。

- **财务管理** 以公司财务管理相关制度及相关补充条款为准，公司将统一安排培训。

附：HR、行政事务对接窗口

类别	事项	联系人	办公电话	工作 QQ
HR	人才推荐，面试对接			
	入、离、转、调手续办理			
	员工关系管理			
	考勤、休假类咨询			
	薪酬、绩效、社保咨询			
	人才招聘			
	培训管理			
行政	办公用品领用申购、办公耗材下单制作			
	平面广告物料下单制作			
	办公用品领用、外出登记			
财务	费用报销			

人力资源部

附件 2. 劳动合同

劳 动 合 同

甲方（用人单位）： 乙方（劳动者）：

名称： 姓名：

法定代表人： 邮箱：

地址： 身份证号码：

户口所在地：

家庭住址：

本人确认签收：

特别声明：甲、乙双方在此声明，保证签订劳动合同之前向对方提供的与履行劳动合同相关的各项信息真实有效，没有任何伪造、欺骗和故意隐瞒的内容，如甲、乙双方以上信息存在虚假内容，则应各自承担由此带来的法律责任和后果。

根据《中华人民共和国劳动合同法》及有关法律法规规定，甲乙双方本着平等自愿、协商一致、合法公平、诚实信用的原则，签订劳动合同，并承诺共同遵守：

一、合同类型和期限

双方同意按以下第_____种方式确定本合同期限：

（一）有固定期限：从_____年__月__日起至_____年__月__日止，试用期：__月，试用期从_____年__月__日起至_____年__月__日止，共 个月。

（二）无固定期限：从_____年__月__日起至本合同终止条件出现时止，其中试用期从 年__月__日日起至_____年__月__日止，共__个月。

（三）以完成一定的工作为期限：从_____年__月__日起至_____年__月__日工作任务完成时止。

（四）若乙方开始工作时间与合同订立时间不一致的，以实际到岗之日为合同起始时间，建立劳动关系。

二、工作岗位及工作地点

（一）根据甲方工作需要，乙方同意从事_____岗位工作，乙方的工作地点为_____。根据甲方的工作需要，经甲乙双方协商同意，可以变更工作地点。

（二）乙方应按甲方的要求，按时完成规定的工作数量，达到规定的质量标准。

三、工作时间与休假

（一）乙方实行以下第_____种工时制。

1.实行标准工作制的，平均每日工作时间不得超过 8 小时，平均每周工作时间不得超过 40 小时。

2.实行不定时工作制的，工作时间和休息休假甲乙双方协商安排。

（二）乙方依法享受国家规定的节假日和本单位规定休假制度。

（三）甲方施行加班审批制度，凡乙方需要加班的，应事先向公司进行书面申请，经书面批准后方可加班，否则视为自愿延长劳动时间的行为。

四、劳动保护和条件

（一）甲方必须按照国家法规要求，为乙方提供相应的劳动安全、卫生条件和工作场地。

（二）乙方患职业病、因工负伤或者因工死亡的，甲方应按《工伤保险条例》的规定办理。

五、劳动报酬

（一）乙方执行标准工时工作制或综合计算工时工作制的，甲方每月__日前以货币形式支付乙方工资。乙方月工资标准为￥_____元。试用期间工资标准为￥_____元。乙方可享受的福利按照公司福利政策执行。

（二）甲方于每月__日以银行卡转账形式向乙方支付上月工资，如因不可抗力等特殊原因可以延迟支付（最迟不超过5个工作日），但必须及时向乙方说明。

（三）甲方安排乙方延长工作时间或休息日、法定休假日工作的，安排乙方补休或按照约定的基本工资作为计算基数，依法核算加班工资。

（四）甲方支付乙方的劳动报酬为税前收入，乙方同意甲方有权根据相关法律法规、规章制度等规定，在向乙方支付工资时，同时扣除有关款项并代缴。

（五）乙方对于甲方支付劳动报酬应及时进行核查。乙方对劳动报酬有异议时，应在当月工资转入其银行账户起10日内向人力资源部以书面形式提出，逾期未提出异议的，视为乙方确认甲方已经及时足额支付劳动报酬。甲方对乙方在该期限内提出的劳动报酬异议，应及时进行核查，若确实有误，甲方应及时补发或扣减乙方的劳动报酬。

六、社会保险和福利待遇

（一）甲、乙双方必须依法参加当地政府规定的法定社会保险，并按照国家有关规定按时向劳动保障部门所属社会保险机构缴纳社会保险费，其中乙方应缴纳部分由甲方从乙方工资中代扣代缴。

（二）合同期内，乙方享有甲方提供的各项福利待遇，具体按甲方相关的福利文件执行。

七、劳动纪律

（ ）甲方根据国家和省的有关法律、法规通过民主程序制定的各项规章制度，应向乙方公示；乙方应自觉遵守国家和省制定的有关劳动法律、法规和企业依法制定的各项规章制度，严格遵守安全操作规程，服从管理，按时完成工作任务。

（二）甲方有权对乙方履行制度的情况进行检查、督促、考核和奖惩，乙方须按照甲方关于本工作岗位的职务内容，完成规定数量、质量的工作任务。

八、本合同的变更

（一）任何一方要求变更本合同的有关内容，都应以书面形式通知对方。

（二）甲乙双方经协商一致，可以变更本合同，变更后的合同文本经双方盖章或签字后生效。

（三）如双方未进行书面更改，但事后双方实际地履行了变更事项，则视为双方都接受该变更。

九、本合同的解除

（一）经甲乙双方协商一致，本合同可以解除。

（二）属下列情形之一的，甲方可以单方解除本合同：

1. 试用期内证明乙方不符合录用条件的；

2. 乙方严重违反劳动纪律或甲方规章制度的；

3. 乙方严重失职、营私舞弊，对甲方利益造成重大损害的；

4. 乙方同时与其他用人单位建立劳动关系的；

5. 乙方以欺诈、胁迫的手段或者乘人之危，使甲方在违背真实意思的情况下订立或变更劳动合同的；

6. 乙方被依法追究刑事责任的；

7. 甲方歇业、停业、濒临破产处于法定整顿期间或者生产经营状况发生严重困难的；

8. 乙方患病或非因工负伤，医疗期满后不能从事本合同约定的工作，也不能从事由甲方另行安排的工作的；

9. 乙方不能胜任工作，经过培训或者调整工作岗位，仍不能胜任工作的；

10. 本合同订立时所依据的客观情况发生重大变化，致使本合同无法履行，经当事人协商不能就变更本合同达成协议的。

（三）属下列情形之一的，乙方可以解除劳动合同：

1. 甲方未按照劳动合同约定提供劳动保护或者劳动条件的；

2. 甲方未及时足额支付劳动报酬的；

3. 法律、行政法规规定乙方可以解除劳动合同的其他情形；

4. 甲方以暴力、威胁或者非法限制人身自由的手段强迫乙方劳动的，或者甲方违章指挥、强令冒险作业危及乙方人身安全的，乙方可以立即解除劳动合同，不需事先告知甲方。

（四）乙方因个人原因解除本合同的，应当至少提前30日以书面形式通知甲方，若有涉及违约金及其他赔偿的，均按双方签订的相关协议及《劳动合同法》规定执行。

（五）解除本合同后，甲乙双方应在三日内办理解除劳动合同有关手续。若超过时间乙方仍未到甲方相关部门办清手续，甲方保留追究乙方因延迟办理手续而造成的各项损失及相关法律责任的权利。

（六）合同期满时，乙方欲续签劳动合同，应于本合同期满前一个月向甲方提出书面申请。

十、本合同的终止

本合同期满或本合同终止条件出现，本合同即行终止。

本合同期满前，甲方至少应提前30天向乙方提出终止或续订劳动合同的书面意向，并及时办理手续。

十一、违约情形及争议处理

（一）双方有下列情况之一的，应当承担违约责任：

1. 甲方未按规定单方面解除本合同或者不履行本合同的；

2. 乙方未办清手续离职或擅自离职的。

（二）乙方违约时，除按双方签订的相关协议支付违约金外，若给甲方造成损失的，还需按实际造成的损失支付赔偿金。赔偿范围包括但不限于：

1. 乙方所管辖范围内及工作中使用的各类公司资产因乙方原因造成损坏或丢失；

2. 因乙方工作失误对甲方造成的经济损失。

（三）当双方发生劳动争议时，应友好协商解决，经协商无效的，需提请有关部门调解或仲裁，任何一方不得通过暴力、胁迫等手段表达意见或进行报复行为。

十二、其他

（一）甲方的规章制度（包括但不限于员工手册、岗位职责、培训协议、保密协议等）均属合同的主要附件，其效力与合同条款等同，乙方确认在签订本合同的同时，已收到并知晓认可前述文件。

（二）本合同未尽事宜，按国家和地方有关政策规定执行。在合同期内，如本合同条款与国家、省有关劳动管理新规定相抵触的，按新规定执行。

（三）双方在本合同期内签订的任何协议等文书材料均视为本合同附件，具有与本合同同等的法律效力。

（四）乙方承诺，签订本劳动合同时，已详细阅看，并对合同内容予以全面理解、认可；同时阅看、理解了公司规章制度等与工作有关的规章制度或文件，并保证予以遵守执行。

（五）本合同一经签订，即具有法律效力，双方必须严格履行。此前如有双方签署的《劳动合同》即同时终止失效。

（六）乙方对在合同期间得到的有关甲方及其关联公司的情报、信息等商业秘密进行保密，不得将其泄露给任何第三者（亦包括无工作上需要的甲方雇员）。乙方违反保密义务则被视为严重违反本合同，并认为有足够的理由被辞退。此种保密义务在本合同终止或期满后的任何时间对乙方仍有约束力。

（七）下列地址（包括电了邮箱地址）为劳动关系相关文件、义书的送达地址，若有发生变更的，乙方应当在发生变更之日起三个工作日内书面通知甲方，否则由此产生的一切不利后果将由乙方个人承担。

本合同不得代签和涂改，合同一式两份，自双方签字（盖章）后，在乙方上岗之日起生效；双方各执壹份。

甲方：（盖章）　　　　　　　　　乙方：（签字）

签订日期：　年 月 日　　　　　　签订日期：　年 月 日

附件 3. 保密协议

保密协议

甲方（聘用方）：

乙方（受聘方）：　　　　　　　　身份证号码：

鉴于乙方的工作岗位可直接或间接接触、知悉、了解或掌握甲方保密信息，乙方愿意为保护甲方的保密信息承担保密义务。根据《中华人民共和国劳动法》《中华人民共和国劳动合同法》及有关法律、法规，甲乙双方于_____年__月__日订立的《劳动合同》，经双方协商一致，订立本协议，双方共同遵守履行。

一、保密信息的内容和范围

1. 依据国家法律法规，甲方承担保密义务的国家秘密信息。

2. 甲方商业秘密，即不为公众所知悉、能为权利人带来经济利益、具有实用性并经权利人采取保密措施的技术信息和经营信息，包括：

（1）智力成果，包括但不限于业务发展规划与研究方案，市场分析、行业分析、客户分析报告及有关调研成果，用于经营管理的科研计划、计算机软件、数据库、管理制度、工作流程、操作手册、技术文档、技术诀窍以及有关的数学方法、模型、公式等。

（2）重要经营管理信息，包括但不限于总经理办公会议、财务审查会议、集中采购会议、绩效管理会议等重要会议的内容，未公开的经营战略规划、经营计划、经营方针、信贷政策、改革方案、业务发展决策与竞争策略、投资决策、组织人事变动、重大金融交易及交易细节、招投标中的标底及标书内容、业务统计报表（含财务报表）和相关统计数据资料，以及安全保卫制度的操作细节及相关报告等。

（3）客户资料，包括客户名单、客户资信状况、客户交易记录以及相关的数据、信息等。

（4）甲方对客户负有保密义务的信息资料。

（5）甲方的技术秘密，包括但不限于尚未依法取得知识产权但与之相联系的信息资料、技术数据、专利技术、科研成果等。

（6）各类可能损害甲方形象和信誉的事件或案件情况。

（7）应作为商业秘密保护的其他信息。

二、双方的权利和义务

1. 乙方向甲方保证，其进入甲方就职之前，对以前的工作单位，均无须承担任何有关商业秘密的保密及竞业限制义务。乙方承担甲方交付的所有任务，均不会侵犯以前单位的商业秘密。

2. 乙方在甲方任职期间，必须遵守甲方的保密规章、制度，履行与其工作岗位相应的保密职责。没有规定或规定不明确之处，乙方亦应本着谨慎、负责的态度，采取必要、合理的措施，防止泄露。

3. 乙方确认，乙方因甲方工作安排或为完成甲方的工作任务所掌握的全部商业秘密、所开发的技术成果、所发展的业务渠道、所建立的商业信誉等,都属于甲方的知识产权和无形资产,乙方并不因其曾付出了劳动而享有所有、占有、转让、披露以及利用其为自己谋取利益的权利。

4. 未经甲方事先书面同意,乙方不得泄露、传播、公布、发表、传授、转让或者以其他任何方式使任何第三者知悉属于甲方或者虽属于他人但甲方承诺有保密义务的技术秘密或者其他商业秘密,也不得在履行职务之外使用这些秘密信息。

5. 乙方承诺在甲方任职期间,未经甲方书面同意,不在与甲方生产、经营同类产品或提供同类服务的其他经济组织或社会团体内担任任何职务,包括但不限于合伙人、董事、监事、股东、经理、职员、代理人、顾问等。

6. 乙方因职务上的需要所持有或保管的属于甲方所有、记录有甲方秘密信息的文件、资料、图表、笔记、报告、信件、传真、磁带、光盘、磁盘、设备以及其他任何形式的载体均归甲方所有,无论这些秘密信息有无商业价值,乙方应妥善保管。在乙方离职时,应将该载体全部返还给甲方,不得将这些载体擅自保留或交给其他任何人。

7. 双方同意,乙方离职后仍对其在甲方任职期间接触、知悉的属于甲方或虽属第三方,承担如同任职期间一样的保密义务,无论乙方因何种原因离职。乙方离职后承担保密义务的期限为无限期保密,直至甲方宣布解密或者秘密信息实际上已经公开。

三、保密期限

1. 保密期限为自乙方首次获得、接触或者知悉保密信息之日起,直至该保密信息成为公知性信息或被甲方书面宣布解密之日止。

2. 本条不因本协议终止或解除而失效。乙方认可,甲方在支付工资报酬时,已经考虑了乙方离职后需要承担的保密义务,故无须在乙方离职时另外支付保密费。

四、脱密期限

1. 为确保甲方商业秘密不被泄露,乙方同意遵照本协议约定脱密期,乙方的脱密期为_____。脱密期自乙方书面提出解除劳动合同之日起计算。

2. 乙方提出解除劳动合同,应按脱密期约定期限提前通知甲方,并服从甲方的岗位调整。因乙方原因致使劳动合同剩余期限短于脱密期限的,劳动合同期限自动顺延至脱密期满。

五、保密信息的返还

1. 乙方进入脱密期前,应无条件将其持有的保密信息的载体包括但不限于含有甲方商业秘密的所有记录、数据、笔记、报告、意向书、名单、图样、草图、设备及其他载体或前述各项的复制品移交给甲方,并声明已不再持有任何含有商业秘密的载体。

2. 如因乙方未及时移交保密信息导致不能按期完成岗位调整,乙方的脱密期相应顺延。

3. 如果保存保密信息的载体(包括但不限于硬盘、移动硬盘、软盘、光盘、U盘、磁带、存储卡)属于乙方所有,则乙方应当在甲方(或其授权人)的监督下将甲方的保密信息从载体上永远删除,如甲方认为有必要则甲方有权要求乙方予以销毁或移交给甲方,此种情形下甲方应给予乙方相当于载体本身价值的补偿。

六、违约责任

1. 如乙方违反本协议约定,应赔偿甲方全部损失。赔偿范围包括但不限于甲方的名誉损失、直接损失和可得利益损失,以及调查费、诉讼费、律师费等。

2. 乙方违反本协议任何条款的行为均视为严重违反劳动纪律和甲方规章制度,无论违约金及损失赔偿金支付与否,甲方均有权立即解除与乙方的劳动合同并不支付经济补偿。

七、本协议为乙方与甲方已签署的《劳动合同》之补充协议,如本协议内容与《劳动合同》有抵触,以本协议内容为准。本协议自双方签字或盖章之日起生效。本协议未尽事宜,由双方协商解决。

八、本协议正本一式两份,双方各执一份。

甲方(签章):   乙方(签字):

日期:_____年____月____日   日期:_____年____月____日

附件4.经济担保书

经济担保书

本人确认被介绍人_____所提供的个人简历材料属实,如有弄虚作假,由本人负责。据本人了解,被介绍人身体健康、工作踏实、品行端正,未有犯罪记录,愿意遵守贵公司的规章制度,本人愿意作其担保人,并愿承担公司关于担保人的职责和义务。

本人_____男(女)身份证号为_____愿意为贵公司员工_____男(女)身份证号为_____(以下简称被担保人),按下列条件向贵公司提供担保。

一、担保范围

1. 保证被担保人遵规守约,完全正确真实地履行职责。对被担保人或违规违约或不履行职责或不真实履行职责所造成的后果,担保人承担连带责任。

2. 保证被担保人受聘期间或期满因故主动或被动离开用人方时,要及时、真实地办妥交接手续、清算经济往来。对于被担保人离开用人方时,不及时、不真实地办妥交接手续、清算经济往来而造成的后果,担保人要承担连带责任和用人方的损失。

3. 保证被担保人遵纪守法。被担保人有涉案行为时,担保人负责协助有关部门缉查,并承担相应经济责任。

4. 保证被担保人对因其工作失职、渎职、失职以及损毁公司财物而给贵公司造成的损失及时赔偿。

二、担保期限

此担保有效期:_____年__月__日起至_____年__月__日止,本不可撤销之连带责任担保书每年或每二年签订一次。

三、不可撤销

1. 本担保书项下的连带责任保证不因贵公司与被担保人所订立的劳动合同内容发生任何变更、修改或补充而撤销或变更；

2. 本担保书项下的连带责任保证不因贵公司与被担保人的劳动关系解除、终止而撤销或变更；

3. 本担保书项下的连带责任保证不因被担保人向贵公司提供其他任何形式的担保而撤销或变更。

四、附件（担保身份证复印件及户籍证明复印件）

五、担保人概况（本项由担保人自行填写或被担保人协助填写后请担保人签字确认，若填写错误或故意隐瞒实情，仍需负人事保证责任）

担保人信息登记表：

姓名		性别		出生年月	
身份证号码				身份证地址	
工作单位				现住址	
同被担保人关系				联系电话	
工作单位地址					

我保证上述内容正确无误，并欢迎就上述内容进行调查、核实。我声明：和贵公司达成的协议完全是自愿的。

担保人签名：　　　　　　　　被担保人签名：

　年　月　日　　　　　　　　　年　月　日

附件 5. 离职证明

离职证明

兹证明_____先生 / 女士（离职前岗位_____，身份证号码为：_____，入职日期：_____年__月__日），经协商一致，已于_____年__月__日与我单位解除劳动合同，劳动关系终止。

特此证明。

　　　　　　　　　　　　　　　　　　　　××公司（盖章）

　　　　　　　　　　　　　　　　　　　　　年　月　日

签收回执

本人已于_____年__月__日签收_____开具给本人的解除劳动关系证明。

　　　　　　　　　　　　　　　　　　　　　　　　签收人：

附件6.无离职证明承诺书

无离职证明承诺书

本人_____（身份证号：_____电话号码：_____）于_____年__月__日与贵司达成建立劳动关系的合意，但截至本人前往贵司办理入职手续之日，因多方原因暂时无法提供原用人单位《离职证明》，特向贵司承诺如下：

一、本人承诺在与贵司签订劳动合同时，本人与原用人单位已不存在劳动关系，并且不存在任何尚未解决的劳动法律纠纷或其他可能影响本人在贵司正常工作的利益纠纷。

二、本人承诺与原用人单位之间（或其他单位，包括但不限于企业、组织或者团体）不存在尚处于有效期内的可能影响本人在贵司正常工作的保密协议、竞业禁止协议或其他相关条款。

若上述承诺不属实，导致贵司与任何第三方产生任何纠纷的，本人承诺本人将独立解决前述纠纷及承担全部责任，贵司有权解除与本人的劳动合同，且不支付经济补偿金。若贵司因此遭受任何损失，本人承诺进行全额赔偿。

特此承诺！

承诺人：

年　　月　　日

3.4　员工调动管理流程与工具表单

3.4.1　员工调动管理流程

×× 公司	员工调动管理流程			
××-RZ04				
版本	拟定人	审核人	批准人	生效日期

1. 目的

规范员工内部调动管理，保证员工在公司内部有序有效的合理流动，达到人力资源合理配置。

2. 适用范围

适用于公司所有员工。

3. 流程图

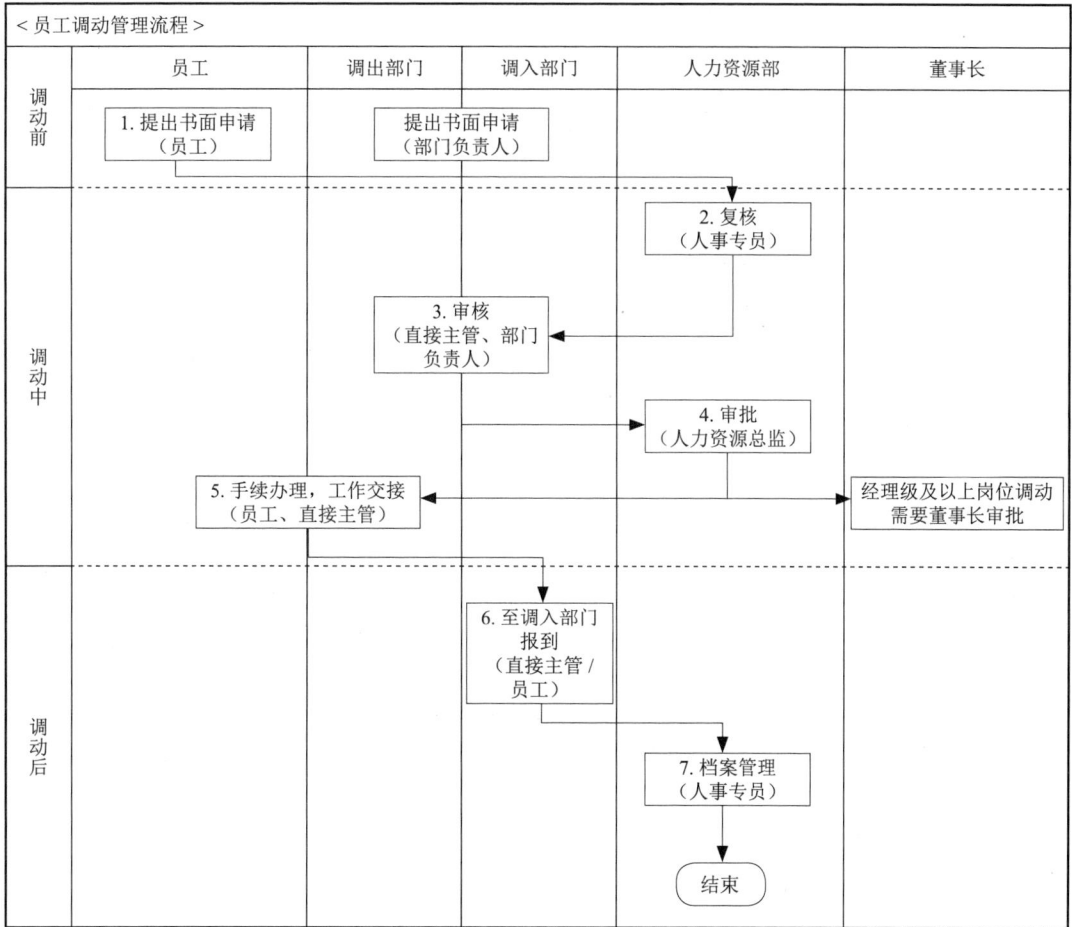

< 员工调动管理流程 >

	员工	调出部门	调入部门	人力资源部	董事长
调动前	1. 提出书面申请（员工）	提出书面申请（部门负责人）			
调动中		3. 审核（直接主管、部门负责人）	4. 审批（人力资源总监）	2. 复核（人事专员）	
	5. 手续办理，工作交接（员工、直接主管）				经理级及以上岗位调动需要董事长审批
调动后			6. 至调入部门报到（直接主管/员工）	7. 档案管理（人事专员）	
				结束	

4. 流程说明

步骤	工作事项	责任岗位	事项说明	应用附件和表单
1	提出书面申请	员工 / 部门负责人	员工或部门负责人接收到工作调动安排后在人事专员处领取并填写《员工调动申请表》，1个工作日内提交人事专员	表单1. 员工异动审批表
2	复核	人事专员	核实调动原因，对拟调入岗位的编制进行审核，启动调动手续办理	表单1. 员工异动审批表
3	审核	直接主管、部门负责人	1. 调出部门明确调出人员的可调离日期并审核 2. 调入部门对调动人员是否匹配岗位做出判断并审核 3. 如涉及薪酬调整，调入部门需与员工明确调动后薪酬	表单1. 员工异动审批表
4	审批	人力资源总监	人力资源总监根据调出、调入部门给出的审核意见审批《员工异动审批表》	表单1. 员工异动审批表
5	手续办理，工作交接	员工、直接主管	1. 调出部门主管对员工目前工作交接进行审核，安排被交接人，并及时进行人员补充 2. 员工梳理岗位工作内容，及时交接《工作交接表》	表单2. 工作交接表 表单3. 离 / 调手续上表
6	至调入部门报到	直接主管、员工	确认员工到部门报到	
7	档案管理	人事专员	按照《员工档案管理制度》标准执行存档	

5．附加说明

（1）本规定自签批核准之日起生效，若有与原文件规定相冲突的地方，以本规定为准。

（2）本规定由人力资源部负责草拟、修订和解释，经董事长签批核准后生效，修订时亦同。

3.4.2　工具表单

表单 1. 员工异动审批表

员 工 异 动 表

姓名		部门		职务		入职时间	
异 动 事 项							
○ 调岗 ○ 晋升 ○ 调薪 ○ 降薪 ○ 降级 ○ 其他							
职位变动	原职位						
	申请岗位						
	申请岗位所在部门						
	生效日期						
薪资调整	原薪资						
	调整后薪资						
	生效时间						
调整原因							
岗位职责							
部门领导意见			部门分管领导意见				
调入部门意见			调入部门分管领导意见				
人力资源部意见							
总办审批意见							
异动本人确定							

表单 2. 工作交接表

工作交接表

姓名 / 工号		部门		岗位	
序号	工作项	现进度	工作目标	处理方式参考	接收人
1					
2					
3					
4					
5					
工作资料交接（含涉密文体、资料及物品）	资料名称		现存放方式或地点	完整性确认与记录	接收人

要求：经理级及以上岗位工作交接由人力资源部负责人监交，其他人员工作交接由部门负责人监交。

由申请人自己添加流程审批人（即工作接收和监交人，可添加多人）。

表单3.离/调手续上表

离/调职手续上表

填表日期：　　　年　月　日

姓名/工号		部门		岗位	
入职时间		申请离/调职时间		联系电话	

移交原因：□公司间调动（请于 年 月 日 到 　　　报到）
□部门间调动（请于 年 月 日 到 　　　报到）
□合同到期　□辞职　□辞退　□自离　□其他（请说明：　　　　）

	相关部门	手续办理		签名/日期
1	用人部门	本部门工作交接是否完整	□是□否	
2		是否为管理者，若是，管理权限是否交接（接收人：_____）	□是□否	
3		公司的各项内部文件（含工作内容、图纸、文件资料、培训资料原件及通讯录等信息资料）	□是□否	
4		办公用品、文具	□是□否	
5		技术资料、工具、图书资料归还	□是□否	
6		相关账号注销/暂停/变更（如涉及）	□是□否	
7	行政部	办公电脑	□是□否	
8		门禁权限取消	□是□否	
9		个人名下公司资产及其他不宜转给本部门人员的物资清理	□是□否	
10		工作钥匙、名片及相关证件交还（如涉及）	□是□否	
11	财务部	个人借支往来清账	□是□否	
12		未清或损坏公物应扣款	□是□否	
13	人力资源部	工牌回收	□是□否	
14		工作群：QQ/微信群信息等	□是□否	
15		社会保险处理	□是□否	
16		审核考勤记录和系统维护	□是□否	
17		开具离职证明	□是□否	
其他补充				
备注		□附交接清单__页　　　□不附交接清单		
交接声明		本人已于_____年__月__日办理完各项后续交接 　　　　　　　　　　　签名：　　　　日期：		

说明：
1. 本表单由人力资源部发出及收回，如有需要，可留存复印件。
2. 各职能部门在办理本部门交接工作时须核实是否有赔偿金额。
3. 各项交接需认真审核到位，并在相应条目上打钩确认，本表将作为后期追究法律责任的依据。
4. 接口人。行政部：　　　财务部：　　　人力资源部：

3.5 员工离职管理流程与工具表单

3.5.1 员工离职管理流程

×× 公司		员工离职管理流程		
××-RZ05				
版本	拟定人	审核人	批准人	生效日期

1. 目的

规范员工离司流程，规避劳动风险。

2. 适用范围

适用于公司所有员工。

3. 流程图

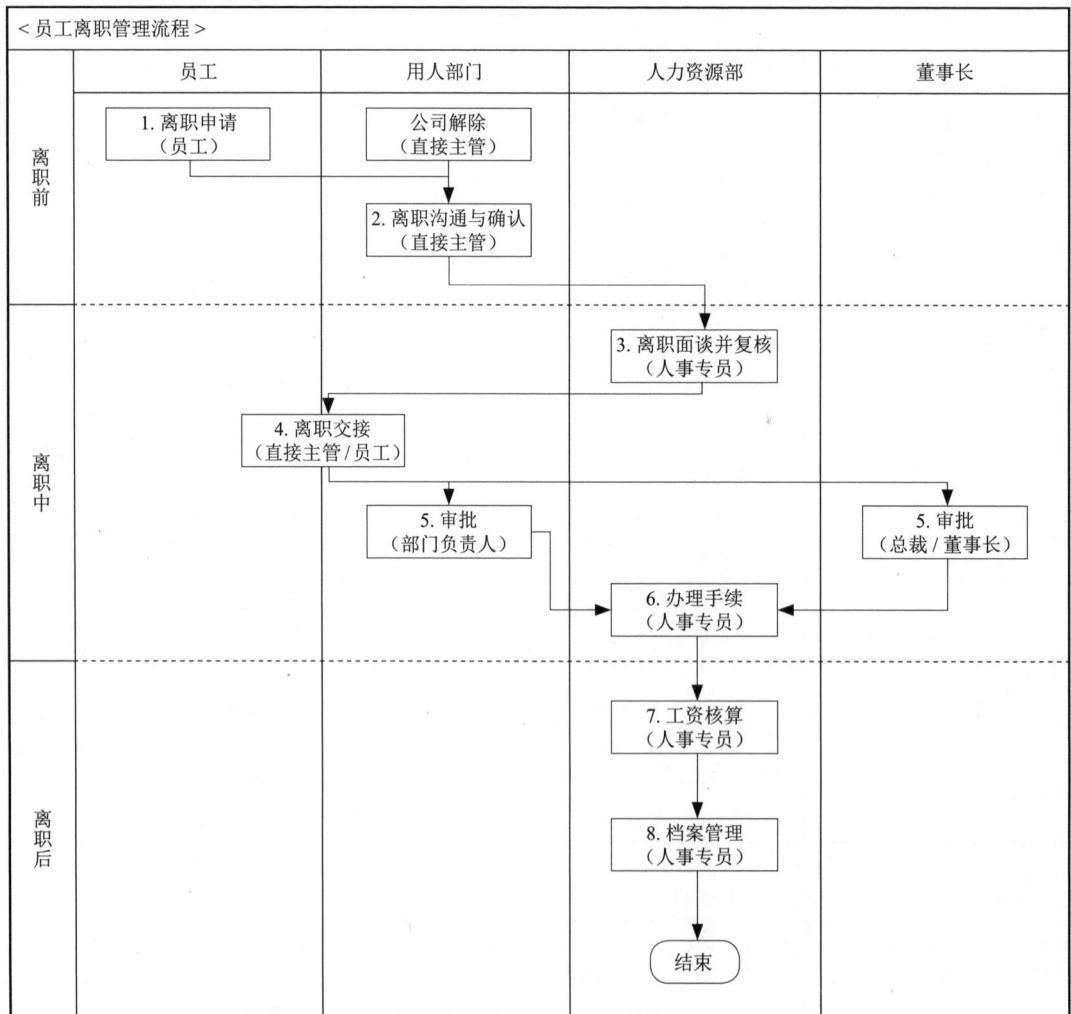

4．流程说明

步骤	工作事项	责任岗位	事项说明	应用附件和表单
1	离职申请	员工／直接主管	1．原则上离职人员须提前 30 天向用人部门提交书面申请，部门领导不得无故拖延审批。试用期员工提前 3 天提出申请 2．公司解除，由直接主管提出申请，部门负责人及人力资源部确认合规后办理手续 3．自动解除／除名员工，直接主管在员工自离职日起 5 个工作日内代办理离职手续，并报备人力资源部，开具《解除劳动关通知书》，以邮件／快递的形式发送给员工本人。若因部门未能及时报备而给公司造成的损失，由直接主管承担	附件 1．离职类型 附件 2．解除劳动关系通知书 表单 1．员工离职申请审批表
2	离职沟通与确认	直接主管	1．当员工提出离职时，直接上级与预离职人员沟通，了解员工心理动态，对于业绩优秀者尽量挽留 2．挽留无效者，明确意见和离职时间，同时安排好交接人	
3	离职面谈并复核	人事专员	分别与直接主管与员工沟通了解离职原因，做好相关记录，完成《员工离职访谈表》	表单 2．员工离职访谈表
4	离职交接	直接主管／员工	1．员工根据《工作交接表》完成工作项清单 2．直接主管安排好工作接收人，接收人确认所有工作无遗漏后签字	表单 3．工作交接表
5	审批	部门负责人／总裁／董事长	经理级以下岗位部门负责人审批，经理级岗位总裁审批，经理级以上岗位董事长审批	
6	手续办理	人事专员	1．离职手续办理时员工按《离／调职手续上表》办理，直接上级监督并确认，确保无漏项 2．开具《解除劳动关系证明》	附件 3．解除劳动关系证明 表单 4．离／调职手续上表
7	工资核算	人事专员	离职员工工资在未办理或未办完手续前暂缓发放，直至手续齐全后才予以结算发放，相关情节严重者可通过法律手段追究其法律责任	
8	档案管理	人事专员	参照《员工档案管理制度》执行	

5．附加说明

（1）本规定自签批核准之日起生效，若有与原文件规定相冲突的地方，以本规定为准。

（2）本规定由人力资源部负责草拟、修订和解释，经董事长签批核准后生效，修订时亦同。

3.5.2　工具表单

表单 1．员工离职申请审批表

员工离职申请审批表

姓名／工号		部门		岗位	
入职时间		离职日期		最后工作日	
离职时限	□试用期内		□非试用期内	□合同期满（合同期：＿＿＿＿＿＿＿＿＿＿＿）	
离职类型	□员工解除（辞职）　□公司解除（辞退）　□合同期满　　　□自离				
离职原因（若是辞职，由申请离职员工填写，其他情况由直接主管填写）					
离职原因： 对公司的建议： 员工／直接主管签名：					

续上表

直接上级意见
离职生效日期：_____年___月___日　　　　签名：
人力资源经理意见
签名：

部门负责人 / 总监意见	人力资源总监意见	董事长意见
签名：	签名：	签名：

说明：

（1）试用期员工必须提前 3 天，已转正员工必须提前 30 天提出离职申请；

（2）此审批表结束后，及时交由人力资源部保存；

（3）经理级及以上级别岗位离职由董事长或董事长授权人审批。

表单 2. 员工离职访谈表

员工离职访谈表

姓名 / 工号		部门		岗位		联系电话	
入职时间		申请日期		离职日期			
离职原因分析	主动原因			被动原因			
	□企业文化　□上级管理方式 □薪酬福利　□职业发展机会 □工作成就感　□工作环境及设施 □工作强度　□家庭原因 □身体原因 其他			□无法胜任岗位　□合同到期不续签 □违纪违规　□试用期不合格 其他			
面谈记录：如行业前景、公司管理、工作氛围、薪酬待遇、员工福利等 与用人部门沟通： 与离职员工沟通：							
离职后打算：							
人力资源部负责人签字：　　　　　　　　日期：							

表单 3. 工作交接表

工作交接表

姓名 / 工号		部门		岗位	
序号	工作项	现进度	工作目标	处理方式参考	接收人
1					
2					
3					
4					

续上表

序号	工作项	现进度	工作目标	处理方式参考	接收人
5					
6					
7					
8					

	资料名称	现存放方式或地点	完整性确认与记录	接收人
工作资料交接（含涉密文体、资料及物品）				

要求：经理级及以上岗位工作交接由人力资源部负责人监交，其他人员工作交接由部门负责人监交。

由申请人自己添加流程审批人（即工作接收和监交人，可添加多人）。

表单4. 离/调职手续上表

离/调职手续上表

填表日期：　　年　月　日

姓名/工号		部门		岗位	
入职时间		申请离职时间		联系电话	
移交原因：□公司间调动（请于　年　月　日　到　　　　报到） □部门间调动（请于　年　月　日　到　　　　报到） □合同到期　□辞职　□辞退　□自离　□其他（请说明：　　　）					

	相关部门	手续办理		签名/日期
1	用人部门	本部门工作交接是否完整	□是　　□否	
2		是否为管理者，若是，管理权限是否交接（接收人：）	□是　　□否	
3		公司的各项内部文件（含工作内容、图纸、文件资料、培训资料原件及通讯录等信息资料）	□是　　□否	
4		办公用品、文具	□是　　□否	
5		技术资料、工具、图书资料归还	□是　　□否	
6		相关账号注销/暂停/变更（如涉及）	□是　　□否	
7	行政部	办公电脑	□是　　□否	
8		门禁权限取消	□是　　□否	
9		个人名下公司资产及其他不宜转给本部门人员的物资清理	□是　　□否	
10		工作钥匙、名片及相关证件交还（如涉及）	□是　　□否	
11	财务部	个人借支往来清账	□是　　□否	
12		未清或损坏公物应扣款	□是　　□否	

13	人力资源部	工牌回收	□是 □否
14		工作群：QQ/微信群信息等	□是 □否
15		社会保险处理	□是 □否
16		审核考勤记录和系统维护	□是 □否
17		开具离职证明	□是 □否
其他补充			
备注	□附交接清单 __ 页 □不附交接清单		
交接声明	本人已于 年 月 日办理完各项后续交接 签名： 日期：		

说明：

（1）本表单由人力资源部发出及收回，如有需要，可留存复印件。

（2）各职能部门在办理本部门交接工作时须核实是否有赔偿金额。

（3）各项交接需认真审核到位，并在相应条目上打钩确认，本表将作为后期追究法律责任的依据。

（4）接口人。行政部： 财务部： 人力资源部：

附件 1.离职类型

离职类型		提出方	离职原因		应提前通知时间（日历天数）	通知形式	办理离职手续时间
解除劳动关系	辞职	员工单方面提出解除	非因公司原因解除员工因个人因素辞职		30 天	填写《员工离职通知书》	经批准办理日期
			因公司原因解除劳动法规规定的其他情形		3 天		
	辞退	公司单方面提出解除	非因员工原因解除	劳动法规规定的相关情形	30 天		—
			因员工原因解除	试用期间不符合要求或法规规定的相关情形			—
	开除	公司单方面提出解除	因员工过失解除	违反劳动纪律或规章制度情节严重	随时		随时
				营私舞弊、失职给公司利益造成重大损害的			
				被追究刑事责任的			
				弄虚作假、欺瞒公司的			
				公司制度或相关法规规定的情形			
	协议离职	双方协商一致解除	双方均可提出经协商一致提前解除劳动关系，并签署解除协议		随时		协定日期
	自动离职	员工单方面提出解除	员工单方面终止劳动关系		随时	—	随时
终止劳动合同		合同到期前，任何一方提出	劳动合同到期前，任一方提出不再续签劳动合同		合同到期日前30 天以上		合同到期日次日

附件 2.解除劳动关系通知书

解除劳动关系通知书

_____系本公司员工，因下列第____项原因，根据《中华人民共和国劳动法》及国家有关法规、规章规定，本公司决定于_____年__月__日起与该员工解除（终止）劳动合同（关系）：

（1）本人提出辞职，解除劳动关系。

（2）因双方约定的终止劳动关系的条件出现。

（3）根据《中华人民共和国劳动法》第____条第____项的规定，解除劳动关系。

（4）因劳动合同期限届满。

准确离职手续办理时间以本公司通知为准。

员工确认：

日期：

××公司（盖章）
年　月　日

附件 3.解除劳动关系证明

解除劳动关系证明

兹证明_____先生／女士（离职前岗位_____，身份证号码为：_____，入职日期：_____年__月__日），经协商一致，已于_____年__月__日与我单位解除劳动合同，劳动关系终止。

特此证明。

××公司（盖章）
年　月　日

签收回执

本人已于_____年__月__日签收_____开具给本人的解除劳动关系证明。

签收人：
年　月　日

3.6　劳动合同签订管理流程与工具表单

3.6.1　劳动合同签订管理流程

××公司		劳动合同签订管理流程		
××-RZ06				
版本	拟定人	审核人	批准人	生效日期

1．目的

规范员工劳动合同管理，保障公司和员工的合法权限。

2．适用范围

适用于公司所有员工。

3．流程图

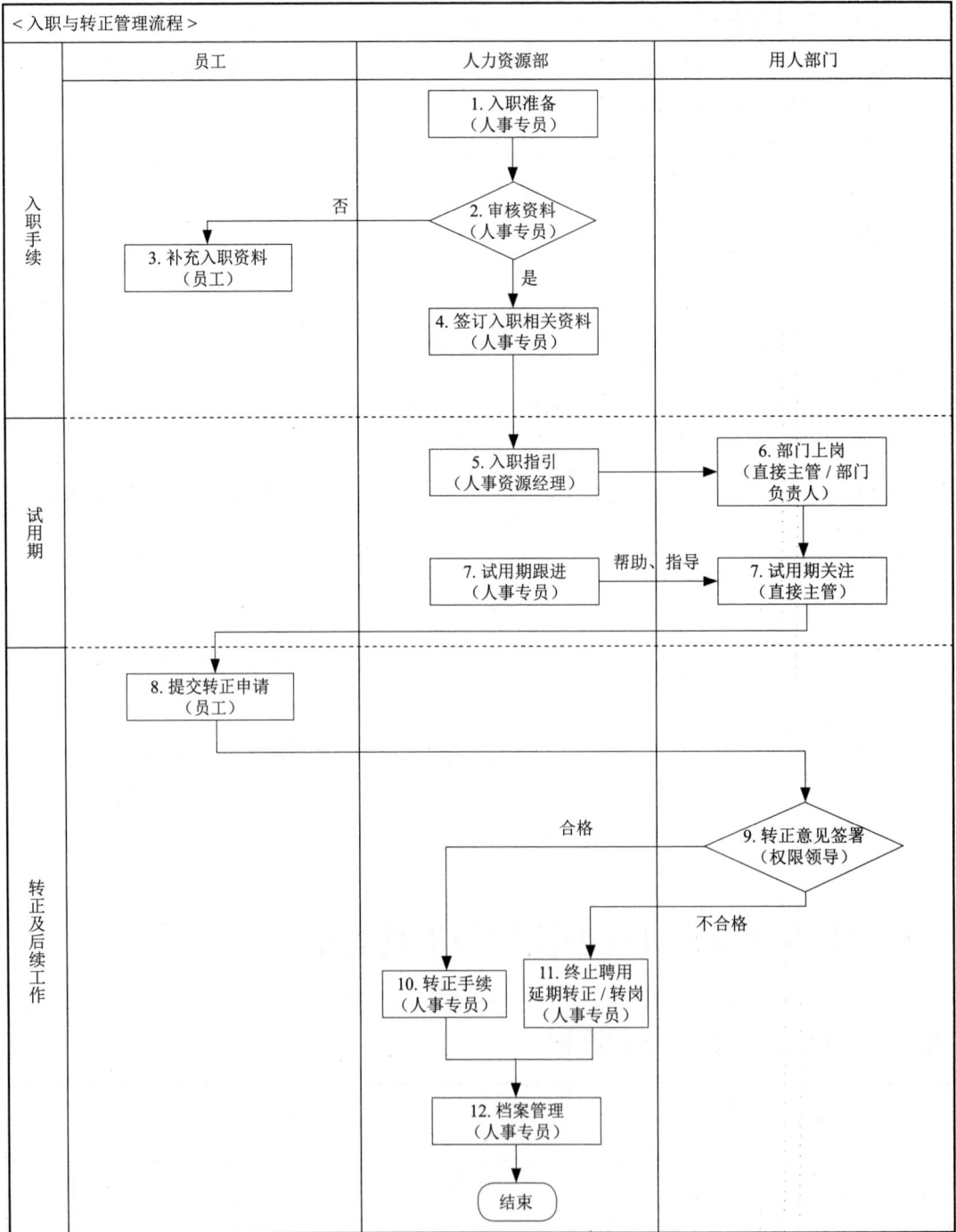

4．流程说明

步骤	工作事项	责任岗位	事项说明	相关表单和附件
1	签订劳动合同	人事专员	1. 员工入职，人事专员凭合格体检表、应聘相关证件等与新员工签订劳动合同 2. 劳动合同首签年限遵照《劳动合同管理规定》执行 1）一般员工签署《劳动合同》 2）实习生签署《实习协议》 3）退休人员、顾问、劳务人员签署《聘用合同》	附件 1. 劳动合同管理规定 附件 2. 劳动合同 附件 3. 实习协议 附件 4. 聘用合同
2	合同盖章	人事专员	1. 新员工签署完成《劳动合同》签订，交人事专员完成审核 2. 人事专员审核劳动合同签订的合规性，确认无误后盖章	
3	合同下发与存档	人事专员	已签字认可的劳动合同，人事专员在员工入职 30 天内一份存入员工个人档案，一份交员工本人，由员工在《劳动合同领取表》上签字确认签收	表单 1. 劳动合同领取表
4	续签意见收集	人事专员	合同到期前 60 个工作日，人事专员向部门负责人发放《劳动合同续订审批表》	表单 2. 劳动合同续订审批表
5	续签审核	部门负责人 / 董事长	1. 经理级以下人员由部门负责人审核审批 2. 经理级及以上人员由董事长审批	
6	续签意见收集	员工	1. 人事专员收到领导反馈的《劳动合同续订审批表》后给员工发放《续签劳动合同意见征询书》 2. 员工本人在收到《续签劳动合同意见征询书》后按相关要求及时给予回复	附件 5. 续签劳动合同意见征询书
7	续签劳动合同	人事专员	人事专员准备一式两份原件合同，通知员工签订并完成劳动合同续签以及整理	
8	合同盖章	人事专员	审核《劳动合同》，盖章	
9	合同下发与存档	人事专员	签好的《劳动合同》，一份人事档案存档，一份交员工本人，由员工在《劳动合同领取表》上签字确认签收	

5．附加说明

（1）本规定自签批核准之日起生效，若有与原文件规定相冲突的地方，以本规定为准。

（2）本规定由人力资源部负责草拟、修订和解释，经董事长签批核准后生效，修订时亦同。

3.6.2 工具表单

表单 1. 劳动合同领取表

劳动合同领取表

合同编号	姓名	身份证号码	合同期限		签收日期	本人签名	备注
				至			
				至			
				至			
				至			
				至			
				至			
				至			
				至			
				至			

表单2. 劳动合同续订审批表

劳动合同续订审批表

序号	姓名	性别	部门	岗位	年龄	入司时间	合同到期日	部门负责人意见	人力资源部意见	董事长意见
01	张三	男	人力资源部	人事专员	25	2016-8-4	2019-8-3	□ 续签 □ 不续签 □ 其他 签名:	□ 续签，建议签订期限为____年 □ 不续签 □ 其他 签名:	□ 续签 □ 不续签 □ 其他 签名:

附件1. 劳动合同管理规定

劳动合同管理规定

一、目的

根据国家、地区相关法律法规，规范劳动用工管理，明确劳动合同的使用、签订、保存与续签等事宜，建立公司与员工正常合理的劳动关系，保障合法权益，规避劳动风险。

二、适用范围

适用于公司全体员工劳动关系的签订、续签、终止及解除的管理。

三、管理职责

人力资源部负责劳动合同的制定、修订、签订、履行、续签、终止、存档与管理。人力资源部负责员工有关劳动合同相关事宜的咨询解答、培训及劳动争议处理，督促职权内人员劳动合同签订、续签、终止、解除的管理。

四、管理内容

（一）劳动合同的编制

（1）人力资源部按照《中华人民共和国劳动法》（以下简称《劳动法》）及相关法律法规，结合公司实际情况起草公司《劳动合同》，请法务部给予相关法律审核。

（2）当国家法律、地方法规、公司情况发生变化，影响到劳动合同的执行与效力时，人力资源部应及时修订或变更《劳动合同》。

（二）劳动关系的签订

（1）根据《中华人民共和国劳动法》和《中华人民共和国劳动合同法》等有关劳动法律法规及政策的规定，甲乙双方在平等自愿、协商一致的基础上签订劳动合同。同一员工与同一个公司，只能约定一次试用期。

（2）双方首次签订劳动合同，员工必须提供：原单位的离职证明原件、身份证、健康证、学历证等证明，且真实有效，若为虚假证件，骗取公司与其签订劳动合同的，一经查实，当即解除劳动合同。

（3）签订过程中，员工可以了解公司规章制度、劳动条件、劳动报酬等信息。

（4）人力资源部在新进员工报到当天安排与其以书面形式签订《劳动合同》（一式两份），

公司和员工各执一份。

（5）《劳动合同》的起始时间为员工正式报到日（试用期含在合同期内），签订日期与合同起始时间一致。

（6）对已签字认可的劳动合同，人力资源部盖章后，一份发给员工本人保存，一份档案存档。

（7）自用工之日起30天内，经用人单位书面通知后，劳动者不与用人单位签订书面劳动合同的，用人单位应当书面通知劳动者终止劳动关系。

（三）其他劳动关系管理

（1）未毕业的优秀学生在公司实习期间，不签订《劳动合同》，签订《实习协议》。协议期自公司实习之日起，最长签至领取毕业证书为止，事前需提交盖有校方有效印章的就业协议或实习证明以证明身份及毕业时间。

（2）退休人员、顾问、劳务人员等，不签订《劳动合同》，签订《聘用合同》。合同期以聘用合同协调时间为准，有效期限可以延长或提前终止，但需公司与本人协调一致。

（四）劳动合同的期限

（1）以完成工作为期限。此类合同一般在1年以内，因用人部门阶段性任务量加大而向人力资源部提交申请的临时用工，表现形式为聘用实习生及兼职人员。

（2）固定期限。经理级以下岗位，签订2年劳动合同（试用期2个月）；经理级及以上管理类、技术类、市场等高级岗位员工，签订3年期合同期（试用期3～6个月）；特殊岗位酌情而定；董事会直接任免人员的劳动合同期限由董事会确定（试用期以董事长与员工约定的时间为准）。

（3）订立劳动合同没有约定日期的，以当事人签字或者盖章的时间为第一次日期，当事人签字或盖章的时间不一致时，以最后一方签字或者盖章的时间为准。

（4）续订劳动合同时，原则上与原合同期限相同。

（5）无固定期限劳动合同，是指用人单位与劳动者约定无确定终止时间的劳动合同。

用人单位与劳动者协商一致，可以订立无固定期限劳动合同。有下列情形之一，除劳动者书面提出订立固定期限劳动合同外，应当订立无固定期限劳动合同：

①劳动者在该用人单位连续工作满十年的；

②用人单位初次实行劳动合同制度或者国有企业改制重新订立劳动合同时，劳动者在该用人单位连续工作满十年且距法定退休年龄不足十年的；

③连续订立二次固定期限劳动合同，且劳动者没有《劳动法》第三十九条和第四十条第一项、第二项规定的情形，续订劳动合同的。

（五）劳动合同的变更和续签

（1）员工调职，若两个部门隶属同一法人公司，在合同期内不需重新签订劳动合同；若属两家不同法人公司，根据双方友好协商后，重新签订《劳动合同》，经盖章生效后，双方各执一份。若双方协商不成的，可以解除劳动合同。

（2）劳动合同期满前 60 天，人力资源部发放《劳动合同续签通知书》与部门负责人确认是否续签及续签期限，并了解员工在工作期间的工作表现及业绩状况，连续两次年度考核为待改进者，劳动合同期满不再续签。

（3）劳动合同期满前 1 个月，经双方协商同意续签，将重新签订劳动合同，办理相关手续；否则，将终止劳动合同关系。

（4）经部门确认不再续签的员工，人力资源部在劳动合同期满前 1 个月内向员工发出《劳动合同（终止）意向通知书》。

（六）劳动合同的解除和终止

（1）在劳动合同履行过程中，因员工工作表现不良或自身能力与岗位不匹配，经培训或调岗后仍不能胜任工作的，人力资源部有权提前 1 个月通知当事人解除劳动合同；试用期员工，人力资源部提前 3 天通知当事人解除劳动合同。经双方协商同意后，员工须对本岗位工作做好交接工作后，方可办理离职手续。

（2）员工在履行劳动合同过程中，严重违反法律法规、规章制度的，公司有权终止劳动合同。

（3）任何一方因不可抗力不能履行劳动合同的，人力资源部有权根据不可抗力的影响，终止或者部分终止履行劳动合同。

（4）正式员工辞职需提前 1 个月书面申请，试用期员工辞职需提前 3 天书面申请，本岗位工作交接完成后，方可办理离职手续，终止劳动合同。

（七）劳动争议的处理

解除劳动合同时，员工有下列情形之一的，公司有权要求赔偿经济损失。对拒不赔偿损失的，公司可以向当地劳动争议仲裁委员会申请仲裁，并在仲裁结案前请求冻结该员工未领取的工资、经济补偿金、社会保险个人账户和人事档案关系等，但仍为其办理辞职手续。

（1）违反保守公司商业秘密和服务期等有关规定，造成公司 1 000 元以上经济损失的。

（2）原有工作未进行交接，给公司造成重大经济损失的。

（3）有员工本人签名的单据证明欠有公司债务的。

（4）因员工本人过错损坏设备工具使公司遭受重大经济损失的。

（八）劳动合同的存档

人力资源部按照《员工档案管理制度》保管好《劳动合同书》及其相关协议。

五、附加说明

本规定由公司人力资源部起草，并负责解释、归口管理和监督执行，各单位等效执行。

附件 2.劳动合同（同上）

附件3. 实习协议

实习协议

校方：_____（学校）_____（学院）

甲方：_____

乙方：_____（身份证号码：_____）

乙方住址：_____

乙方就读专业：_____

为保证实习工作的顺利进行，保护各自的合法权益，本着自愿合作的原则，经慎重协商，达成如下就业实习协议：

一、甲方因经营（工作）需要，按国家、省、市政府有关劳动法律、法规，接收乙方到甲方实习。双方根据"平等自愿"原则，签订本协议，并共同遵守履行。

二、实习期限

乙方自___年__月__日起至___年__月__日在甲方进行实习。实习期满，本协议自行终止。

三、劳动报酬、福利待遇

1. 甲方每月给予乙方实习补贴为____元。实习期内被证明不符合实习人员要求的，甲方有权终止实习协议。

2. 实习结束后，甲方根据乙方实习期间表现，确定是否录用乙方。

3. 乙方实习结束时如被录用，在取得毕业证书后办理入职，按新员工标准试用，实习期不充抵试用。

4. 乙方在实习期内，甲方不提供医疗、失业、生育、养老、工伤等社会保险。

四、实习内容

1. 乙方同意服从甲方实习安排。

2. 在实习期内，甲方根据经营管理状况、乙方工作能力和工作表现情况有权调整乙方的实习岗位。

五、劳动纪律

1. 乙方在实习期内必须遵守国家法律、法规和甲方的各项规章制度，不得有任何违法乱纪的行为。

2. 乙方实习部门根据工作需要而制定的各种规章制度同属甲方规章制度，乙方须同样严格遵守。甲方有权对乙方履行制度的情况进行检查、督促、考核和奖惩。

3. 乙方在实习期间，必须遵守甲方的保密规章、制度，履行与其工作岗位相应的保密职责。甲方的保密规章、制度没有规定或者规定不明确之处，乙方亦应本着谨慎、诚实的态度，采取任何必要、合理的措施，维护其于实习期间知悉或者持有的任何属于甲方或者虽属于第三方但甲方承诺有保密义务的商业秘密信息，以保持其机密性。

4. 乙方应服从甲方的实习安排，并按职责要求努力工作，保质保量地完成任务。

六、解除实习协议

1. 甲方有权根据经营状况和用工需要而提前终止与乙方的实习关系，甲方终止实习协议需提前 3 天通知乙方。

2. 有下列情形之一的甲方可以立即解除实习协议：（1）乙方严重触犯国家法律法规被依法追究刑事责任；（2）乙方严重违反劳动纪律或甲方规章制度的；（3）乙方严重失职，营私舞弊，对甲方造成重大经济损失；（4）乙方患病或非因公负伤。

七、实习约定

1. 实习期满，甲方对乙方在实习期的表现做出客观、公正的鉴定和书面证明。

2. 乙方在实习期结束时应向甲方提交实习报告，实习报告应包括对自己在实习期工作表现的自我鉴定，对所实习工作岗位的认识和及对本岗位操作规程或其他方面提出更合理化的建议等内容。

八、其他

1. 本协议未尽事宜，由双方协商解决。

2. 本协议一式三份，校方及甲乙双方各一份。

校方（盖章）：　　　　　甲方（盖章）：　　　　乙方（签名）：

　年　月　日　　　　　　年　月　日　　　　　年　月　日

附件 4. 聘用合同

聘 用 合 同

甲方：　　　　　　　　　　　乙方：

名称：＿＿＿＿＿＿＿＿＿＿　姓名：＿＿＿＿＿＿＿

法定代表人：＿＿＿＿＿＿＿　身份证号码：＿＿＿＿＿＿＿＿＿

地址：＿＿＿＿＿＿＿＿＿＿　现住址：＿＿＿＿＿＿＿＿＿

乙方人员类型：

乙方人员类型为以下第＿＿＿种：

（1）已达到（或超过）国家规定的法定退休年龄人员，且已与原工作单位办理完毕了退休手续。

（2）聘请的外部顾问。

（3）其他：如劳务人员＿＿＿＿＿＿＿＿＿。

甲乙双方根据《民法通则》等相关法律法规规定，就甲方聘用乙方的相关事宜达成一致并自愿签订本合同，以资双方共同遵守履行。

一、聘用期限

经双方协商一致，甲方聘用乙方自＿＿＿＿年＿月＿日起至＿＿＿＿年＿月＿日止。经甲乙双方协商一致，本协议有效期限可以延长或提前终止。

二、工作岗位及工作职责

1.甲方根据生产经营需要聘用乙方为（＿＿＿＿＿＿＿）岗位。

2.在乙方受聘期间，经过甲方的考评，确认为乙方不适合所从事上述工作岗位的，甲方可以调整乙方的工作岗位，按调整后的工作岗位定酬。

3.在本合同期内，乙方遵守甲方的各项规章制度，并服从甲方的监督和指导，认真履行工作职责。

4.对因履行工作职责而知悉的甲方的商业秘密承担保密义务。

三、工作时间和休息休假

1.乙方同意按甲方对该类岗位所实行的工时制度安排上下班。

2.乙方在节假日、年休假、婚假、丧假等带薪假期方面的安排及所享受的福利，参照甲方员工标准同等执行。

3.甲方按本合同约定的正常工作时间的聘用报酬及有关政策法规规定的计算方法向乙方支付聘用报酬。

四、聘用报酬

甲方每月支付乙方工资（即聘用报酬）＿＿＿＿＿＿＿＿元。

五、社会保险

乙方的退休金（包含各项补贴）、医药费、非因工死亡丧葬费和救济费以及其他保险福利待遇，按国家和地方的有关规定执行，乙方同意甲方对此无须承担任何责任。

六、其他约定

1.在解除或者终止本合同时，乙方应在三日内办结工作交接手续。乙方拒绝或逾期办理交接手续给甲方造成损失的，应当承担赔偿责任。工作交接时乙方应当返还所使用或保管的甲方财物，包括但不仅限于：办公室钥匙、办公工具、工作证件、授权资料、款项等。乙方如有损坏、遗失或侵占甲方财物的，应当承担赔偿责任。

2.解除或者终止本合同后，乙方不得将甲方的文件资料擅自销毁和带离，并对移交给甲方的各种资料的合法性、真实性承担法律责任。

3.如乙方须向甲方支付赔偿金等款项，甲方有权直接在乙方的报酬中扣除，同时甲方可采取其他一切合法措施追索。

4.本合同未尽事宜，双方可另行协商解决，签订补充协议，补充协议与本合同具有同等法律效力。

七、本合同一式两份，自双方签字（盖章）时生效，甲乙双方各执一份，具有同等法律效力。

甲方（盖章）：　　　　　　　乙方（签名）：

　年　月　日　　　　　　　　　年　月　日

附件 5. 续签劳动合同意见征询书

续签劳动合同意见征询书

_____ 先生 / 女士：

您的劳动合同将于_____年__月__日到期，现公司人力资源部发出续签劳动合同意见征询书。征询项目如下：

□续签，所签订合同条件与原合同条件一致。

□终止，劳动关系到合同期满结束。

注：

1. 本意见征询书仅代表个人意愿，双方是否继续签订劳动合同以最后所签订书面合同为依据。

2. 请于_____年__月__日前将个人意向以书面形式交至人力资源部。

3._____年__月__日前如果员工仍未做出反馈，则视同员工本人不再与公司继续签订劳动合同，双方劳动关系终止。公司将在劳动合同到期时与员工办理终止劳动合同关系和工资保险等各项手续。

××公司（盖章）

年　月　日

员 工 意 向

□终止　　　　　□续签　　　□其他（请说明理由）

签名：

日期：

★重要提示：请务必在_____年__月__日将个人意向以书面形式回复人力资源部，逾期不回复的，视作同意终止劳动合同，劳动合同将不再续签。

签收回执

本人已收到××公司于_____年__月__日发出的关于员工的《续签劳动合同意向征询书》。

被通知方（签名或盖章）：

年　月　日

3.7 员工档案管理流程与工具表单

3.7.1 员工档案管理流程

×× 公司		员工档案管理流程		
××-RZ07				
版本	拟定人	审核人	批准人	生效日期

1．目的

为进一步加强人事档案管理，有效保护和利用档案，实现员工档案的管理规范化、制度化，现依据公司实际情况，特制定本规范。

2．适用范围

本规范适用于公司人事档案管理。

3．名词解释

人事档案是记录员工主要工作经历、学历、培训经历、社会关系、业务能力、工作状况以及奖惩等个人情况的文件资料，是个人身份、学历、资历等方面的凭证，与个人组织关系紧密挂钩。

4．人力资源部管理职责

（1）负责制定、完善人事档案管理标准。

（2）负责对分／子公司人事档案的管理工作进行指导、监督和检查。

（3）负责公司人员人事档案的建立及日常管理工作。

5．档案内容的管理

（1）入职档案：包括《应聘履历表》、《面试评价表》、身份证复印件、学历证复印件及其他入职资料等。

（2）薪酬档案：包括员工试用期工资、转正工资、薪资调整表等。

（3）技术档案：包括所持资格证书、技术职务评定记录等。

（4）档案：包括员工在本公司内部人事任命书、岗位异动申请单、奖励、处罚等。

（5）健康档案：包括员工体检记录等。

（6）协议档案：包括实习协议、劳动合同、保密协议、竞业禁止协议、培训协议等。

6．人事档案的收集、建档管理

（1）人力资源部在人员办理入职手续7个工作日内，完成新进人员的档案收集、整理并归档。

（2）人力资源部需在日常收集员工的薪酬、培训、技术、异动、奖惩、健康、协议等各类档案。

（3）人事资料收集完毕后，人力资源部负责整理，并将员工所有资料装入"员工档案袋"，

《员工档案目录表》详细填写员工信息及明细等内容，按部门并依员工入职顺序先后排列存放，同时建立完善的电子／纸质版《在职员工档案目录》《离职员工档案目录》。

（4）人事档案资料要求：相关证件及复印件必须清晰整洁；劳动合同等各类合同／协议、员工奖罚记录、员工（岗位或薪资）异动记录等其他相关的单据、资料，需保留员工签字确认的资料原件；保存的《面试评价表》必须是经过审批签字，否则无效。

7．人事档案的保管管理

（1）收集的人事档案材料按部门进行整理，并按在职人员档案、离职人员档案进行分类、排架，登记《档案存放登记表》，建立《员工档案目录表》，详细填写员工信息及档案资料清单等内容，依据档案材料分类目录顺序排列，各种资料分类并注明收集人的姓名，以便在需要时能及时查询。

（2）凡是归档的材料必须经各部门认真考核、鉴别，保证材料的真实、文字清楚、手续齐备。材料须经各部门负责人和分管领导签字或盖章后归档。

（3）人力资源部须及时更新、完善员工档案，员工在职期的考核、任免通知、奖惩、在职培训、薪资调整、职务异动等记录表单一经形成，人力资源部应及时备案、登记，并由经办人签名确认，确保资料准确无误。

（4）在职人事档案保管期限为永久，离职人事档案保存期限为两年，按年度分类，先按年再按月排列存档，并详细注明离职日期和离职原因，已备日后核查。

8．人事档案的查阅／借阅管理

（1）查阅／借阅档案权限。

①总裁办及人力资源部负责人有权查阅／借阅所有人员的人事档案；

②公司职能部门负责人有权查阅／借阅本部门及其职能线人员的人事档案。

（2）上述人员在权限范围内查阅／借阅，需填写《档案查阅／借阅登记表》；超出权限范围的，需填写《档案查阅／借阅申请表》。查阅／借阅公司人员档案的，需经部门负责人审核、人力资源部负责人审批。

（3）查阅人事档案资料时，只能当场查看，不能带离现场，未经同意不得复印或带离现场。

（4）其他人员因工作需要借阅时，需严格履行审批手续，并在3天内按期归还。所有档案必须按时归还，到期因公不能归还时应立即办理延期手续；逾期未还者，档案管理人员有责任进行追索，同时给予借阅人一定的行政处分。

（5）借阅人必须保证资料的安全、完整，不准私自复印或转借他人。归还档案时，档案管理人员应依据《档案查阅／借阅申请表》的记载逐一核对，并检查档案资料的完整性，确认无误后，在《档案查阅／借阅申请表》备注栏中注明完整情况和归还日期。

（6）凡有权查阅／借阅员工档案的人员，均有为此保密的义务。严禁涂改、圈划、抽取、撤换档案。查阅者不得泄露或擅自向外公布档案内容。对违反者，应视情节轻重予以批评教育或通报批评。若造成档案错误、遗失、泄密等给公司或员工造成损失损害的，公司将追究其责任并给予行政处罚；造成严重后果的，法律责任自负。

9．人事档案的调动管理

当员工调出时，档案管理员应核实员工人事档案完整性，并及时将档案移交至相应组织档案管理员。

当员工调入时，档案管理员及时与被调组织沟通，主动接受并更新调动人员的档案信息，复核档案的完整性。

10．人事档案的销毁管理

超出保存期限的档案资料销毁时，需提交公司人力资源部负责人审批，批准后由档案管理员销毁。

11．附加说明

（1）本规定自签批核准之日起生效，若有与原文件规定相冲突的地方，以本规定为准。

（2）本规定由人力资源部负责草拟、修订和解释，经董事长签批核准后生效，修订时亦同。

3.7.2 工具表单

表单 1. 员工档案目录表

档案编号： 姓名： 入职时间： 离职时间：

员工档案目录表

资料名称	份数	备注	资料名称	份数	备注
个人资料登记表			员工转正申请审批表		
录用审批表			新员工试用期目标与评估		
新员工入职登记表			试用期延长 / 淘汰通知单		
新员工入职通知单			员工续签合同评估表		
新员工入职须知			劳动合同续签书		
劳动合同			培训协议		
保密协议			员工异动表		
毕业证书			调薪申请表		
学位证书			员工奖励记录		
身份证复印件			员工处分记录		
一寸证件照			员工晋升记录		
资格证书					
原单位离职证明					
员工手册认可回执书					
银行卡					
离职申请表					
离职交接表					

表单2.档案查阅／借阅登记表

档案查阅／借阅登记表

序号	查／借阅人	被查／借人	查／借阅原因	查／借阅日期	归还时间	归还人签字	审核人签字	经办人签字

表单3.档案转出登记表

档案转出登记表

序号	文号	文件名称	转出时间	原件或复印件	移交人	接收人	备注
1							
2							
3							

表单4.档案销毁清册

档案销毁清册

序号	文件名称	年代	目录号	文号	文件页（件）数	原期限	销毁原因	备注
1								
2								
3								

监销人：　　　　　销毁人：　　　　　销毁时间：

3.8 干部任免管理流程与工具表单

3.8.1 干部任免管理流程

×× 公司		干部任免管理流程		
××-RZ08				
版本	拟定人	审核人	批准人	生效日期

1. 目的

规范公司各级干部任免的条件、权限及流程。

2. 适用范围

适用于公司所有员工。

3．流程图

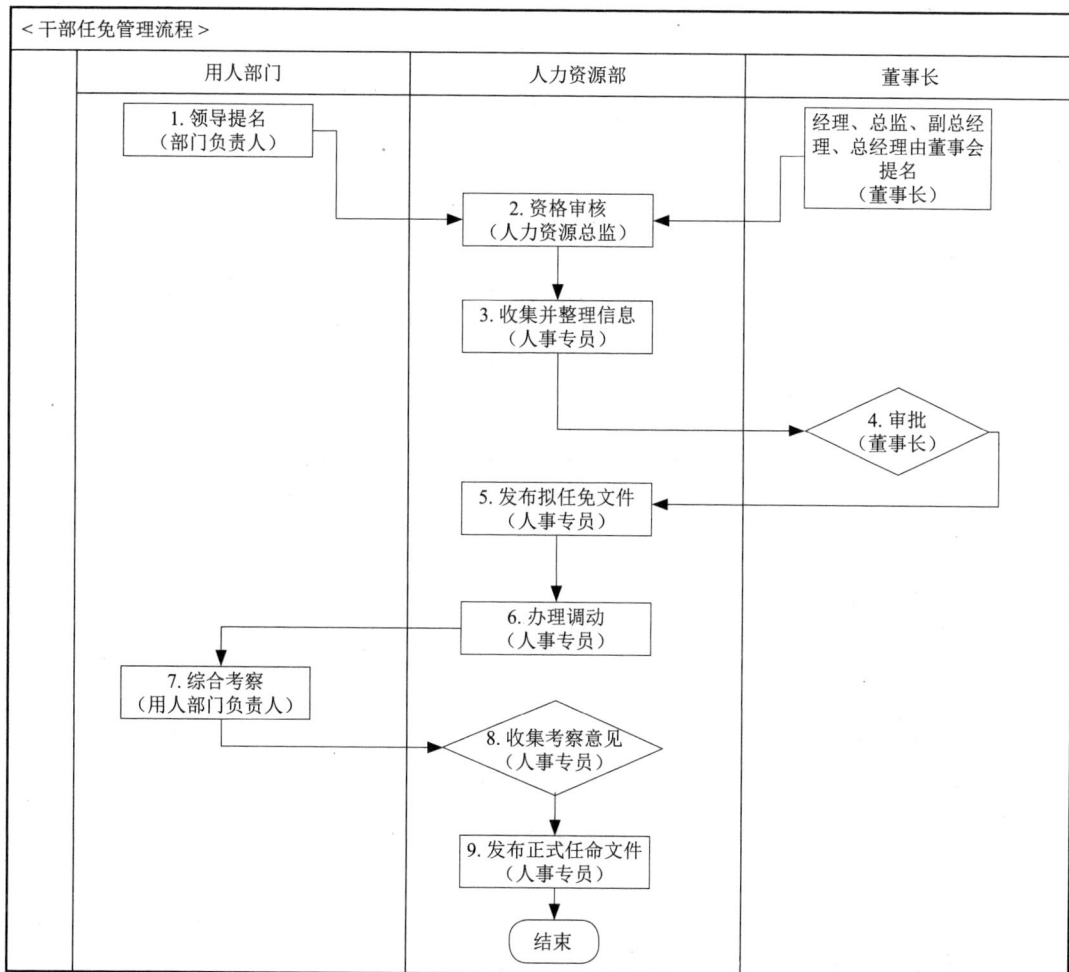

＜干部任免管理流程＞

| | 用人部门 | 人力资源部 | 董事长 |

流程图节点：
- 1.领导提名（部门负责人）
- 经理、总监、副总经理、总经理由董事会提名（董事长）
- 2.资格审核（人力资源总监）
- 3.收集并整理信息（人事专员）
- 4.审批（董事长）
- 5.发布拟任免文件（人事专员）
- 6.办理调动（人事专员）
- 7.综合考察（用人部门负责人）
- 8.收集考察意见（人事专员）
- 9.发布正式任命文件（人事专员）
- 结束

4．流程说明

步骤	工作事项	责任岗位	事项说明	应用附件和表单
1	领导提名	部门负责人／董事长	1.根据年度或半年度公司业务发展需求，各部门向公司人力资源部提名 2.拟提名晋升干部原则上须已参加拟任免级别的任职资格领导力培训完成任职能力评估，达到岗位要求 3.经理级、总监级、副总经理、总经理由董事会成员提名	
2	资格审查	人力资源总监	1.按干部任免条件及原则审核并出具意见，报人力资源部负责人确认 2.总监级提名经由人力资源部审核，直接上级领导确认 3.组织对应的职位模型出具专业能力评估意见	
3	收集并整理信息	人事专员	1.被提名干部按要求提交个人业绩报告，重点陈述其在完成绩效、建立（完善）流程和培养接班人方面的业绩和贡献 2.提名材料包括：干部任免提名报告，个人业绩报告、员工评估表、部门岗位组织结构图	
4	审批	董事长	主管、经理、总监及以上提报人力资源部审核后，报审批权限领导审批，董事长批准	
5	发布拟任免文件	人事专员	1.提名材料经审批权限领导通过后，由人力资源部发布拟任免文件，××职位考察期为3个月，考察开始日为审批权限领导签字日期 2.××任免××××考察期为6个月，总监级以上	

步骤	工作事项	责任岗位	事项说明	应用附件和表单
6	办理调动	人事专员	根据《调动管理流程》办理手续	
7	综合考察	用人部门负责人	1. 总监级在考察期结束前，由人力资源部组织各业务部门进行产值验收，并完成考核，考核结果经董事长审批后报人力资源部 2. 管理工作审查：由人力资源部对被提名人考察期间进行管理工作情况进行审查，并出具审查意见 3. 根据审核和考察结果，在考察期满时，对被提名人出具评价意见，对干部任免合规性负责，考察不合格的延长其考察期可取消被提名人的任免资格，延长考察期不得超过3个月，仍不合格者取消晋升资格 4. 原则上不允许在考察期内上调拟任级别，如需上调特批流程报批，其原拟任级别不生效，按新拟任级别重新考察	
8	收集考察意见	人事专员	收集考察意见，最终根据上级领导审批签署的意见正式发布	
9	发布正式任免文件	人事专员	发布正式任免文件	

其他任免补充：

● 新任免。由普通员工晋升为干部（不包含外聘干部任免），如由普通员工晋升为总经理、副总经理、总监。

● 首次任免。干部不同层级的晋升，如总监晋升为总经理，总经理晋升为总监。

外聘干部任免的补充规定：

● 有试用期的外聘干部。在试用期结束后，其行政和待遇级别的正式任免需报相关批准权限领导批准，正式任免时间以领导审批日为准。

● 无试用期的外出干部。在入职后提交经相关批准权限领导确认的录用材料，正式任免时间以入职日为准。

5．附加说明

（1）本规定自签批核准之日起生效，若有与原文件规定相冲突的地方，以本规定为准。

（2）本规定由人力资源部负责草拟、修订和解释，经董事长签批核准后生效，修订时亦同。

3.8.2　工具表单

表单1.干部提名报告

干部提名报告

姓名/工号		现级别		拟任级别		照片
现部门				拟任部门		
现岗位				拟任岗位		
基本条件审查（由行政人事部确认）	条件项	条件要求		审查结果		是否符合
	晋升周期	在前一级别岗位上工作满一年				□是□否
	是否越级	除外聘约定和业绩突出者外，其他人员需逐级晋升				□是□否
	接班人培养	培养至少一名合格接班人				□是□否

基本条件审查（由行政人事部确认）	奖惩、纪律	近一年内有不诚信及其他不良记录可受警告及以上行政处分，一年内不得提拔		□是□否
	其他条件	（作业标准开展情况、流程制度执行情况、岗位设置合理性等）		
		审查人：		
提名人意见		（重点突出被提名人业绩、能力、及对组织的贡献等）		
		提名人：		

表单 2. 干部提名汇总审批表

干部提名汇总审批表

序号	姓名	工号	现部门	现任岗位	上次晋升时间	拟任职部门	拟任职务	性别	出生日期	入职时间	学历	专业	毕业学校	工作地点
提名意见：														
人力资源部意见（晋升周期、是否超级、接班人培养、学历）：														
董事长批准意见（董事长审批经理、总监、副总经理、总经理级任命）：														

3.9 竞聘管理流程与工具表单

3.9.1 竞聘管理流程

×× 公司		竞聘管理流程		
××-RZ09				
版本	拟定人	审核人	批准人	生效日期

1. 目的

挖掘潜力人才并为优秀人才提供发展机会，实现人才合理配置，满足集团发展需要。

2. 适用范围

适用于由公司人力资源部组织的竞聘活动，其他大区可参照执行。

3．流程图

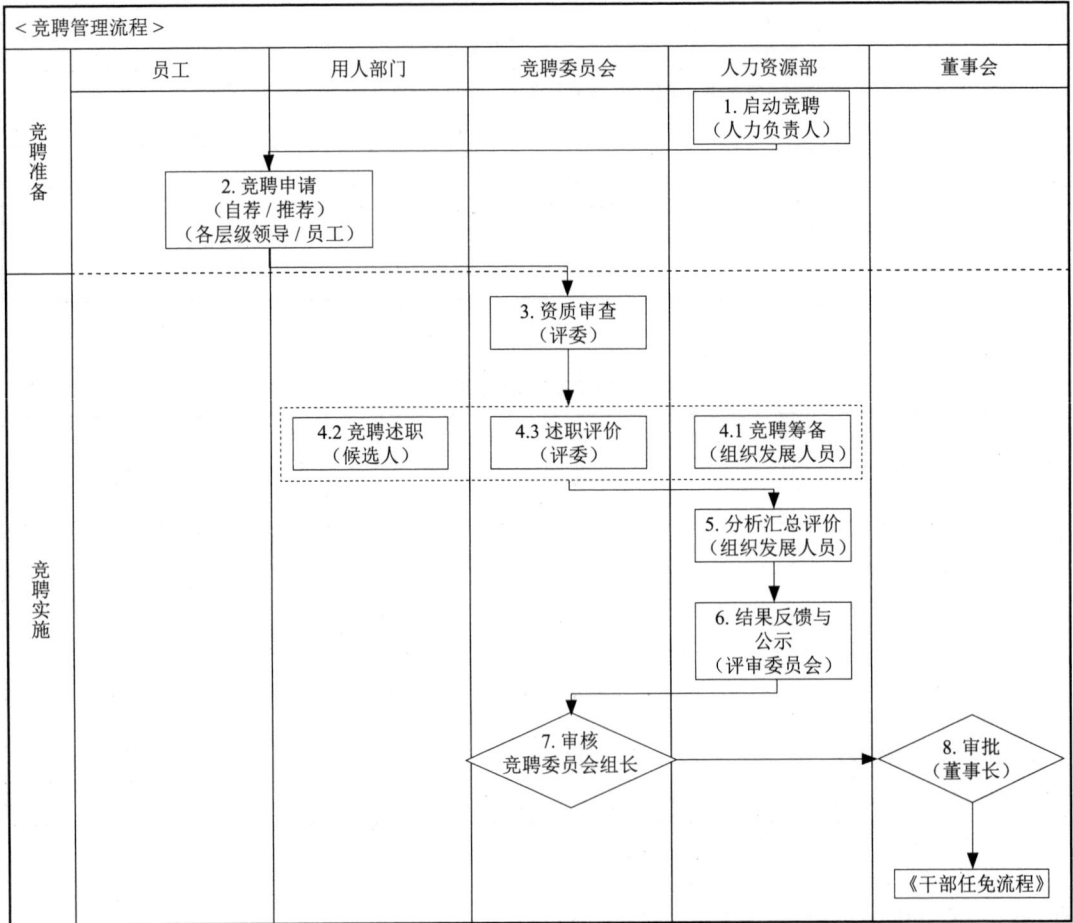

4．流程说明

步骤	工作事项		责任岗位	事项说明	应用附件和表单
1	启动竞聘		人力负责人	1. 确定竞聘岗位的职责及基本要求 2. 组建评审团 3. 确定岗位竞聘流程 4. 发布竞聘通知告知全员，鼓励符合要求者踊跃报名	附件1. 竞聘上岗通知
2	竞聘申请（自荐／推荐）		各层级领导／员工	1. 报名可自荐或公司推荐 2. 竞聘者如实填写《自荐表》《述职报告》在规定的报名时间内提交到接收人	表单1. 竞聘自荐表 附件2. 竞聘述职报告PPT模板
3	资质审查		评委	1. 竞聘者应符合竞聘岗位基本要求 2. 竞聘者所填报内容真实 3. 符合要求的确定为候选人，并对审查结果及后续安排予以反馈给竞聘者	／
4	竞聘述职	竞聘筹备	组织发展人员	1. 确定竞聘述职会议时间、地点，并告知候选人 2. 完成《竞聘岗位评价标准》对评委的培训 3. 准备好各类竞聘会议所需文件《竞聘岗位题库》及资料《自荐表》《述职报告》《竞聘岗位评价标准》	／
		竞聘述职	候选人	候选人按照竞聘述职会流程完成述职，评委对述职进行提问，候选人答疑	／
		述职评价	评委	评委根据评价标准完成评价	

步骤	工作事项	责任岗位	事项说明	应用附件和表单
5	分析汇总评价	组织发展人员	人力资源部汇总各评委评价意见，并汇总分析，确定竞聘结果	表单2.竞聘岗位评价标准
6	结果反馈与公示	评审委员会	1. 与竞聘者本人进行一对一的反馈与沟通 2. 与竞聘者上级进行反馈与沟通 3. 内部公示竞聘结果，收集意见并对意见进行处理	
7	审核	竞聘委员会组长	对竞聘评价意见、评分，评价结果进行审核确认	表单3.竞聘者评价汇总表
8	审批	董事长	对竞聘结果进行审批确认	表单3.竞聘者评价汇总表

5．附加说明

（1）本规定自签批核准之日起生效，若有与原文件规定相冲突的地方，以本规定为准。

（2）本规定由人力资源部负责草拟、修订和解释，经董事长签批核准后生效，修订时亦同。

3.9.2　工具表单

表单1.竞聘自荐表

竞聘自荐表

□部门推荐　□自荐　　所属部门：　　　　自荐人签名：

姓名		性别		出生年月		身高		1寸红底彩色照片
籍贯		专业		最高学历		职称		
入职日期		现岗位			任职日期			
直接上级		下属人数		联系方式				
专长与爱好								
自/推荐理由								

培训经历（请填写大学及以后所受教育，或者获取职称、职业资格的信息）

时间（年/月）	培训机构	培训内容	获得证书
至			
至			

公司期间工作履历（从最近的工作经历写起，如有职位或部门变动，请详写）

时间（年/月）	工作单位及部门	职位	工作内容简述
至			
至			
至			
奖惩情况			

其他工作履历

时间（年/月）	工作单位及部门	职位	工作内容简述
至			
至			
至			

表单 2. 竞聘岗位评价标准

竞聘岗位评价标准

填写说明：

1. 请根据您的观察和了解，对被评估者的答辩效果进行评估判断，在相应的地方填写分数或进行文字说明；

2. "非常符合"表示他/她在这方面的思路或措施很好；"非常不符合"表示他/她在这方面的思路或措施表现很差；

3. 总分大于等于 24 分及格。

评估维度					评分小计
企业文化		深刻理解和高度认同公司的开发模式和管控制度	很符合	5	
			符合	4	
			中等符合	3	
			不符合	2	
			很不符合	1	
管理素质	工作思路	思路清晰，重点突出，能理解公司的开发模式并融会贯通	很符合	5	
			符合	4	
			中等符合	3	
			不符合	2	
			很不符合	1	
	逻辑思维	逻辑紧密，能准确地把握工作核心，对关键环节的掌控有成熟的想法或举措	很符合	5	
			符合	4	
			中等符合	3	
			不符合	2	
			很不符合	1	
	统筹规划	全局观和计划性强，能分清任务的轻重缓急，做到人、财、物的合理倾斜	很符合	5	
			符合	4	
			中等符合	3	
			不符合	2	
			很不符合	1	
	团队建设	重视团队建设，关注核心骨干的培养和激励，能获取他人的信赖和支持	很符合	5	
			符合	4	
			中等符合	3	
			不符合	2	
			很不符合	1	

续上表

			很符合	5	
管理素质	协同共赢	具备共赢思维，能站在多方角度权衡得失，妥善处理内外关系	符合	4	
			中等符合	3	
			不符合	2	
			很不符合	1	
	学习提升	热爱学习与分享，不断总结提升自我，对工作有思考并提出独特见解或建议	很符合	5	
			符合	4	
			中等符合	3	
			不符合	2	
			很不符合	1	
专业能力		具备职务所需的知识经验及技能（运营、管理、资金、营销等），足以应对工作中出现的困难和挑战	很符合	5	
			符合	4	
			中等符合	3	
			不符合	2	
			很不符合	1	
满分40分			总分		
综合结果：A.考虑　B.待定　C.不考虑					
补充评估建议：					
评委签字：					

表单3.竞聘者评价汇总表

竞聘者评价汇总表

序号	竞聘者姓名	工号	部门	原岗位	现竞聘岗位	竞聘总计分	性别	出生日期	入职时间	学历	专业	毕业学校	备注

附件 1. 公开竞聘上岗通知

关于_____岗位竞聘的通知

各职能部门：

为挖掘潜力员工，给有进取心的员工提供发展机会，实现人才合理配置，公司决定采用公开竞聘方式选拔优秀人才，具体事宜如下：

一、竞聘委员会

为客观、公正选拔人才，由竞聘委员会负责对候选人的评价，并确定最后的人选。

组长：

评委：

二、竞聘岗位

（一）竞聘岗位：

（二）基本要求：

（1）认同公司企业文化。

（2）任职近一年（_____年_____月～_____年_____月）业绩目标达成 85% 以上。

（3）工作经验 8 年以上，在本公司任职满 3 年，任职主管岗位 1 年以上。

三、竞聘流程

（一）竞聘申请：通知之日起接受报名，_____年_____月_____日止。请竞聘者填写《自荐表》（附件 1，需附上电子寸照）、《竞聘述职报告》（附件 2，PPT 版本），电子版及签字版以区域 / 部门 + 姓名命名发送至人力资源部处（邮箱：_____）。

（二）资格审查：竞聘委员会在 3 个工作日内完成资格审查并予以反馈竞聘者。

（三）竞聘述职：通过资格审查的竞聘者参加现场竞聘会，现场就《如果我是 ×× 岗位》进行述职。

（四）述职内容：自我介绍、文化认知、工作总结、成功竞聘后的工作展望，10 分钟。

（五）答疑：竞聘委员会对候选人进行提问，由候选人进行答疑，10 分钟。

四、计分说明

（一）满分 100 分；竞聘最终得分 = 业绩（40%）+ 通用能力（20%）+ 领导力（40%）

（二）评分的计算：现场委员评分后，去掉一个最高分和一个最低分，该竞聘人员最后得分为其余委员评分的平均值。

评分只作为竞聘结果的参照条件，不作为最终选拔标准。

附件：1. 自荐表　2. 竞聘述职报告

年　月　日

主题词：公开竞聘 通知

抄呈：×××

联系人：×××　　　　　　　　　　联系电话：×××

附件2.竞聘述职报告（PPT模板）

××× 竞聘述职报告

一、任职××岗位期间业绩陈述。（请用可量化的数据对业绩目标结果进行描述，包含采取措施）

1.×××

2.×××

3.×××

4.×××

二、任职××岗位期间管理方面的工作亮点。（采取的措施，取得的成效）

三、如果竞聘成功后，打算如何开展工作？（从以下选出3～5项展开思路描述，亦可补充个人认为重要的事项）

目标与计划	市场开拓	团队管理	客户服务	品牌传播
工程质量	设计创新	文化氛围	渠道管理	财务管理

1.×××

2.×××

3.×××

4.×××

述职人：×××

公司：×××

目前岗位：×××××

日期：××××年××月××日

3.10 绩效考核管理流程

×× 公司		绩效考核管理流程		
××-RZ010				
版本	拟定人	审核人	批准人	生效日期

1．目的

为推动公司健康、快速、可持续发展，促进公司战略目标和年度经营目标的达成。

2．适用范围

适用于公司所有员工。

3．流程图

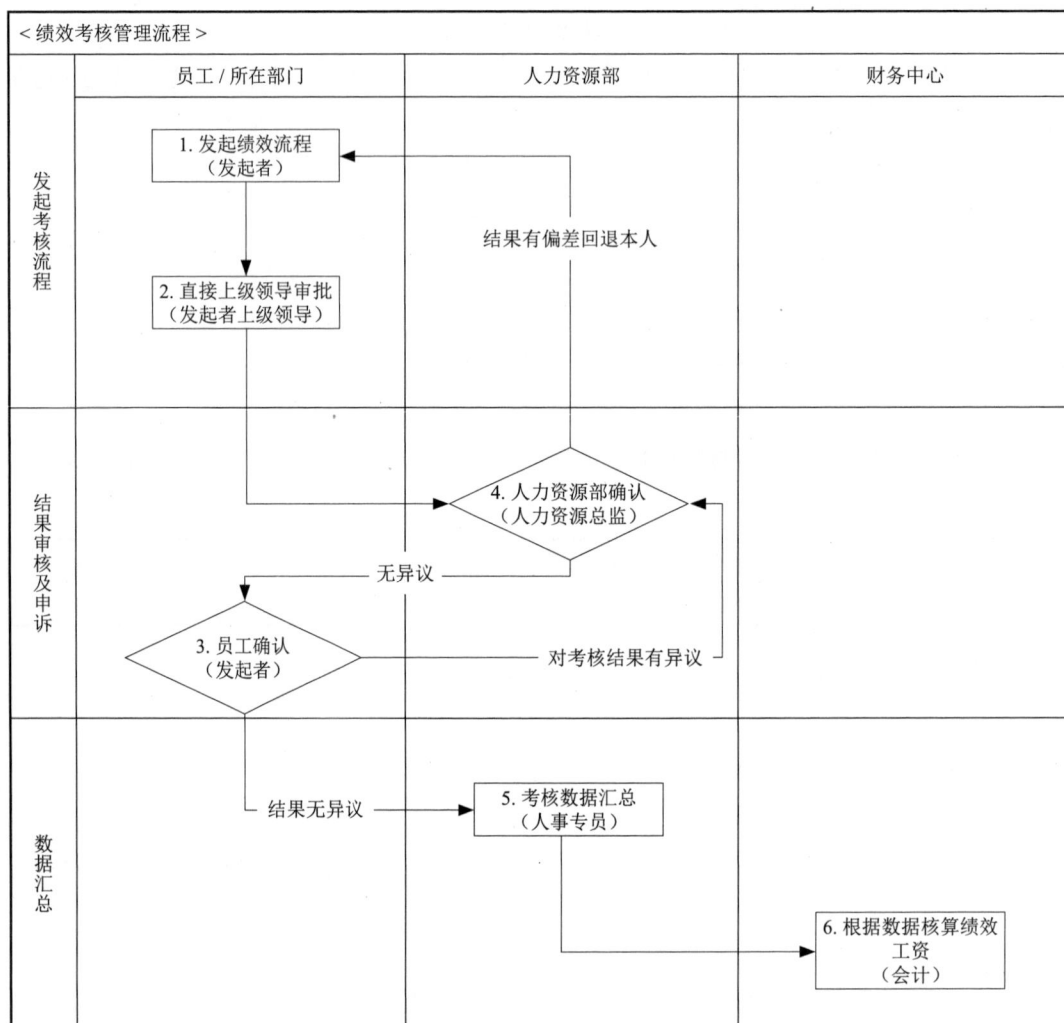

<绩效考核管理流程>

	员工/所在部门	人力资源部	财务中心
发起考核流程	1．发起绩效流程（发起者） → 2．直接上级领导审批（发起者上级领导）	结果有偏差回退本人	
结果审核及申诉	3．员工确认（发起者）	4．人力资源部确认（人力资源总监）	
	无异议	对考核结果有异议	
数据汇总	结果无异议	5．考核数据汇总（人事专员）	6．根据数据核算绩效工资（会计）

4．流程说明

步骤	工作事项	责任岗位	事项说明	应用附件和表单
1	发起绩效流程	发起者	每月 6 日前员工本人在 OA 上提起上月绩效考核申请，按实际完成工作情况填好后提交至下一流程节点	各岗位绩效考核表见 OA
2	审批	发起者上级领导	对当月工作实际完成情况进行评分并提出相应建议	
3	确认	发起者	确认上级评分及最终得分，若有异议则反馈上级沟通	
4	确认	人力资源总监	确认最终考核结果并审查评分的公正性，若发现问题则回退至员工本人及部门	
5	考核数据汇总	人事专员	对最终考核数据汇总并提交至财务	
6	核算	会计	会计根据最终考核数据核算绩效工资	

5．附加说明

（1）本规定自签批核准之日起生效，若有与原文件规定相冲突的地方，以本规定为准。

（2）本规定由人力资源部负责草拟、修订和解释，经董事长签批核准后生效，修订时亦同。

3.11 工资核发管理流程

××公司		工资核发管理流程		
××-RZ011				
版本	拟定人	审核人	批准人	生效日期

1. 目的

明确工资核发的各关键控制节点，规范员工工资发放程序。

2. 适用范围

适用于公司所有员工。

3. 流程图

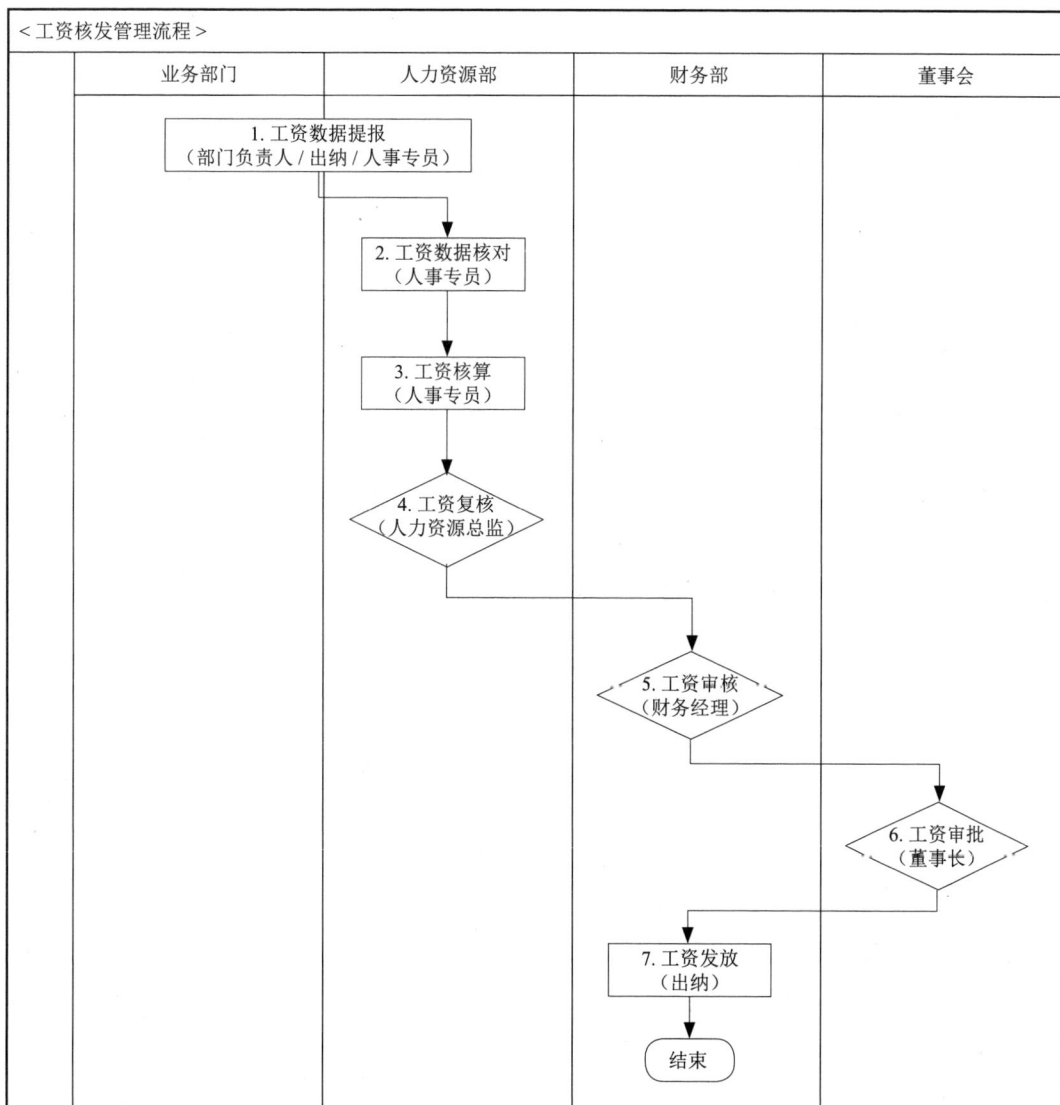

4．流程说明

步骤	工作事项	责任岗位	事项说明	应用附件和表单
1	工资数据提报	部门负责人	每月8日前将上月部门绩效考核表提交OA至人力资源部人事专员	OA绩效考核表
		财务出纳	每月8日前将借支款扣款明细发至人力资源部人事专员	
		人事专员	每月1日前将截止到上月最后1日的人员电子花名册（含当月入职、离职、转正、异动人员明细）发至人力资源总监、并将上月转正、离职、异动人员纸质表单提交人事主管	
		部门负责人	每月3日前人力资源部行政前台将各部门人员考勤信息导出发至各部门，各部门人员确认出勤数据，对于异常数据需于3日前填报异常单各部门第一负责人审核后提交人力资源部	考勤异常单
2	工资数据核对	人事专员	1．核对花名册人员信息与纸质表单，确保人员信息无误 2．核对出勤数据，确保人员出勤天数无误 3．制作绩效考核汇总表、奖惩汇总表，并与绩效考核汇总表、奖惩单核对无误	
3	工资核算	人事专员	每月12日前人事专员将所有工资数据导入工资表中，按照薪酬福利政策，完成工资核算	
4	工资复核	人力资源总监	复核不低于10%的比例，关注薪酬最高者、最低者是否异常，根据人均出勤天数、人员增减及人均薪酬水平变化复核薪酬总额，每月8日前完成	
5	工资审核	财务经理	财务经理审核工资表的数据，每月14日之前审核完成，将准确无误的工资表打印出来交董事长审批	
6	工资审批	董事长	董事长对工资表审批并签字同意后，交财务经理	
7	工资发放	出纳	财务经理将董事长审批签字的工资表交由出纳，出纳按上面进行准确无误地发放工资到员工	

5．附加说明

（1）本规定自签批核准之日起生效，若有与原文件规定相冲突的地方，以本规定为准。

（2）本规定由人力资源部负责草拟、修订和解释，经董事长签批核准后生效，修订时亦同。

3.12　员工社保管理流程

××公司		员工社保管理流程		
××-RZ012				
版本	拟定人	审核人	批准人	生效日期

1．目的

为保障员工的合法权益，确保员工五险一金不错不晚落实到位，特制订本规定。

2．适用范围

与公司建立唯一劳动关系的所有合同制员工。

3．流程图

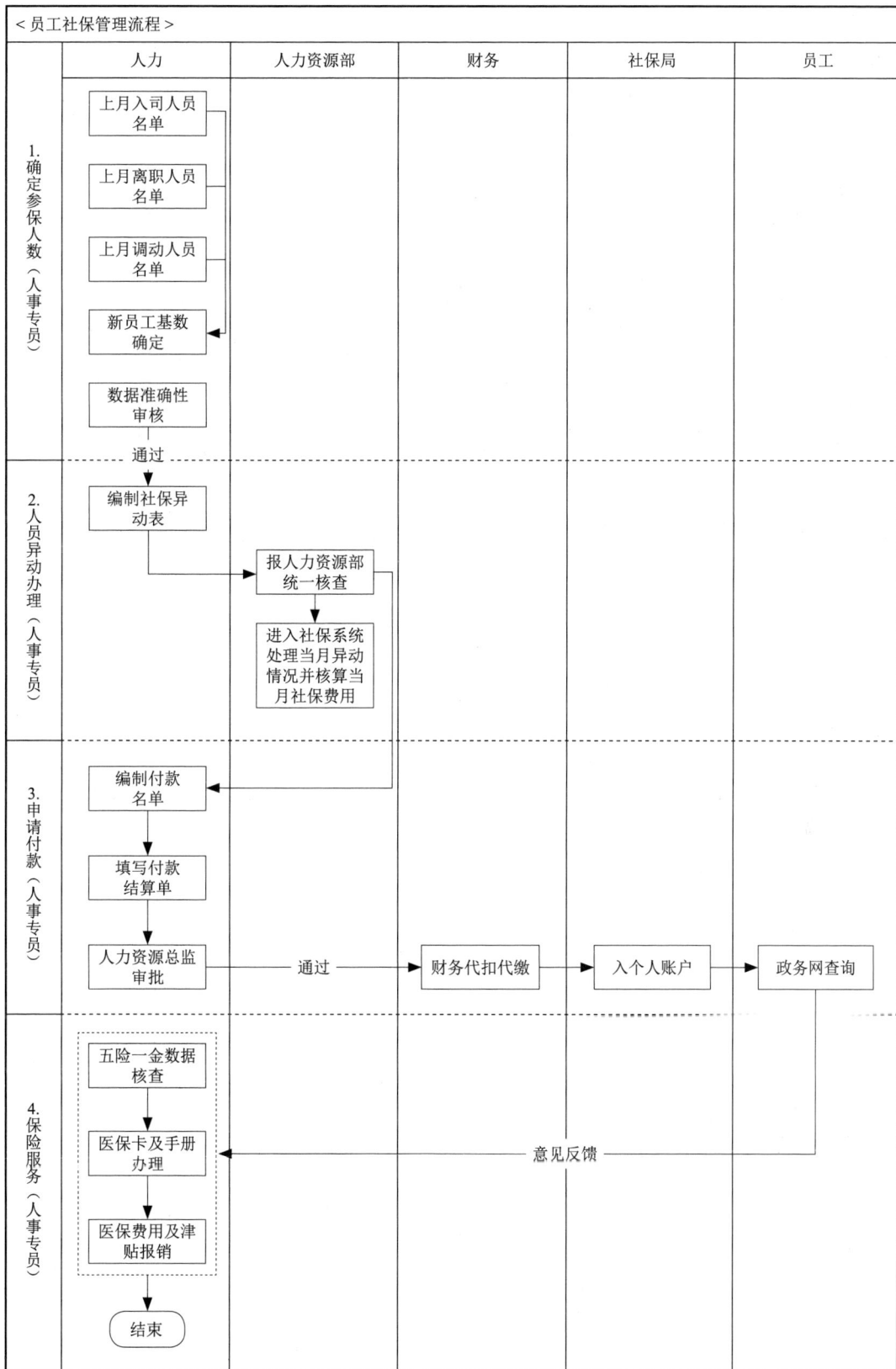

＜员工社保管理流程＞

	人力	人力资源部	财务	社保局	员工
1. 确定参保人数（人事专员）	上月入司人员名单 / 上月离职人员名单 / 上月调动人员名单 / 新员工基数确定 / 数据准确性审核 通过				
2. 人员异动办理（人事专员）	编制社保异动表	报人力资源部统一核查 / 进入社保系统处理当月异动情况并核算当月社保费用			
3. 申请付款（人事专员）	编制付款名单 / 填写付款结算单 / 人力资源总监审批	通过	财务代扣代缴	入个人账户	政务网查询
4. 保险服务（人事专员）	五险一金数据核查 / 医保卡及手册办理 / 医保费用及津贴报销 / 结束		意见反馈		

4．流程说明

步骤	工作事项	责任岗位	事项说明	应用附件和表单
1	确定参保人员	人事专员	1. 每月 25 日前完成收集上月 15 日后至本月 15 日转正和调入人员名单作为异动增加人员名单 2. 每月 25 日前完成收集本月 15 日后至本月 15 日离职和调出人员名单作为异动减少人员名单	
2	人员异动办理	人事专员	1. 每月 25 日完成收集本月社保、公积金异动名单 2. 新增和停保人员必须于每月 25 日前往当地社保公共信息平台进行申报	
3	申请付款	人事专员	1. 社保费用：每月 10 日前在 OA 上提交社保费用付款申请；每月 25 日跟进本月社保费用支付完成 2. 公积金费用：每月 25 日前完成本月公积金汇缴，在 OA 上提交付款申请，每月 30 日跟进本月公积金费用支付完成	
4	保险服务	人事专员	1. 医保：每月 5 日查询上月新增医保卡名单，及时领取医保卡 2. 意外险：新入职外勤人员及时购买或更新 3. 生育津贴：1）女职工：产假期满 3 个月内办理，每周三提交资料 2）男职工：妻子分娩后 6 个月内办理，每周二提交资料	

5．附加说明

（1）本规定自签批核准之日起生效，若有与原文件规定相冲突的地方，以本规定为准。

（2）本规定由人力资源部负责草拟、修订和解释，经董事长签批核准后生效，修订时亦同。

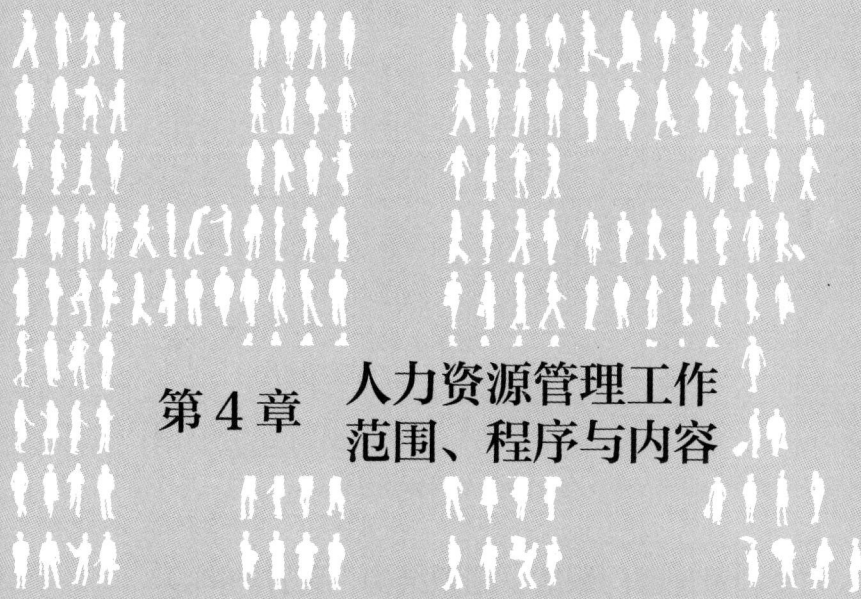

第 4 章　人力资源管理工作
范围、程序与内容

4.1 人力资源管理工作范围

企业人力资源管理工作范围（见下图）一般包括人力资源战略、人力资源规划、工作配置、员工招聘、薪酬福利管理、绩效管理、培训与开发管理、劳动关系管理。

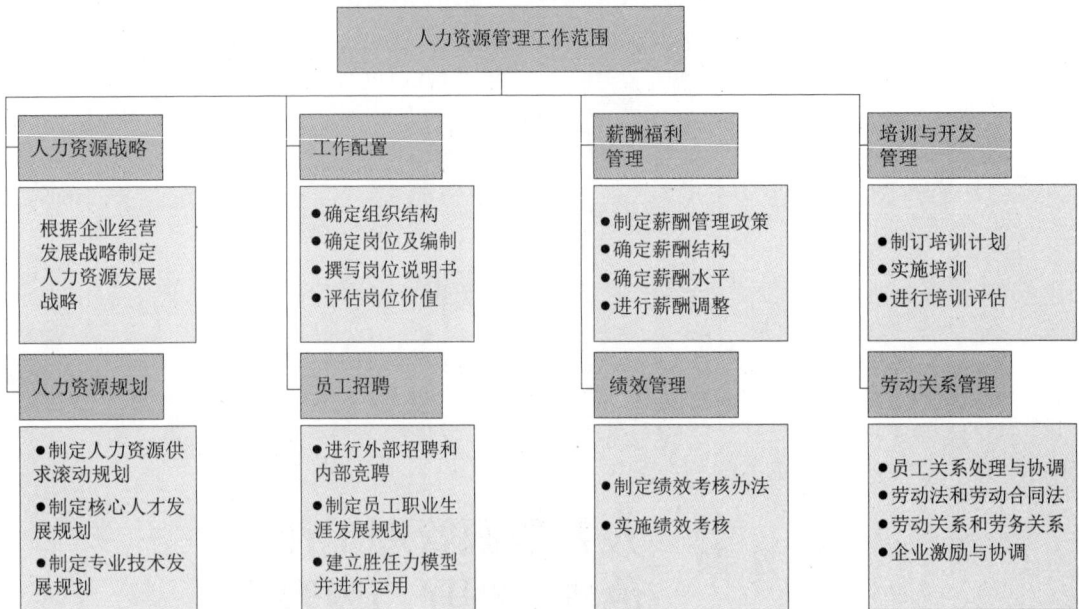

人力资源管理工作范围

4.1.1 人力资源管理部门职能、组织结构、晋升方向

1. 部门职能

（1）统筹公司人力资源管理，建立健全完善的人力资源规章制度及各项管理体系和流程；参与制定公司人力资源发展战略；确保人力资源工作可以按照公司的发展目标更加规范。

（2）负责各项规章制度的修订、制定及检查监督；运营组织和管理系统，规范各项工作，提升工作效率；并根据公司的实际情况、发展战略和经营计划制订公司的人力资源计划。

（3）制订和实施人力资源部年度工作目标和工作计划，按月做出预算及工作计划。

（4）吸引、选拔、保留优秀人才，为公司发展提供优质人才保障；定期收集公司内外人力资源信息，建立完善并及时更新公司人才库，保证人才的储备。

（5）根据公司的人力资源需求计划，组织各种形式的招聘工作，对招聘来的员工进行公司文化以及公司主要内容的初步讲解，同时还要对不合格的员工进行解聘。

（6）协助组织实施绩效考核，制定激励政策，充分调动员工工作积极性。

（7）负责员工薪酬方案的制定、实施和修订，并对公司薪酬情况进行监控。

（8）根据公司发展规划，对公司的各个职能部门进行职务分析，编制各岗位的岗位说明书。

（9）负责员工关系管理，处理劳动争议，解决劳动纠纷；建立员工沟通渠道，定期收集信息，拟订并不断评估公司激励机制、福利保障制度和劳动安全保护措施。

（10）负责办理员工的各项社会保险手续及有关证件的注册、登记、变更、年检等手续。

（11）负责员工的日常劳动纪律、考勤、绩效考核工作，并办理员工晋升、奖惩等人事手续。

（12）负责企业文化建设，凝集积极性和创造性，活跃文化生活，创造良好的工作环境和文化内涵。

2．组织结构图

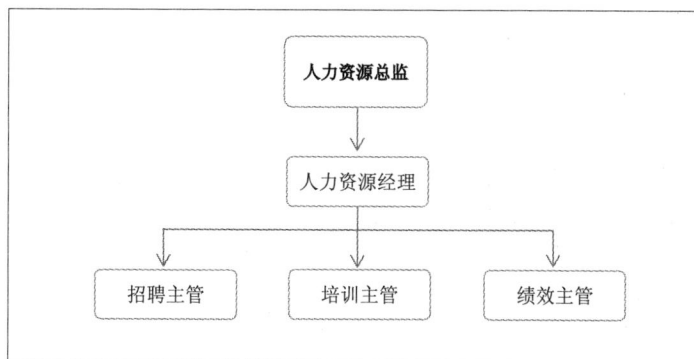

3．晋升方向

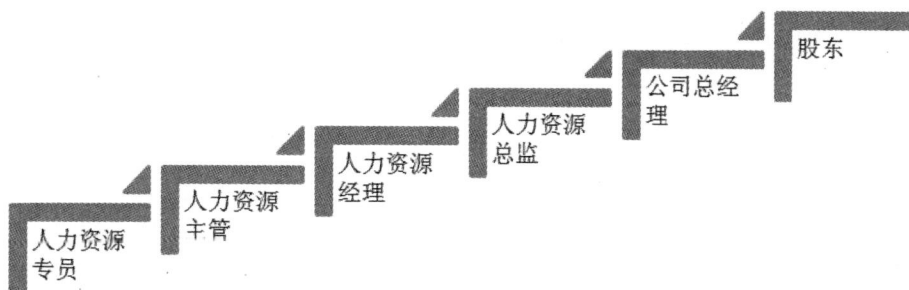

4.1.2　人力资源的业务处理流程与工作标准

1．目的

建立管理文件编写规范，以形成标准化的文件；建立其编写、审核、发布、修订等控制程序，明确相关业务部门岗位职责与分工，确保内部管理文件受控。

2．适用范围

适用于公司内部。

3. 流程图

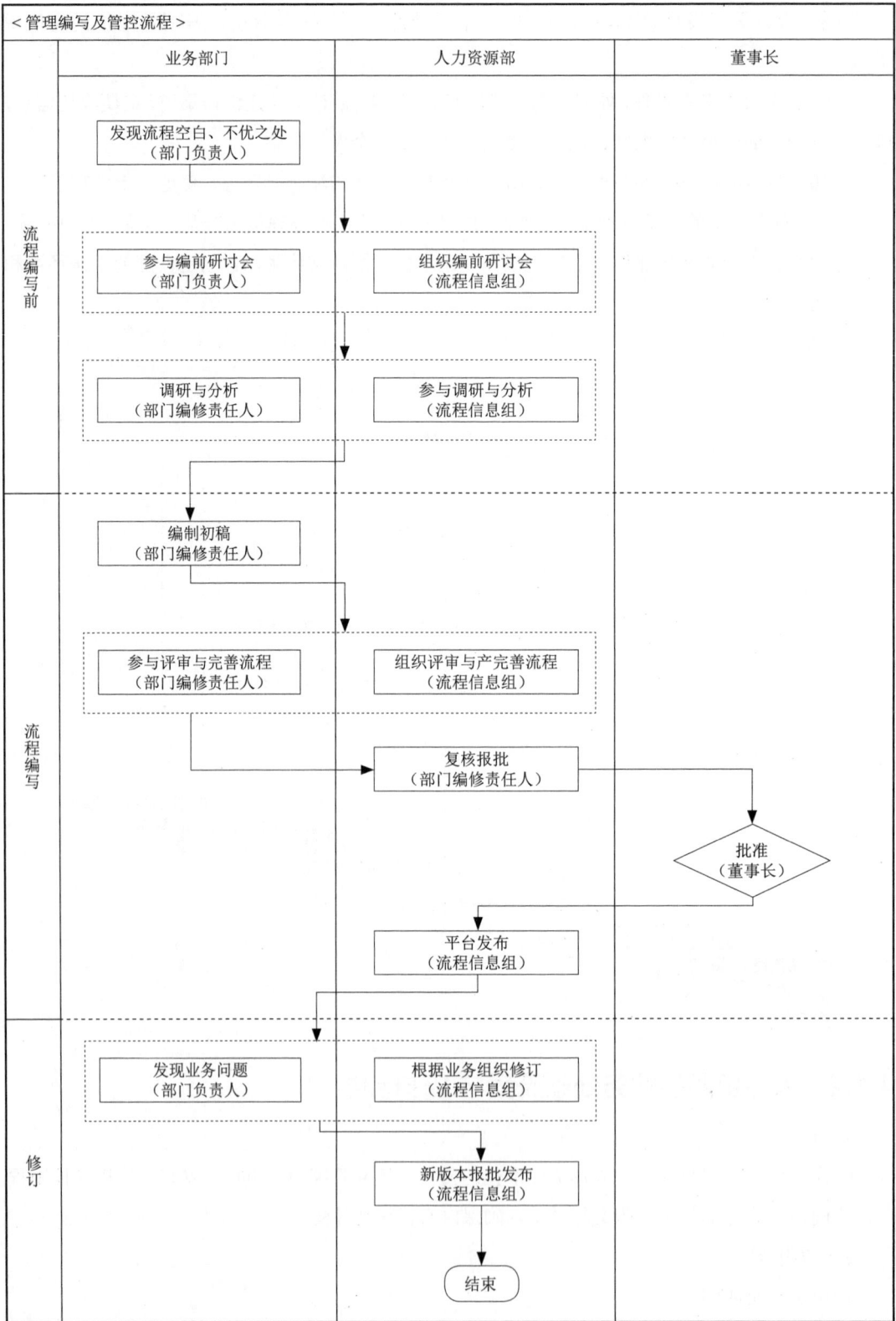

＜管理编写及管控流程＞

	业务部门	人力资源部	董事长

流程编写前

发现流程空白、不优之处
（部门负责人）

参与编前研讨会
（部门负责人）

组织编前研讨会
（流程信息组）

调研与分析
（部门编修责任人）

参与调研与分析
（流程信息组）

流程编写

编制初稿
（部门编修责任人）

参与评审与完善流程
（部门编修责任人）

组织评审与产完善流程
（流程信息组）

复核报批
（部门编修责任人）

批准
（董事长）

平台发布
（流程信息组）

修订

发现业务问题
（部门负责人）

根据业务组织修订
（流程信息组）

新版本报批发布
（流程信息组）

结束

4．流程说明

步骤	工作事项	责任岗位	事项说明	应用附件和表单
1	发现流程空白、不优之处	部门负责人	在业务开展中，各部门严格按照已发布的流程执行，积极反馈业务存在的问题，提出流程空白和不优之处给人力资源部	
2	组织编前研讨会	部门负责人	1. 人力资源部根据反馈的问题，组织部门负责人开展研讨 2. 确定流程编修责任人，编修责任人在 5 个工作日内制订计划，报备人力资源部 3. 对有流程不执行和无流程不反馈仍继续开展业务的，均视为不按流程制度执行	表单 1. 制度流程清单及计划
3	调研与分析	部门编修责任人	从输出到输入逆向调研，确认关键控制节点，做到控制点标准明确、职责权限清晰，符合 5W1H 原则	
4	编制初稿	部门编修责任人	1. 按《管理文件编写模版》绘制流程草图，流程图均采用 Visio 软件编制 2. 明确流程的输入、输出，互相之间衔接传递关系 3. 理清上下游以及支撑流程，其中流程接口需在流程图中说明	表单 2. 管理文件编写模版 附件 1. 流程内容评审要求
5	组织评审与完善	部门编修责任人 / 流程信息组	1. 组织部门负责人、行政人力负责人等进行评审 2. 评审会议应从流程的必要性、相容性、合理性和可操作性进行评审 3. 编修责任人应根据沟通、讨论结果，修改流程，并经部门负责人确认 4. 流程信息组审查流程、页面排版，部门编修撰写人在完成流程修订或优化后，提交电子稿与《文件评审记录表》给人力资源部	表单 3. 文件评审记录表
6	复核报批	人力负责人	1. 流程信息组复核，再次确认风险点、关键控制点 2. 流程信息组最后审查修订后的版本，电子版和部门确认签字版报备至人力资源部。行政人力负责人确认填写的合规性，呈报至董事长	附件 2. 管理文件编码原则
7	批准	董事长	公司所有业务流程，均需呈报董事长批准生效，以人力资源部备案后发布的版本为准	附件 3. 业务审批权限表
8	平台发布	人事专员	在相应平台（比如 OA、QQ 工作群或信息公示板）发布	
9	根据业务组织修订	流程信息组	1. 原则上，各业务流程需根据业务发展需要，每半年梳理修订一次，修订流程按上述步骤执行 2. 部门负责人需积极反馈流程问题，因工作需要，需紧急修订的业务流程，第一时间按上述步骤组织修订研讨会后，报备至人力资源部	
10	新版报批发布	人力负责人	参照新编修流程程序，报批发布	

5．相关附件和表单

附件 1. 流程内容评审要求

流程内容评审要求

序号	评审维度	具体内容
1	必要性	1. 各大区需尽量等同 / 等效采用集团中心业务流程 2. 如业务存在空白或不优，充分考虑在现有流程基础上，进行合并 / 新增 / 修订，避免为流程做流程
2	相容性	1. 新发布流程不得与等同采用流程中的任一条款违背，不得与等效采用流程所要求的关键绩效指标违背 2. 新发布补充规定的命名是否

序号	评审维度		具体内容
3	合理性	客户需求	1. 有无调研流程各环节客户（含内部及外部客户）需求、收集，讨论合理化建议，并解决问题 2. 流程的设计是否以客户为中心，以客户需求的提出和客户需求的满足作为流程的开始和结束，避免流程被截断
		框架体系	1. 是否符合公司框架体系 2. 与本业务流程关联的上下游及支撑流程之间接口是否清晰、顺畅
4	可操作性	5W1H 原则	明确谁做，何时做，怎么做，标准明确，职责权限清晰
		逻辑关系	流程内部节点与节点之前的逻辑关系是否清晰，流转是否顺畅，是否具备可执行性
		信息流载体	信息流程载体（如表单、报告等模版）与业务审批过程是否匹配

附件 2. 管理文件编码原则

管理文件编码原则

文件编号由业务部门流程信息组归口管理；编号模式为：××-RZ00。
说明：××——公司代码；RZ——体系代码；00——流水号

各组织机构和体系简称列表如下：

公司	代码	公司	代码	体系	代码
				人力资源	RZ
				行政	XZ
				财务	CW
				网络	WL
				品牌	PP
				活动	GD
				成控	CK

附件 3. 业务审批权限表

业务审批权限表

业务内容	职位 角色	直接主管	经理	总监	董事长
流程制订		—	—	—	
招聘需求审批	经理级以下				
	经理级				
	总监级及以上				
新员工录用	经理级以下	□	△	◆	—
	经理级	—	—	□	
	总监级及以上	—	—	—	◆
转正	经理级以下				
	经理级				
	总监级及以上				

续上表

业务内容	角色 职位	直接主管	经理	总监	董事长
定薪	经理级以下				
	经理级				
	总监级及以上				

图例说明：审核——□，复核——△，必要时审批——◇，审批——◆。

表单1. 制度流程清单及计划

公司制度流程清单及计划

序号	部门	流程编号	流程名称	当前状态	初稿完成时间	复核完成时间	试点开始时间	定稿发布时间	备注
1	人力资源部	××-RZ01	员工招聘管理流程	已定稿	202×.08.01	202×.08.31			
2	人力资源部	××-RZ02	新员工培训管理流程	已定稿	202×.08.01	202×.08.31			
3	人力资源部	××-RZ03	员工入职转正管理流程	已定稿	202×.08.01	202×.08.31			
4	人力资源部	××-RZ04	员工调动管理流程	已定稿	202×.08.01	202×.08.31			
5	人力资源部	××-RZ05	员工离职管理流程	已定稿	202×.08.01	202×.08.31			
6	人力资源部	××-RZ06	劳动合同管理流程	已定稿	202×.08.01	202×.08.31			
7	人力资源部	××-RZ07	员工档案管理	已定稿	202×.08.01	202×.08.31			
8	人力资源部	××-RZ08	干部任免管理流程	已定稿	202×.08.01	202×.08.31			

表单2. 管理文件编写模版

×× 公司		××××× 管理流程		
××-RS01				
版本	拟定人	审核人	批准人	生效日期

表单3. 文件评审记录表

文件名称		提出部门	
		主要起草人	
文件编号		版本号	
编制阶段		编制性质	
评审部门/人员		评审地点/时间	
评审意见： （请详细填写） 记录人：			
评审人员确认或评审主持人审批：			

6. 附加说明

6.1. 本规定自签批核准之日起生效，若有与原文件规定相冲突的地方，以本规定为准。

6.2. 本规定由人力资源部负责草拟、修订和解释，经集团董事长签批核准后生效，修订时亦同。

4.2 人力资源规划与组织发展

4.2.1 人力资源规划

人力资源规划（Human Resources Planning，HRP）也叫人力资源计划，指为实施企业的发展战略，完成企业的生产经营目标，根据企业内外环境和条件的变化，通过对企业未来的人力资源需求和供给状况的分析及估计，运用科学的方法进行组织设计，对人力资源的获取、配置、使用、保护等各个环节进行职能性策划，制订企业人力资源供需平衡计划，以确保组织在需要的时间和岗位上，获得各种所需的人力资源，保证事（岗位）得其人、人尽其才，从而实现人力资源与其他资源的合理配置，有效激励、开发员工的规划。人力资源规划流程图如下图所示。

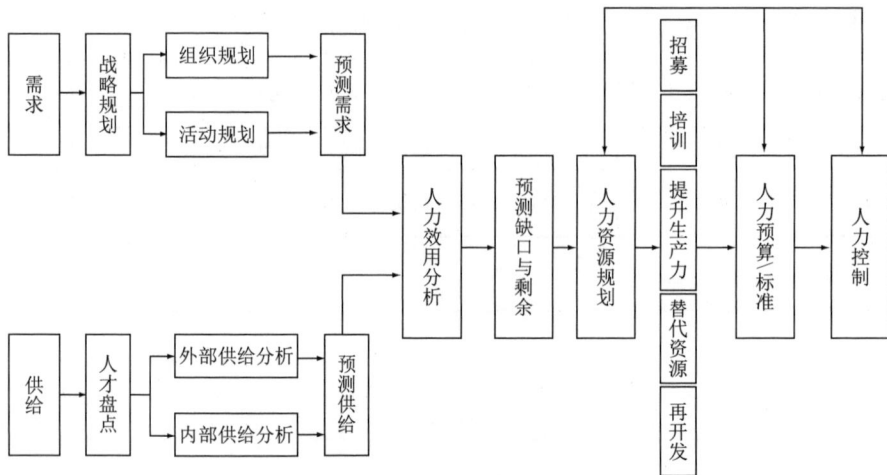

人力资源规划流程图

4.2.2 组织发展

组织发展（Organizational Development，OD）指将行为科学知识广泛应用在根据计划发展、改进和加强那些促进组织有效性的战略、结构和过程上。该定义突出了几个特征使得组织发展区别于其他对推动组织变革和改进的措施。如管理咨询、技术创新、业务管理以及培训和开发。它也有助于将组织发展同另外两个相关领域——变革管理和组织变革区别开来。

1. 组织发展是变革的过程

组织发展是一种通过利用行为科学的技术和理论，是组织中进行有计划的变革过程。组织发展指的是在外部或内部的行为科学顾问、有时被称为变革推动者的帮助下，为提高一个组织解决问题的能力及其外部环境中的变革能力而作的长期努力。组织发展也指的是一个有计划的、涵盖整个组织范围、同时由高层管理者控制的努力过程，以提高组织效率和活力为目的，该过程利用行为科学知识，通过在组织的"进程"中实施有计划的干预而进行。

2. 组织发展是系统过程

组织发展是一个数据收集、诊断、行为规划、干预和评价的系统过程，它致力于增强组织结构、进程、战略、人员和文化之间的一致性，开发新的创造性地组织解决方法，发展组织的自我更新能力。组织发展通过组织员工之间及其使用行为科学理论、研究和技术的变革推动二者之间进行合作来达到目的。进行组织发展，往往要在一些专家的指导和帮助下，运用管理心理学和其他学科的理论和技术，以实现预定的组织变革计划和目标。组织发展比较强调正式的工作群体的作用，它的主要对象是工作群体，包括管理人员和员工。这一点不同于传统方式的组织改进活动，传统的办法集中于个别管理人员，而不是群体。全面的组织发展还包括群体间的相互关系以及整个组织系统的问题。

3. 组织发展是实现组织变革的手段

组织变革与组织发展有十分密切的关系，组织发展可以看成实现有效组织变革的手段。与组织变革和组织发展密切相关的另一个概念是组织创新，组织创新是指运用多种技能和组织资源，创造出所在行业或市场上全新的思路、产品或服务。组织发展领域正受到全球化和信息技术趋势的影响。许多国家和世界性组织正在应用组织发展，这就导致了一整套新的干预方法的产生和对传统组织发展实践活动的适应。组织发展必须使其方法与组织所使用的战略相适应。随着信息技术继续影响组织的环境、战略和结构，组织发展就需要管理变革过程，使之可以与信息技术相结合。这种发展规则的多样性导致组织发展专业人士，应用组织发展的组织种类，以及应用组织发展的国家数量急速增加。

4. 组织结构图（见下图）

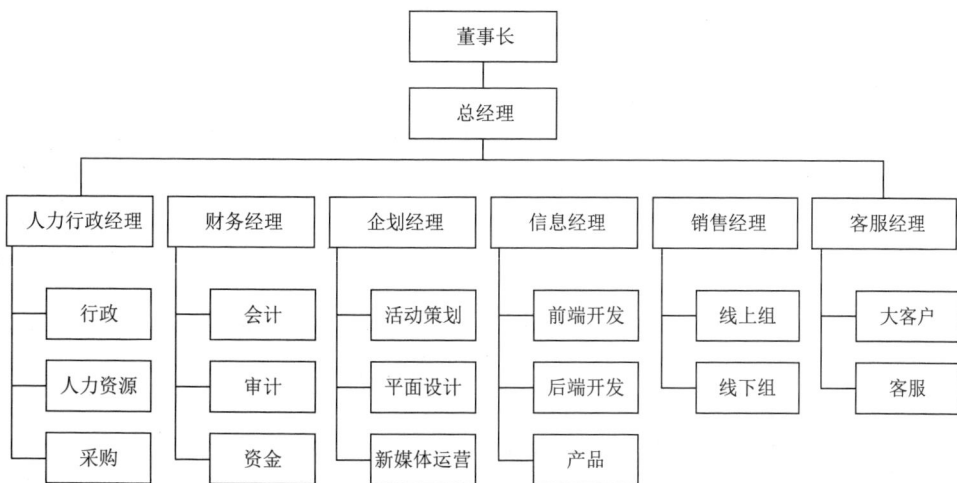

组织结构图

案例传真

阿里巴巴"人力资源规划"（见下图）

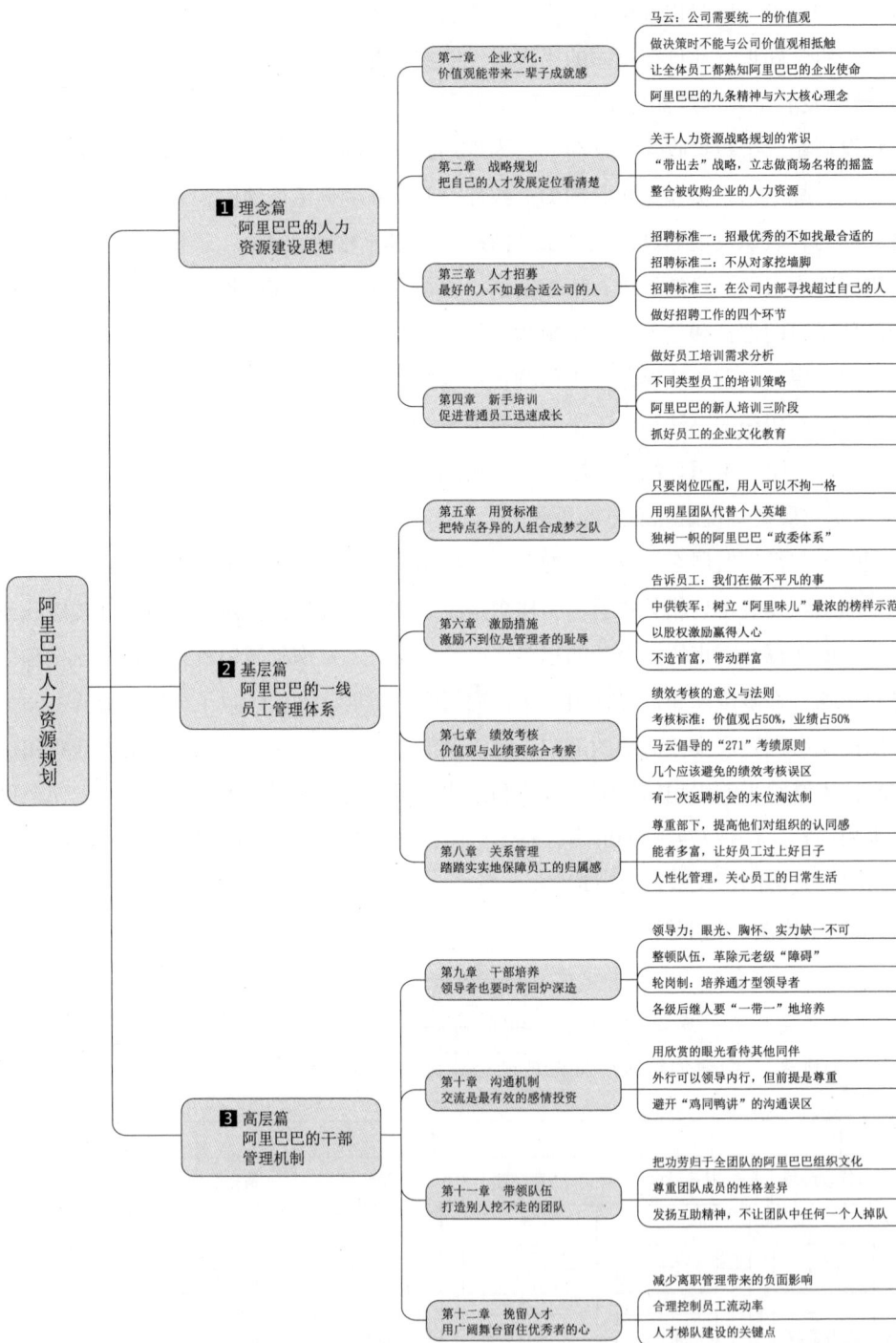

阿里巴巴人力资源规划

❶ 理念篇 阿里巴巴的人力资源建设思想

第一章 企业文化：价值观能带来一辈子成就感
- 马云：公司需要统一的价值观
- 做决策时不能与公司价值观相抵触
- 让全体员工都熟知阿里巴巴的企业使命
- 阿里巴巴的九条精神与六大核心理念

第二章 战略规划 把自己的人才发展定位看清楚
- 关于人力资源战略规划的常识
- "带出去"战略，立志做商场名将的摇篮
- 整合被收购企业的人力资源

第三章 人才招募 最好的人不如最合适公司的人
- 招聘标准一：招最优秀的不如找最合适的
- 招聘标准二：不从对家挖墙脚
- 招聘标准三：在公司内部寻找超过自己的人
- 做好招聘工作的四个环节

第四章 新手培训 促进普通员工迅速成长
- 做好员工培训需求分析
- 不同类型员工的培训策略
- 阿里巴巴的新人培训三阶段
- 抓好员工的企业文化教育

❷ 基层篇 阿里巴巴的一线员工管理体系

第五章 用贤标准 把特点各异的人组合成梦之队
- 只要岗位匹配，用人可以不拘一格
- 用明星团队代替个人英雄
- 独树一帜的阿里巴巴"政委体系"

第六章 激励措施 激励不到位是管理者的耻辱
- 告诉员工：我们在做不平凡的事
- 中供铁军：树立"阿里味儿"最浓的榜样示范
- 以股权激励赢得人心
- 不造首富，带动群富

第七章 绩效考核 价值观与业绩要综合考察
- 绩效考核的意义与法则
- 考核标准：价值观占50%，业绩占50%
- 马云倡导的"271"考绩原则
- 几个应该避免的绩效考核误区
- 有一次返聘机会的末位淘汰制

第八章 关系管理 踏踏实实地保障员工的归属感
- 尊重部下，提高他们对组织的认同感
- 能者多富，让好员工过上好日子
- 人性化管理，关心员工的日常生活

❸ 高层篇 阿里巴巴的干部管理机制

第九章 干部培养 领导者也要时常回炉深造
- 领导力：眼光、胸怀、实力缺一不可
- 整顿队伍，革除元老级"障碍"
- 轮岗制：培养通才型领导者
- 各级后继人要"一带一"地培养

第十章 沟通机制 交流是最有效的感情投资
- 用欣赏的眼光看待其他同伴
- 外行可以领导内行，但前提是尊重
- 避开"鸡同鸭讲"的沟通误区

第十一章 带领队伍 打造别人挖不走的团队
- 把功劳归于全团队的阿里巴巴组织文化
- 尊重团队成员的性格差异
- 发扬互助精神，不让团队中任何一个人掉队

第十二章 挽留人才 用广阔舞台留住优秀者的心
- 减少离职管理带来的负面影响
- 合理控制员工流动率
- 人才梯队建设的关键点

1. 企业文化：价值观能带来一辈子成就感

企业文化指的是公司上下共同遵守的价值观念，其中包含了大量行事准则。对于公司来说，

企业文化就像一面旗帜，旗帜指向哪个方向，全体员工就往哪里前进。任何以长久存续为目标的公司，都会打造属于自己的企业文化，否则当企业遇到困难时，就毫无凝聚力可言。

从表面上看，做人力资源管理是纯粹的技术活，实在的管理工具比看不见、摸不着的企业文化更加可靠。实际上这种观点是片面的，因为一家企业的人力资源管理体系是其价值观的具体延伸，换句话说就是用什么样的旗帜去凝聚什么样的人才。

企业使命是一家企业发展的总目标，好比是位置恒定的北极星。由企业使命衍生出来与时俱进的发展方针好比围着北极星转的北斗星。北极星和北斗星是古代航海家辨别方向的依据。那么，企业使命对公司管理者及全体员工的意义也正是如此。

企业使命原本是公司上下应当遵守的共同纲领，但并不是每个人都会认可其公司的企业使命。这是很正常的现象，但这也会对公司的壮大造成阻碍。企业使命不明确、不统一的公司处于顺境时还能保持稳定发展，一旦遭遇逆境或面对新形势时，就会变得人心惶惶、不知所措，最终因意见分歧而走向四分五裂。对于这点，阿里巴巴高层一直保持着警惕。

不重视企业使命的公司往往会缺少一股凝聚力。员工没有共同的目标，只是被动地按照考核要求在运作。新老交替时，优秀老员工的经验无法有效传承，新员工也各行其是。

阿里巴巴的九条精神（团队精神、激情、教学相长、开放、质量、创新、简易、专注、服务与尊重）与六大核心理念（客户第一、团队合作、诚信、激情、敬业、拥抱变化）。

2. 战略规划：把自己的人才发展定位看清楚

人力资源管理并不只是管理员工名册与工资条，而是兼顾了战术性与战略性，人事管理是人力资源管理的末端细节，战略规划才是根本。每一家公司都有自己的特殊性，发展目标各异，不能照搬其他公司的战略规划。公司只有明确自己的发展定位，才能根据发展目标的需要来选择合适的人才。如果连公司需要什么样的人才都搞不清楚，人力资源管理工作就会变得杂乱无章。

对于公司而言，人才战略规划是公司发展规划的一个重要组成部分。阿里巴巴高度重视人才问题，在制订人才战略规划时始终坚持自己的"四项基本原则"。阿里巴巴一方面鼓励公司内部培养的人才走出去，成为互联网产业中的商场名将；另一方面也在努力把集团并购公司的人力资源整合进来，向他们输入阿里巴巴的企业文化基因。

（1）人力资源战略规划常识

人力资源战略规划有以下几项功能。

①确保公司组织在发展过程中能及时获得所需的人力资源。

②合理安排公司的组织结构调整、岗位设置、招聘、培训、升降等工作。

③帮助公司把人工成本控制在一个可以承受的水平。

④调动全体员工及管理者的工作积极性，主要是激励保障措施。

⑤减少公司人才的无谓流失，避免核心成员离职对公司业绩造成重大影响。

由此可见，再壮阔的企业使命，也离不开成熟的人力资源战略规划的支持。如果只是紧盯产品研发技术、资金运转、营销推广，而忽视最基础的人力资源管理，公司就可能在发展壮大的关键时刻遭遇缺兵少将的瓶颈，眼睁睁地看着竞争对手抢走绝佳的发展良机。

企业生命周期理论指出，公司只要没倒闭，依次会经历初创期、生长期、成熟期、衰退期。在不同的发展阶段，人力资源管理的工作重心存在差异，制订的战略规划也不尽相同，但基本方法都是一致的，可分为 4 个步骤与 7 个子规划。

①制订战略的 4 个步骤，如下图所示。

人力资源战略环境分析 ➡ 选择和制定战略 ➡ 执行战略 ➡ 评价和调整战略

4个步骤

②下图所示为 7 个子规划。

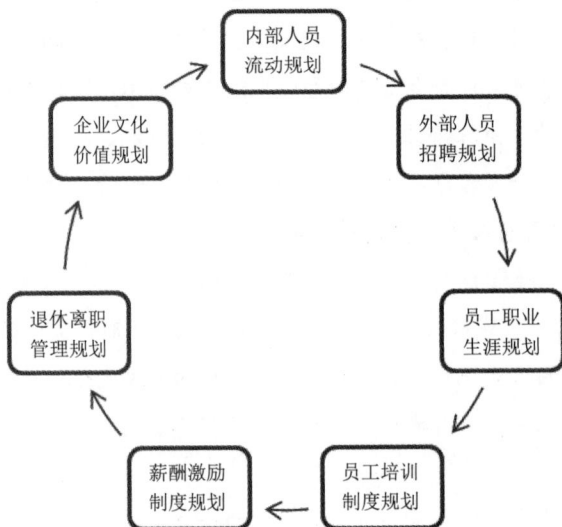

7个子规划

（2）整合被收购公司的人力资源

阿里巴巴在整合不同公司员工时采用的具体方法灵活多变，但都遵循了以下几个关键点：

①为新员工们设立共同的目标。

②打造被收购公司与阿里巴巴之间开放的沟通机制。

③推广阿里巴巴的企业使命与价值观。

（3）"四项基本原则"与三大愿景目标

四项基本原则：①永远不把赚钱当首要目标；②客户第一，员工第二，股东第三；③永远不追求暴利；④拥抱变化。

三大愿景目标：①打造 102 年公司；②做全球最佳雇主；③成为全球最大的电商服务供应商。

3. 人才招募：最好的人才不如最合适的人才

招最优秀的不如招最合适的；不从对家挖墙脚；在公司内部寻找超过自己的人。

最合适的人才标准：①这个人有没有胜任岗位的能力或潜质；②这个人是否认同公司的企业文化价值观；③这个人的发展目标与公司的发展目标是否方向一致。

做好招聘工作的4个环节：①制订招聘计划；②筛选应聘人员；③试用期观察；④转正考核。

4. 新手培训：促进普通员工迅速成长

员工培训是人力资源管理中承前启后的环节，但很多公司对这个方面的重视程度不够。无论是刚毕业的职场新人，还是奋战多年的职场老手，进入新公司后必然要经过一个磨合过程。员工培训不仅能为新聘人员提供相关的工作技能，也是公司输出企业文化价值观的重要途径。从外部招聘的人才能否适应公司的文化价值观与工作氛围，将决定他们是否能圆满完成公司布置的任务，以及能在公司待多久。

（1）做好员工培训需求分析

①员工培训的基本意义主要有以下5点。

第一，良好的员工培训机制是广大求职者选择应聘单位的重要参考标准，可以帮公司吸引更多的人才。

第二，员工培训是一种特殊的福利，培训可以提高员工的知识技能和价值，对员工能起到较大的激励作用。

第三，员工培训可以帮助公司招募的各类人才尽快熟悉新岗位，尽早形成战斗力。

第四，重视员工培训的公司可以用层层递进的培训课程来挽留人才，让他们相信在公司能获得更好的个人发展。

第五，员工培训可以为公司源源不断地输送各类人才，充实各条战线，在市场竞争中形成人力资源上的优势。

②人力资源管理部门做员工培训需求分析的办法主要有以下几种，如右图所示。

（2）不同类型员工的培训策略

核心员工：具备团队合作意识、自我管理能力、价值观和使命感以及其他工作所需的技能。

管理干部：具备各部门主管基础的工作能力，各级干部的管理能力，企业使命及公司新的战略目标。

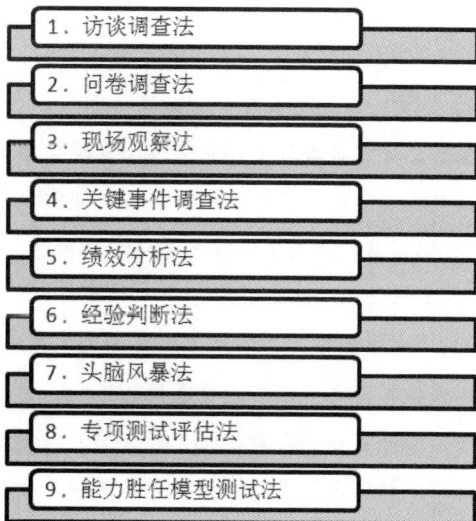

1. 访谈调查法

2. 问卷调查法

3. 现场观察法

4. 关键事件调查法

5. 绩效分析法

6. 经验判断法

7. 头脑风暴法

8. 专项测试评估法

9. 能力胜任模型测试法

培训需求分析方法图

（3）新人培训三阶段

新员工进入公司之后会经历三个阶段。

（1）结束的阶段。新员工进入新环境后忘掉自己在前一家公司所接受的知识、技能、经验，把头脑重新归零。每个人之前的经历都会对工作造成积极或消极的影响。比如在前一家公司养成的工作习惯，可能让你在新公司如鱼得水，可能让你步履维艰。忘掉之前的一切，才能以虚怀若谷的心态接受新公司的新知识，快速适应新环境。

（2）困惑的阶段。新员工在新公司刚工作1～2个月时，会遇到很多此前没碰到过的问题，从而对新公司的环境产生困惑，同时也会对自己选择新公司作为发展平台的决定产生动摇。在这个阶段，员工会进入瓶颈期，工作进展不顺，遇到各种不适应。所以，人力资源管理部门要千方百计地为其排忧解难、指点迷津，让新员工摆脱思想困惑带来的阵痛。

（3）重生的阶段。困惑期后，新员工会对公司产生新的认识，调整自己原先的期望以及工作方式，真正适应公司的环境。当新员工进入重生阶段时，工作开始得心应手，就代表他已经融入公司的文化土壤了。

阿里巴巴根据人才类型的差异设计了三个不同的新员工培训系列，值得借鉴。

①在公司国际站做销售的新员工学习的是"百年大计"系列课程。

②在中国站做销售的新员工学习的是"百年诚信"系列课程。

③非销售岗位的其他新员工学习的是"百年阿里"系列课程。

（4）抓好员工的企业文化教育

企业文化教育平时看起来没什么用，但在关键时刻可以让员工抵制不正当利益的诱惑，坚持做业界良心，继续贯彻公司的基本原则。假如平时对此不重视的话，员工便不会自动恪守阿里巴巴的六大核心理念与"四项基本原则"。

5. 用贤标准：把特点各异的人组合成梦之队

（1）只要岗位匹配，用人可以不拘一格。

（2）用明星团队代替个人英雄。

（3）独树一帜的阿里巴巴"政委体系"。

阿里巴巴的"政委体系"分为三个层级：最基层是城市区域的"小政委"，与区域经理组成搭档；中级政委则与高级区域经理组成搭档；阿里巴巴网站的人力资源总监就是"大政委"。

6. 激励措施：激励不到位是管理者的耻辱

（1）告诉员工：我们在做不平凡的事。

（2）"中供铁军"：树立"阿里味儿"最浓的榜样示范。

"中供铁军"之"铁"主要表现为三点。

第一，团队有铁的目标，把完成公司目标视为一种荣誉。假如没能完成目标，虽然公司不处罚，但"中供铁军"成员自己会引以为耻，更加发愤图强。

第二，团队有铁的纪律，无论职务、收入、地位如何，都坚决执行组织的决定，不违反公司价值观，不踩高压线。

第三，团队有铁的意志，无论身处何种逆境，都坚定不移地排除万难，争取最后的胜利。

（3）以股权激励赢得人心。

（4）不造首富，带动群富。

7．绩效考核：价值观与业绩要综合考察

（1）绩效考核的意义与法则。

①绩效考核制度对公司的意义主要表现为以下几个方面：人事调整依据、薪资定位依据、反映培训需求、激励员工上进。

②绩效考核最复杂的环节就是把考核目标量化成可操作的标准，只要遵循以下四个法则，就能理出清晰的脉络来，如下图所示。

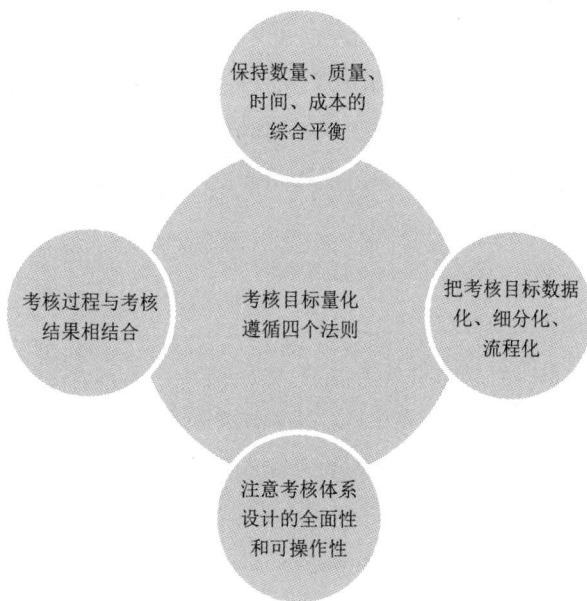

考核目标量化遵循四个法则

（2）价值观和业绩各占 50% 的考核标准。

（3）马云倡导的"271"考绩原则。

阿里巴巴要求每个员工都参加每季度、每年的"KPI+价值观"双重考核，各部主管按照"271"绩效考核原则来评估所有的员工。"271"绩效考核原则将员工划分为三个档次。

第一档是超出期望的员工，占全体员工的20%。

第二档是符合期望的员工，占全体员工的70%。

第三档是低于期望的员工，占全体员工的10%。

（4）几个应该避免的绩效考核误区。

很多公司领导者与人力资源管理者对绩效考核的认识不够全面深刻，容易在实践过程中出现以下误区。

①绩效考核定位不清,考核工作流于形式。

②绩效考核指标设计得不合理,缺乏科学性。

③绩效考核周期设置不当,影响了考核对象的日常工作节奏。

④考核方式单一,无法准确反映完整信息。

⑤考核之后没有跟进的配套措施。

（5）有一次返聘机会的末位淘汰制

①末位淘汰制是一种负激励性的强制管理手段。

②末位淘汰制之所以有效,是因为它会激发公司的内部竞争。

③引入末位淘汰制后,全体员工都有了被淘汰出局的压力,危机感迅速提升。

④公司运用末位淘汰制裁汰冗员、精简机构,减少了员工利用制度漏洞偷懒的机会。

⑤阿里巴巴的末位淘汰制有了新的变化——员工被开除3个月内还可以重新返聘回公司。

不是每一个企业都适合采取这种机制,也不是公司的每个发展阶段都适合执行末位淘汰制。如果不分时间、不分条件、不分对象地滥用末位淘汰制,就会造成员工压力过大,反而会降低绩效水平。而且,这种机制靠内部竞争来激发组织活力,若是操作不当,很容易变成团队内部钩心斗角的恶性竞争,工作效率不升反降。

8. 关系管理:踏踏实实地保障员工的归属感

（1）尊重下属,提高他们对组织的认同感。

（2）能者多富,让好员工过上好日子。

人们劳动是为了生存发展,首先是生存,然后才是发展。从理论上说,每个人的全面自由发展是文明进化的终极方向。但在现实中,大部分人仍然为生存问题而拼搏,根本没有多余的心力去考虑发展问题,遑论全面自由发展。

（3）人性化管理,关心员工的日常生活。

9. 干部培养:领导者也要时常回炉深造

（1）领导力:眼光、胸怀、实力缺一不可。

阿里巴巴的领导力理论简化为眼光、胸怀、实力3个方面,更符合中国人的思考习惯。

（2）整顿队伍,革除元老级"障碍"。

（3）轮岗制:培养通才型领导者。

（4）各级接班人要"一带一"地培养。

阿里巴巴希望各级管理岗位的干部都有"从公司内部找到超过自己的人"的胸怀与意识,主动为公司发掘人才,培养自己的接班人。按照马云的设想,各级岗位的管理干部就算到外地出差六个月,也能让代理工作的接班人把部门管得井井有条,才算得上是会用人、会提拔人的领导。

10. 沟通机制:交流是最有效的感情投资

（1）用欣赏的眼光看待其他同伴。

沟通在人力资源管理工作中起着至关重要的作用。无论是组织内部对人才的管理，还是协调与其他部门之间的关系，都离不开畅通有效的沟通机制。当一家公司的沟通机制足够健全时，管理层才能全面了解员工们的思想精神状态，发现他们的潜力与不足，及时化解矛盾，增强团队凝聚力。

（2）外行可以领导内行，但前提是尊重。

（3）避开"鸡同鸭讲"的沟通误区。

互联网生活的节奏深刻地影响了大家的工作习惯，最主要的体现是思维越来越碎片化，沟通交流也越来越缺乏耐心和细心。说话者往往只顾自说自话，而不注意理解对方的意思，从而陷入"鸡同鸭讲"的沟通误区。

11．带领队伍：打造别人挖不走的团队

（1）把功劳归于全团队的阿里巴巴组织文化。

作为带队伍的领导干部，必然要靠所有下属的共同努力来完成各项目标。团队表现不佳的原因很多，但主要责任还是在于领导者自己。

过分相信自己，轻视团队成员的力量；做事一意孤行，不听别人的忠告；害怕下属超过自己，故意限制他们的发展；不能跟其他成员保持良好沟通，无法与他们打成一片；习惯性推功诿过，好事自己独占，坏事丢给别人承担。这些不良作风都会影响团队的凝聚力。这其中，破坏性最大的是最后一条。

领导者如果不懂得与队友分享胜利果实，不懂得尊重他们的辛苦付出，没有为下属承担风险的责任感，没有挖掘下属潜力的使命感，就不可得到团队成员的拥戴，也就无从建功立业。

阿里巴巴倡导把功劳归于全团队的组织文化，避免每一位因自我膨胀而脱离群众，从团队功臣沦为阻碍大家共同进步的绊脚石。

（2）尊重团队成员的性格差异。

（3）发扬互助精神，不让团队中任何一个人掉队。

团队合作在阿里巴巴的六大核心理念中排在第二位，大多数公司也会宣扬团队精神，但每个公司对团队精神的理解有不小的差别。

阿里巴巴对团队精神的诠释集中体现在马云的一段发言里："什么叫团队精神？有两个含义，一是平凡的人做不平凡的事情，二是不让队友失败。阿里巴巴的7个公司中，没有一个公司可以失败。所以我想，协同是指人做些什么。"

12．挽留人才：用广阔舞台留住优秀者的心

（1）减少离职管理带来的负面影响。

（2）合理控制员工流动率。

（3）人才梯队建设的关键点。

（资料来源：根据网络资料改写）

4.3 人力资源规划程序与内容

4.3.1 人力资源规划的程序

（1）收集、调查、整理企业的战略规划、内部经营状况，以及内外部的人力资源情况等各类相关信息。收集的信息应全面、真实、有效。企业的战略规划应包含市场、产品、技术、扩张等经营管理层面的全部规划。

（2）现状分析，对所有收集到的信息材料进行整理分析，包括对需求的分析和对供给的分析。做供给分析时需注意，供给分析可以分为内部供给和外部供给，应本着先内部再外部的原则，而不能只关注外部供给。

（3）供需预测，运用定量和定性方法，对人力资源的供需状况进行预测。在预测前需要对当前的人力资源情况进行盘点，包括人力资源的数量、质量、能力、层次、结构、离职率等，掌握当前的存量情况，在盘活存量的基础上，预测未来的增量情况。

（4）制定实施，根据前三步的分析和预测，制定人力资源规划并开始实施。需要注意的是，在编制人力资源计划时，既要充分考虑企业的短期需求，也要充分考虑企业的长期需求；既要促进企业现有人力资源价值的实现，又要为员工的长期发展提供机会。

（5）评估控制，使人力资源规划在实施的过程中进行有效的评估和控制。由于内外部环境的变化、企业战略的调整和人力资源规划本身的欠缺，人力资源规划在实施过程中常出现不适宜的问题，为此，人力资源部及时修改和调整人力资源规划策略。

4.3.2 人力资源规划的内容

人力资源规划的目的，是为了承接和满足企业总体的战略发展要求，促进企业人力资源管理工作更好地开展，协调人力资源管理各模块的工作计划，提高企业人力资源的工作效率，让企业的目标和员工个人发展的目标达成一致。

人力资源规划有狭义和广义之分。狭义的人力资源规划指的是人员的配置计划、补充计划和晋升计划。广义的人力资源规划是企业所有人力资源计划的总和，除了以上3项外，还有员工的培训与发展计划、薪酬与激励计划、绩效管理计划、福利计划、员工职业生涯规划等。人力资源规划内容见下表。

类别	目标	政策	预算
总规划	总目标（绩效、收缩、保持稳定）	扩大、收缩、保持稳定	总预算
人力补充计划	类型、数量、层次，对人力素质结构及绩效的改善等	人员素质标准、人员来源范围、基本待遇	招聘费用
人员配置计划	部门编制，人力结构优化及绩效改善、岗位匹配，职务轮换	岗位胜任素质与任职资格条件，职位轮换范围及时间	按使用规划、差别及人员状况决定的工资、福利预算

类别	目标	政策	预算
人员接替和提升计划	后备人才数量,提高人才结构与绩效目标	全面竞争,择优晋升,选拔标准,提升比例,来提升人员的安置	职务变动引起工资变动
培训计划	素质及绩效改善、培训数量类型,提供新人力,转变态度及作风	培训时间的保证、培训效果的保证(如待遇、考核、使用)	培训总投入产出,脱产培训损失
工资激励计划	人才流失减少,士气水平,绩效改进	工资政策,激励政策,激励重点	增加工资奖金额预算
劳动关系计划	降低非期望离职率,减少不满与投诉	参与管理,加强沟通	法律诉讼费、赔偿费等

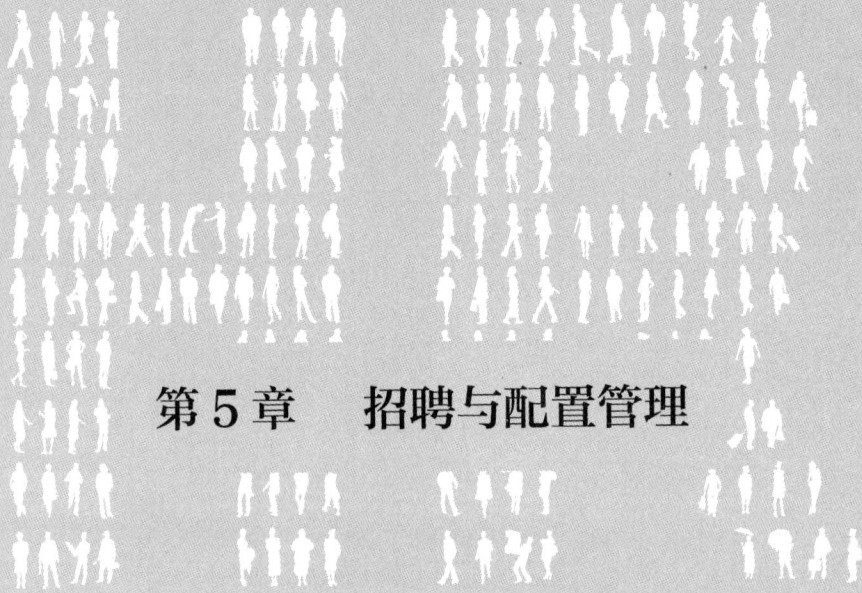

第 5 章　招聘与配置管理

5.1　招聘与配置管理制度

×× 公司		招聘与配置管理制度		
××-RZ01				
版本	拟定人	审核人	批准人	生效日期

1．目的

为加强公司员工队伍建设，提高员工的基本素质，通过合理化、系统化的人员招聘及录用，为公司选拔出合格、优秀的人才，规范公司业务流程，特制定本制度。

2．适用范围

本制度适用于公司所有招聘岗位。

3．原则

公司招聘坚持公开招聘、平等竞争、择优录用、先内后外的原则。

4．招聘需求管理

（1）人力资源部负责根据公司经营发展战略和管理理念，在每年11月30日之前拟定和适度调整公司组织机构、岗位设置和编制草案，报董事长审核批准，人力资源部负责落实。

（2）人力资源部根据经审批的组织机构方案和来年年度经营管理计划，在每年12月5日之前对公司现有人力资源状况进行盘点，根据人力资源盘点情况在每年12月10日之前提出公司人力资源年度招聘计划和招聘预算草案，报董事长核准后负责落实。

（3）人力资源招聘负责人处理人员招聘作业时，在下列情形下方可对外招募：

①公司内部无适合人选时。

②需求量大，内部人力不足时。

③期望通过对外招募，吸收不同组织的文化、背景、理念和经验以改善公司组织气氛。

④对于因离职补缺或增加编制的，由用人部门根据职位层级而提前填写招聘申请表，经人力资源部审核后安排进入招聘程序，属于增加编制的，除需人力资源部审核通过外还须报董事长核准方可进入招聘程序。

5．招聘工作启动的前提条件

（1）用人部门准备好招聘岗位的职位说明书（重点是工作职责、任职资格与考核标准）及招聘岗位的测评方案。

（2）人力资源部的面试官要熟知职位说明书及相应测评方案，并对用人部门面试官进行相应培训。

6. 招聘周期

（1）招聘周期是指招聘需求确定之日起至候选人到岗的时间。

（2）一般情况下，各职系各层级岗位招聘到岗时间见下表。

职系	部门	总监及以上级别	经理级别	主管级别	基层职位
管理事务职系	财务部、人力资源部、行政部、企划部	60 个工作日	30 个工作日	20 个工作日	10 个工作日
市场营销职系	营销类、市场部、网络营销部、客服部	60 个工作日	30 个工作日	30 个工作日	20 个工作日
专业职系	技术开发部、电商	60 个工作日	30 个工作日	20 个工作日	15 个工作日

（3）招聘启动前，人力资源部要与用人部门书面确定人员到岗日期。

7. 招聘工作流程

（1）人力资源部根据招聘计划和相关职位情况选择招聘渠道，发布招聘广告、参加招聘会等。

（2）人力资源部筛选简历并对候选人初步面试。

（3）对于初试合格的候选人，由人力资源部与用人部门共同组成面试小组，进行结构化复试面试。

（4）对于复试合格、应聘部门经理以上岗位的候选人，由人力资源部带其到公司参观。

（5）对于复试合格、应聘部门经理以上岗位的候选人，由总经理进行最终复试。

（6）公司经理级及以上人员录用，由公司总经理批准同意后方可录用。其他候选人录用决定由人力资源部与用人部门共同讨论做出。

（7）对于决定录用的应聘管理职位的候选人，人力资源部发出书面的录用通知。其中，对于应聘高管职位及核心中层职位的候选人，人力资源部需做背景调查并附上说明与录用建议。再发起员工录用审批流程，经理级以下人员由分管领导审批，经理级以上人员需总经理审批，流程审批完后方可入职。

（8）人力资源部为报到的候选人办理入职手续。

（9）各级面试官关于新员工的评价报告与新员工其他相关证件共同归入员工个人档案。

（10）试用期间，人力资源部要对候选人进行密切跟踪及相应引导、培训。

（11）对于试用期结束候选人通过转正考核的职位，招聘视为正式完成。试用期结束后，人力资源部要对本次招聘进行书面评估总结。

8. 招聘工作责任

（1）人力资源部与用人部门要严把新员工入口关，共同对招聘质量负责。新员工试用期保留率直接与人力资源部招聘专员考核成绩挂钩。用人部门的新员工月度离职率累积达到 50% 以上的，对人力资源部招聘专员及人力资源部负责人负激励 100 元。对用人部门负责人负激励 100 元，持续一年不能改善的，降职处理。

（2）人力资源部对招聘及时率负责，该项指标与招聘主管的考核收入挂钩。

（3）不遵守各项招聘、录用、试用程序的，发现 1 人次，对相应人力资源部及用人部门责任人负激励 100 元。

9．试用期管理

（1）试用时间。

高管人员试用期为 2 个月，最长不超过 3 个月；其他中层管理岗位，文职、技术、后勤等类别岗位员工试用期为 2 个月；销售类岗位可根据个人工作情况而定，原则上试用期不超过 6 个月。具体按《劳动合同法》条款规定，以所签合同期限来约定试用期限。

（2）岗前培训。

A．目的及内容

① 旨在使新员工了解公司工作环境、企业文化，了解本岗位工作职责与要求、工作方法与考核标准，尽快缩短适应过程。

② 培训内容包括员工心态、公司发展历程、组织架构、企业文化、主要产品与业务流程、规章制度、员工行为规范等。

B．相关要求

① 员工岗前教育由公司人力资源部统一组织实施，最迟不应超过报到后的一周内执行。

② 凡公司正式报到的员工在试用期内未参加新员工岗前教育培训的，不得转为正式员工。

C．工作引导

① 由新员工直接上级负责。

② 内容包括：部门业务工作流程培训；本岗位职责、专业技能与工作方法培训；工作要求与考核标准培训。

D．培训评估

① 岗前培训结束后，人力资源部要对受训新员工进行考核，不合格者重新培训。

② 培训记录与考核报告存入员工个人档案。

（3）转正考核。

①新员工入职一周内由直接上级定试用期工作任务和转正标准，员工本人签字确认后交人力资源部存档。人力资源部于新员工试用期满前 15 天与部门负责人沟通，发起转正面谈。部门负责人根据试用期工作完成情况及转正标准做出试用期评估并将结果反馈至人力资源部。人力资源部根据试用期评估结果办理相应手续（转正、延长、淘汰）。

②高层管理人员入职 10 日内由总经理办公室确定高管试用期考核目标并签订目标责任书，交人力资源部存档。由试用期高管本人于试用期满前 10 日内，向总经理提交书面转正申请，由总经理办公室组织高管团队对试用期高管进行综合评定，得出结论，是否予以转正。未能达到预期工作目标，以及岗位任职资格要求者，予以辞退。

③中层管理岗位及其他非销售岗位类别试用期满 2 个月，进行转正考核。由直接上级与人事行政负责人共同评议，总经理批准，予以转正；未能达到预期工作目标，以及岗位任职资格

要求者，予以辞退。

④未能通过转正的新员工，能够胜任公司其他岗位的，可以调到其他缺员岗位，并在新岗位开始新的试用期，期限以双方协商为准，原则上不超过 2 个月；否则，予以辞退。

10. 员工入职规定

（1）入职员工填写《新员工入职登记表》，其中应当载明员工个人详细信息，确切联系地址和通信方式。

（2）入职员工须向人力资源部提供最高学历证书、职称证书原件及复印件各一份；身份证原件及复印件三份；免冠照片三张；原单位离职证明原件一份；并在提供相关资料上注明"与原件相符"，并签署本人姓名。

（3）人力资源部负责带新员工到其所在部门，介绍给公司同仁。

（4）新入职员工应参加公司统一组织的入职培训，并进行考试，考试合格作为员工转正的必要条件。

（5）新员工入职由人力资源部向其介绍入职流程，并签订员工劳动合同，一式二份，盖章，公司一份，员工留一份，经理级及以上的签劳动合同和保密协议。

（6）由行政部向新员工发放《员工手册》、办公电话、员工工牌、办公用品等，并带新员工录指纹、确认座位。

（7）人力资源部在公司群里发布新员工入职公告。

（8）部门直接领导为其入职引导人，带领参观部门，介绍部门情况、部门人员。

新员工入职流程如下图所示。

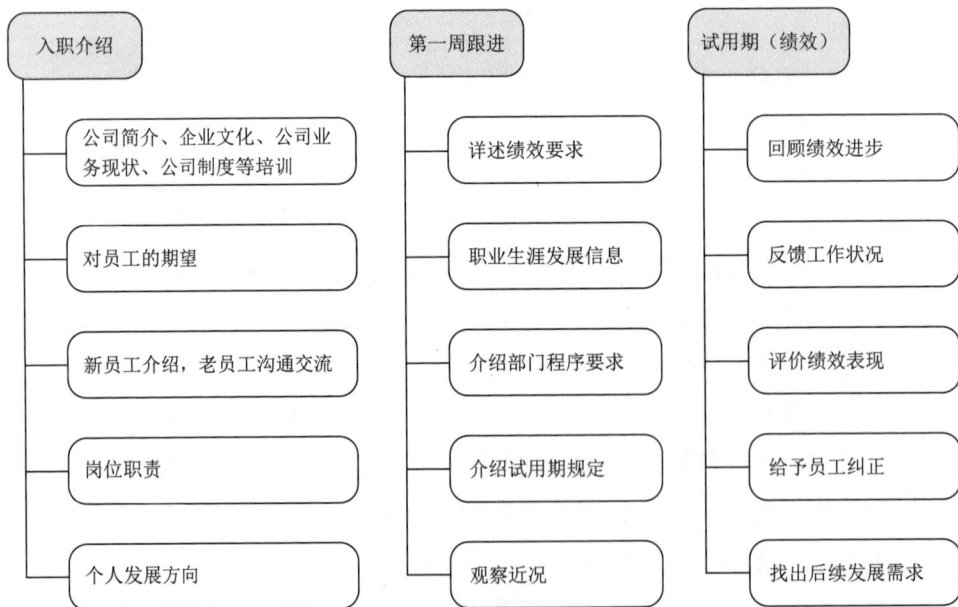

新员工入职流程

5.2　招聘为企业带来竞争优势

5.2.1　招聘工作在企业发展中的作用

一般人认为，人力资源部的工作中，招聘最容易，不外乎筛选简历、面试、通知来上班，而一位从事10年人力资源工作的专家则认为，招聘或选才恰恰是最难的。招聘就像冒险与赌博。一场不正规的招聘，如通过见面、谈话来确定人选，其可信度非常低，在数据统计上成功率只有38%。即使再加上心理测评、取证，完成整个流程，成功率也只有66%。也就是说，招聘工作的每个步骤都满足也才刚刚达到及格线。

所以，整个招聘与选才的过程就像打仗一样，要多学一点技能，把这场战斗做得更专业一些，才能招到更合适的人选。

5.2.2　招聘如何为企业带来竞争优势

人力资源管理的鼻祖戴维·尤里奇（Dave Ulrich）曾经写过一本书，叫《人力资源冠军》（*Human Resources Champion*），在这本书里，提出 HR 这个词，就是 Human Resources 的简称，即人力资源。在此之前，人力资源部门叫人事部（Human Management）。

戴维·尤里奇说，什么样的企业能赢？不是靠产品特色，也不是靠成本领先，在这个不断变化着的高科技驱使下的商业环境中，发现和留住人才将成为竞争的重点。

正如体育团体积极网罗最佳球员一样，未来的企业、未来的商业组织也将为获得最佳人才而展开激烈的竞争。那些善于吸引、发展和留住具备必要技能和经验的人才的企业才能成功。

招聘是什么？是为某一空缺而从组织的内部及外部吸引合适的候选人的过程。

人们为什么找工作？

"钱多事少离家近，位高权重责任轻"，这种工作是最理想的，但很少有人能这么幸运。

那么，人们换工作图的是什么？

有人说，为了一个更好的发展机会；

有人说，在自己能力实现的同时，获得自身价值的体现；

也有人说，先满足生存的需要，然后有机会再向前发展……

根据马斯洛的人类五个需要层次理论，人的需要从低到高依次为：生理需要、安全需要、社交需要、尊重需要、成就需要即自我实现的需要。

也就是说，人们找工作首先是满足生理的需要，然后是安全需要、社交需要、尊重需要，最后是自我实现的需要。如此一步一步地向更高一级阶段迈进。

1. 招聘的目的与理由

招聘目的是由于企业发展需求，为企业招到合适的人才，培养后备人才队伍，理由是岗位缺编（离职补充）、扩编、新增岗位、储备人才。

2．招聘时要注意的问题

面试中一定要问的问题："你为什么选择我们公司？"这可以搜集一线的资料，可以看到你的公司有哪些竞争优势。你会发现很多候选人都是因为你的公司所在的行业好，有就业安全感。还有就是高工资，然后是有股票期权、参与授权、培训、技能开发、内部提升的机会，公正的绩效考核系统及公平的待遇。

另外，在招聘的时候，挑选人才和面试的方式将直接影响人才是否选择你的公司。

甲到一家外国公司面试。面试的主考官是一个外国人，进去之后主考官就对他说："谢谢你今天来参加面试，我一共问你10个问题，请你如实回答。"10个问题问完之后，甲就想："终于轮到我发问了，我问一问公司的情况吧"。结果没等他开口，那个外国的主考官就对他说："好，今天面试就到这儿，谢谢你。你出去吧，顺便帮我把第二个人叫进来，好不好？"甲出了大门就想："你休想再让我进这家公司"。

为什么会导致这种情况？就是因为选拔工作做得不够专业，或者说面试的时候伤了候选人的心，导致了他不愿意来你的公司。更有甚者，他会带着一腔怨气去跟他的朋友、客户、亲戚、家人诉说。信息继续传播，这个案例碰巧落到人力资源老师手里，他觉得这个案例十分典型，就把它带到每一个公开课上。企业的名声就会因此扩散得越来越远。因此，HR及用人部门要注意，首先要自己专业，然后把招聘工作做得尽善尽美，这其实是在为公司添彩。部门经理、直线经理背负着挑选候选人、做招聘决定的重要职责，所以希望有更多部门经理加强这方面的学习。

应聘者在选择工作时通常关心的是就业安全感、工资情况、股票期权、参与授权、培训和技能开发、发展机会、公平待遇、信息分享、激励机制、岗位轮换、长期策略等。

5.2.3　有效的招聘如何给企业带来竞争优势

（1）降低成本支出。招对了人可以降低企业成本，进来以后不用对他再进行培训。

（2）能吸引到合格人选。如果招聘做得非常专业，自然会吸引合格的人选。

（3）降低流失率。在招聘过程中实话实说，通过现实的工作预览来降低流失率。

有效的招聘不仅能为企业带来竞争优势，还能帮助企业创建一支人才多样的队伍。

英国有一家轮胎公司，最高管理层有5个人，他们毕业于同一所大学同一个系。大学毕业之后，这五个人又考上了同一所大学的MBA，然后一起担任这家公司的高级管理人员。平时这5个人都住在同一个小镇上，他们去同一家超市买东西，星期日一起去同一个教堂做礼拜。这5个人平日里总是形影不离，他们一起共同构筑着生活的理想。

不幸的是，这家公司后来倒闭了，这5个人也因此丢了饭碗。

实际上，这5个人中，其他4个人是另外一个人的翻版，他们用同样的声音说话，思维方式和行为模式也极为相似，管理理念也差不多。这种倾向在一家公司里是很危险的，它会使公司的员工队伍越来越单一，而且使公司的整体业绩下滑。

所以，创建文化多样性的队伍是重点，但是很多人经常忽略这一点。文化单一往往是导致公司失败和经营不下去的关键。

5.2.4　招聘的流程及误区

步骤	名称	内容		
步骤1	识别工作空缺	此项工作由部门经理来做		
步骤2	确定如何弥补空缺	招人	内部招聘	
			外部招聘	
		不招人，内部解决	加班	
			工作重新设计	
			防止跳槽	
步骤3	辨认目标群体	知道目标群体在什么地方		
步骤4	通知目标群体	利用打广告、推荐、找猎头公司等方式告知		
步骤5	会见候选人	收到简历后，对候选人进行约见		

步骤1：识别工作空缺。

工作职位是否空缺由部门经理确定。

步骤2：确定如何弥补空缺。

招聘新人是最简单的方式，但成本高。

因为，招聘一名员工不只是加一个人，而是增加了一个人力成本。

如果一名新员工的工资是5 000元，假设这是一家独资企业，那么他的人力成本至少是5 000×（1+34%）＝6 700元，这34%是他的福利、保险、公积金等。所以，为了减少成本，一般尽量不招聘新人。

不招新人也有内部解决办法，比如加班、工作重新设计等。应急职位、核心职位的招聘方法各有不同。

应急职位就是说这个职位是临时应急的，一般是3个月、6个月或更长一些，但一段时间后这个位置就没有了。这样的职位可以用临时工或者将工作外包出去，这是很省钱的办法。

核心职位就是永久性的职位。这种职位可以采用内部招聘和外部招聘两种办法。

这里，企业经常存在着两种误区。

（1）财务职位当成应急职位。专家认为，财务工作是公司的重要职位，掌握内容比较多，因此不要当成应急的职位。

（2）核心职位直接使用外部招聘。核心职位空出来时，应该让内部的员工提前三天到一周的时间知晓情况，并先让他们来应聘，如果没有合适人选，再到外面招聘。如果直接去外面招聘，会让员工误解为上级不重视他们，造成员工流失率上升。

步骤 3：辨认目标群体。

如招初级的工程师就去大学校园招，招高级的副总裁要用猎头公司。什么样的群体藏在什么地方，应该做到心中有数。

步骤 4：通知目标群体。

用打广告、猎头公司或推荐等手段通知目标群体。

步骤 5：会见候选人。

收到简历以后，对候选人进行约见。

5.2.5 招聘渠道

1. 招聘渠道分为内部招聘和外部招聘

内部招聘的方式可以有晋升、工作调换、工作轮岗等；公布方法可以有推荐法、档案法、布告等；外部招聘的方式可以有员工推荐、招聘会、网络、招聘广告、校园招聘、猎头等。

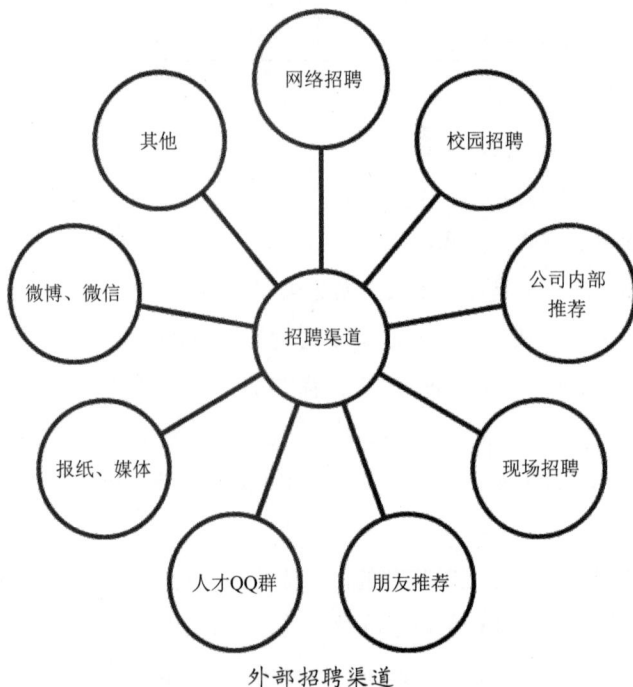

外部招聘渠道

2. 内部招聘和外部招聘的优缺点

（1）内部招聘的优点

①体现以人为本的原则，激励员工的进取心和内在的积极性。

②员工熟悉本企业的情况，容易很快进入角色。

③招聘和培训成本低。

（2）内部招聘的缺点

①容易导致企业内部思维形式单一，形成内部人员的板块结构，拉帮结派，没有创新，影

响企业的发展。

②缺少思想碰撞，影响企业的活力和竞争力。

（3）外部招聘的优点

①人员多元化，给企业带来新鲜的血液。

②为企业带来新思想、新观念。

（4）外部招聘的缺点

①相对内部招聘，成本较高。

②难以保证员工进入企业后能否迅速适应工作环境和企业文化，需要一段时间的磨合，稳定性不强。

3．各渠道优劣

各个招聘渠道的优劣不同，适合企业自身的渠道就是最好的。下表是各种招聘渠道的优劣比较。

招聘渠道优势与劣势

招聘渠道	优势	劣势	适合
校园招聘	计划性和针对性强，专业对口；招聘费用低廉；有利于提升知名度	需要完善的人才培育制度；流失率较高	储备人才
媒体广告	招聘信息覆盖广；有利于提升企业知名度；有利于寻找有丰富经验的人才	筛选简历的工作量大；招聘周期较长；招聘广告版面费用较高	初中级人才
网络招聘	信息覆盖广；发布信息方便快捷、持久；便于建立人才库；招聘费用相对低	简历筛选工作量大；寻找合适人才所需时间较长	初中级人才
招聘会	可利用招聘展示企业实力和风采；招聘效率较高，可快速淘汰不合格者	信息覆盖有限；求职者的数量和质量难保证	初中级人才
猎头招聘	省时省力；可快速、定向寻找所需人才	招聘费用较高	热门人才、尖端人才
熟人推荐	招聘成本低；针对性强，可信度较高，可快速找到候选人	选择面较窄，难以招到能力出众、特别优异的人才	专业人才
内部招聘	有利于提升士气；企业文化适应性强，快速进入状态；稳定性强；招聘费用低	内部人员供给数量有限；如控制不严，易近亲繁殖，形成派系	各级人才

4．明确需要的人才

明确企业需要什么样的人才更重要。人岗匹配、人和组织匹配、人和组织发展匹配哪一个更重要？重要性顺序不同，考察的重点不同。

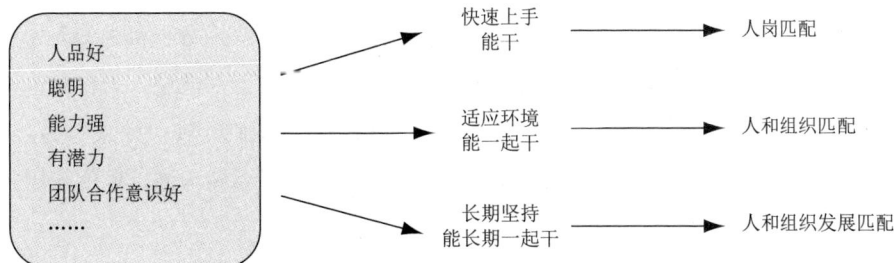

我们选择什么样的人才

招聘是人力资源管理工作最重要的一环，因为人是决定企业竞争力的核心因素，所以正确地选拔人才可以为企业带来竞争优势。从事招聘工作有相对固定的流程，也有一些误区，这就需要在实践中不断摸索和学习。另外，从事人力资源管理工作，还需要对内部、外部招聘的优劣势有一定的了解。

5.3 招聘计划

5.3.1 招聘计划的含义

招聘计划是人力资源部门根据用人部门的增员申请，结合企业的人力资源规划和职务描述书，明确一定时期内需招聘的职位、人员数量、资质要求等因素，并制定具体的招聘活动的执行方案。人才招聘要内部培养和人才引进相结合。

5.3.2 招聘计划的内容

（1）人员需求清单，包括招聘的职务名称、人数、任职资格要求等内容。

（2）招聘信息发布的时间和渠道。

（3）招聘小组人选，包括小组人员姓名、职务、各自的职责。

（4）应聘者的考核方案，包括考核的场所、大体时间、题目设计者姓名等。

（5）招聘的截止日期。

（6）新员工的上岗时间。

（7）费用招聘预算，包括资料费、广告费、人才交流会费用等。

（8）招聘工作时间表，尽可能详细，以便于他人配合。

（9）招聘广告样稿。

5.3.3 如何制订人才招聘计划

人才招聘要内部培养和人才引进相结合。这是 HR 在确定招聘计划时需要首先考虑的原则。

内部培养和人才引进在确定用人标准上是存在差异的，对内部培养的人才招聘标准上，可以考虑招聘对象在实际工作经验上不做苛刻要求，但是要求所招聘的对象必须具备培养的潜质，而这类人才的招聘可以采取校园招聘和人才市场招聘相结合的办法；对于引进的人才，则要在工作经验和工作的适应性上提高招聘标准，要确保引进的人才马上都能进入工作角色，这些人才的招聘要采取从竞争对手那里"挖人"和社会招聘相结合的原则，在"挖人"上，HR 平常就要多注意竞争对手那里的优秀人才，建立他们的档案并保持联系和沟通，以便在用人之际，能够有合适的"挖人"对象。

人才招聘要考虑现有人力配置和必要人力储备相结合的原则。人才规划要结合企业发展的战略和经营规划，HR 不仅要确保企业现阶段的人力需求和配置要求，也要考虑为将来企业的经营和发展储备相应的人才，避免企业在急需用人之际出现人才青黄不接的被动局面。

因此这就需要 HR 在制定招聘计划时，一方面要考虑企业急需的人才招聘计划，另外一方面要根据企业经营发展的需求考虑适当的人才储备计划。对于需要储备的人才，HR 可以考虑招聘一些人力成本较低的学生，然后请老员工实施传帮带计划，等企业需要人才时，让这些储备人才补充到相应的岗位上去。

详细的薪资方案、人才试用转正管理规定、员工晋升方案等也是 HR 在制定人才招聘计划时需要必备的方案。在实践中，由于许多企业缺乏相应的方案，这为 HR 的招聘工作带来极大的困扰和困难。因为没有相应的方案来支撑 HR 的工作，导致 HR 在招聘中难以回答与应聘者切身利益相关的问题，从而导致人才不敢加入企业。同时，这不使得应聘者以及入职者感觉企业管理不规范，以致于难以招进人才或者人才招进来难以留住。所以 HR 在制定招聘计划时，首先要看是否具有完整的薪资、转正、晋升方案，如果没有一定要做出详细方案，通过相应流程审批后再启动招聘工作。

5.3.4 招聘计划的编写步骤

（1）获取人员需求信息。人员需求一般发生在以下几种情况。

①人力资源计划中明确规定的人员需求信息。

②企业在职人员离职产生的空缺。

③部门经理递交的招聘申请，并经相关领导批准。

（2）选择招聘信息的发布时间和发布渠道。

（3）初步确定招聘小组。

（4）初步确定选择考核方案。

（5）明确招聘预算。

（6）编写招聘工作时间表。

（7）草拟招聘广告样稿。

案例传真

华为招聘管理的7项基本原则

华为认为，判断一个企业的招聘是否有效，主要体现在以下 4 个方面：

一是是否能及时招到所需人员以满足企业需要；二是是否能以最少的投入招到合适人才；三是录用人员是否与预想的一致、适合公司和岗位的要求；四是"危险期"（一般指进公司后的六个月）内的离职率是否为最低。根据以上四个要点，结合公司的具体实际情况，华为制定了一套详细的招聘原则，力求实现招聘效益的最大化。

原则一：最合适的，就是最好的。标准要求是具体的、可衡量的，以作为招聘部门考察人、面试人、筛选人、录用人的标杆。因为人才不是越优秀越好，只有合适的才是最好的。在华为，

所谓"合适",其标准如下:

(1)企业目前需要什么样的人?这是"软"的素质,这由企业文化决定。即选人是德才兼备、以德为先还是以才为先,是强调个性突出还是团队合作,是开拓型还是稳健型等。这主要侧重于考察应聘者的兴趣、态度、个性等。

(2)岗位需要什么样的人?这就是"硬"的条件,人力资源部门通过职务分析明确该岗位的人需要具备的学历、年龄、技能、体能等。这侧重于考察应聘者的能力、素质等。只有掌握了标准,招聘人员才能做到心中有数,才能用这把"尺"去衡量每一位应聘者。否则,稀里糊涂,根本没有办法从众多的应聘者中挑出企业所需要的人,更严重的是经过"层层筛选"出来的优秀的人才试用一段时间后发现原来并不适合本企业,那么将造成企业财力和精力的极大浪费。

原则二:强调"双向选择"。华为在进行招聘的时候,会特别向招聘人员强调"双向选择"这一条。绝不为吸引应聘者,故意美化、夸大企业,对企业存在的问题避而不谈,以致应聘者过分相信招聘企业的宣传而对企业满怀期望。一旦人才进入企业,发现企业实际上并没有原先设想得那样好,就会产生失落、上当受骗的感觉,挫伤工作积极性。因此无论是在最初的招聘现场,还是最后一轮面试的双方交流,华为始终把彼此满意作为获取人才的基础。特别是在最后安排应聘者和相关负责人谈话和吃饭的时候,负责人会把发展前景、发展现状、普遍存在的问题等实事求是地向应聘者做客观的介绍。

原则三:坚持"条条都要有针对性"的招聘策略。企业选人是讲求"实用性"还是为后期发展储备人才?不同的目的有不同的招聘策略。华为这几年的招聘主要都是针对高校应届毕业生展开的,因此它更注重应聘者的发展潜力和可塑性,希望经过几年的培养,可以在将来用人的时候发挥作用。

原则四:招聘人员的职责=对企业负责+对应聘者负责。招聘人员既要对企业负责,也应对应聘者负责,要树立"优秀≠合适,招进一名不合适的人才是对资源的极大浪费"的观念。在华为,招聘部门会在每年年初就主动地参与企业和部门的人力资源规划、深入一线了解企业内部人员流动去向,随时掌握企业在各阶段的用人需求,以采取合适的招聘策略,及时为企业输送所需人才。

原则五:用人部门要现身考场。只有用人部门最清楚自己需要什么样的人,而且录用人员的素质和能力直接关系到部门的工作成效。宝洁前任首席执行官说:"在公司内部,我看不到比招聘更重要的事了"。由此可见,招聘不只是人力资源部的工作,而是上至CEO,下至部门主管所有人的工作。在招聘的过程中,华为会要求具体的用人部门和招聘部门一起完成招聘工作,华为甚至认为用人部门对招聘的配合、支持程度如何,直接决定了招聘的成败。

原则六:设计科学合理的应聘登记表。有的企业会事先设计一张科学合理的应聘登记表,让应聘者填写企业特别关注的项目,通过面试前审查应聘者填写的资料,招聘企业可以淘汰一大部分不符合企业要求的人员,筛选出意向对象邀请其参加面试。华为的招聘表格经过科学的设计，一张小小的表格就基本能反映出一个人的所有情况，例如，在华为的登记表格上把软件细分为系统软件和应用软件，大大降低了面试的时间。

原则七：人才信息储备就是给企业备足粮草。招聘实践中，常会发现一些条件不错且适合企业需要的人才，因为岗位编制、企业阶段发展计划等因素限制无法现时录用，但企业很可能在将来某个时期需要这方面的人才。华为绝不会轻易就与这些人才擦肩而过，华为的人力资源部门会将这类人才的信息纳入企业的人才信息库（包括个人资料、面试小组意见、评价等），不定期地与之保持联系，一旦将来出现岗位空缺或企业发展需要，即可招入麾下，既提高了招聘速度也降低了招聘成本。华为公司每年都会从高校和社会上招聘大量的人才，在招聘和录用中，招聘人员最注重应聘者的素质、潜能、品格、学历，其次才是经验。按照双向选择的原则，在人才使用、培养与发展上，提供客观且对等的承诺。华为有严格的面试流程，一般来说，一个应聘者必须经过人力资源部、业务部门的主管等环节的面试，以及公司人力资源部总裁审批才能正式加盟华为。为了保障招聘的实际效果，华为公司会在正式招聘之前建立一个面试资格人管理制度，对所有的面试官进行培训，合格者才能获得面试资格。而且公司每年对面试官进行资格年审，考核把关不严者将取消其面试资格。华为认为，面试官是公司招聘人才的第一道门槛，如果这些人自身素质都很一般，那么是不可能指望他们能独具慧眼地选拔出公司需要的优秀人才。

（资料来源：根据网络资料改写）

5.4 招聘与面试技巧

5.4.1 招聘与面试系统6步法

6步法：①工作分析；②面试准备；③开场白介绍；④信息收集；⑤宣传、介绍结束；⑥评估。

1．确立用人标准——工作分析

（1）工作分析（识人是非常关键的一步），回顾工作描述，了解成功要素。

（2）采用工作分析问卷，设计面试大纲。

（3）工作分析提问。

这个职位的工作职责要求是什么？

任此职者有什么必须的要求？

任此职者最好有哪些要求？哪些能力可以在工作中得到发展？

任此职者表现一般的员工具有哪些特点？

任此职者表现出色的员工需要哪些特殊要求？

2. 做好面试准备

（1）个人准备。

浏览简历和申请书，浏览或设计面试问题，对每个成功要素/技能至少选一个问题来提问。

（2）环境准备。

①避免可能的打扰。

②安排好房间，对求职者不造成威胁。

③不要让求职者等待。

④使面试的场地尽可能舒适、安静。

（3）面试准备——浏览简历和申请书。

①日期：日期是否最新，有无中断，中断的理由？

②职业目标或职位以及有兴趣的时间：与招聘职位一致吗？

③工作经历。

● 最后一次工作的受聘时间和每次工作平均受聘时间。

● 头衔与工作职责相符吗？

● 工作的报酬合理吗？

● 离职原因（离开其他工作的理由相似吗）？

● 过去的工作经验与招聘职位相关吗？

● 工作经历反映了合理的职业生涯发展吗？

● 工作经历中有没有缺口。

④现场面试需要注意哪些方面？（面试流程）

● 与候选人见面，面带微笑，起身欢迎。

● 递名片，先自我介绍，欢迎候选人参加面试。

● 介绍此次招聘的基本程序。

● 简要介绍企业概况（标准语句）。

● 介绍招聘职位的主要职责。

● 核实毕业证书及其他职业资格证书原件。

● 提问（结构化面试法）。

● 最后留出时间让候选人提问。

● 说明何时通知候选人的最终面试结果。

● 说明如果此次未被录取，资料将存入人才库以备将来有合适机会时再联系。

● 感谢候选人参加面试，承诺对候选人的情况保密。

3. 开场白及介绍面试程序

开场白——一个不错的开场白可以使求职者感到轻松自在。

（1）向求职者问好。

①微笑。

②表现友好和欢迎。

③用眼神交流。

④语调诚恳，表现有兴趣的肢体语言。

（2）做 2 ～ 3 分钟简短交流。

一般性话题：交通、天气、或简历上有趣的事。

（3）介绍面试结构 / 过程。

①面试官职位 / 背景 。

②你想了解求职者。

③你要记笔记。

④你要向求职者介绍应聘职位。

⑤面试时间长短。

（4）面试程序介绍示例。

"那我们现在开始了。你知道，你是在应聘 ×× 职位。我想在接下来的 ×× 分钟里尽可能多地了解你所掌握的技能。面试结束前，我会向你介绍这份工作，你也可以提出你的问题。我会在面试过程中做些记录，这样可以帮助我回忆你的具体情况。好吗？我们就先从 ×× 开始。"面试的组合如下表所示。

职位	第一次面试	第二次复试	第三次终试
普通职员	人力资源主管 + 人力负责人	用人部门负责人 + 分管领导	总经理
初级主管	人力资源主管 + 人力负责人	用人部门负责人 + 分管领导	总经理
中层经理以上	人力负责人	用人部门负责人 + 分管领导	总经理

（5）案例讨论：宝洁公司的标准化复试。

宝洁的复试过程主要可以分为以下四大部分。

①相互介绍并创造轻松交流气氛，为面试的实质阶段进行铺垫。

②交流信息，一般是由宝洁公司的高级人力资源专家设计 8 个问题，并不断追问细节。

③由应聘者向主考人员提问几个自己关心的问题。

④面试结束后，面试官立即整理记录，根据求职者回答问题的情况及总体印象作评定。

宝洁的面试由 8 个核心问题组成。

①请你举一个具体的例子，说明你是如何设定一个目标然后达到它。

②请举例说明你在一项团队活动中如何采取主动性，并且起到领导者的作用，最终获得你所希望的结果。

③请你描述一种情形，在这种情形中你必须去寻找相关的信息，发现关键的问题并且自己决定，依照一些步骤来获得期望的结果。

④请你举一个例子说明你是怎样通过事实来履行你对他人的承诺。

⑤请你举一个例子，说明在完成一项重要任务时，你是怎样和他人进行有效合作。

⑥请你举一个例子，说明你的一个有创意的建议，曾经对一项计划的成功起到了重要作用。

⑦请你举一个具体的例子，说明你是怎样对你所处的环境进行一个评估，并且能将注意力集中于最重要的事情上以便获得你所期望的结果。

⑧请你举一个具体的例子，说明你是怎样学习一门技术并且怎样将它用于实际工作中。

4．正确信息收集

（1）有效的语言技巧。

①提问综合性／开放性问题。

②面试过程中以应聘者姓名来称呼对方。

③跟随面试导向，但也要注意灵活性，防止机械化面试。

④使用"概括性探测、概括性推进"帮助较健谈的应聘者聚焦到中心问题。

（2）有效的非语言技巧。

①时常微笑，即使没有任何有趣的事发生。

②注意脸部的生动性，保持视线接触，眼眉是关键部位。

③使用不同的身体姿态来显示你的兴趣和热情。

（3）常用的面试问题

①社会招聘。详细地做自我介绍并陈述离职原因、三年职业规划、自己最大优点和缺点、朋友对你的评价、你如何看待加班。如被我司录用如何开展工作、期望待遇等。

②校园招聘。

- 请详细介绍一下你的毕业设计的完成情况。

- 在学校有无参加社团活动，有无担任学生干部。

- 有无长时间坚持的锻炼方式。

- 请补充。

5．介绍、宣传和结束面试

（1）介绍：描述工作，介绍企业、部门。

（2）宣传：对企业进行真实的描述。

（3）告知最终录用的步骤和日程安排。

（4）告知报酬、发展机会和企业相关福利等。

（5）结束面试。

①保持和睦关系。

②表示你对候选人提供的信息很感兴趣。

③对候选人愿意花时间来面试表示感谢。

④提供候选人时间以做决定。

⑤重承诺，及时跟进。

6．评估

（1）做记录的窍门／记录行为。

①只记录工作所需的相关具体行为。

②只记录应聘者所说的内容，而非你认为他们说的内容，要保持记录的客观性。

③记录应是系统化且详细的，不要只记录你认为重要的内容。

④把记录放在应聘者视线之外。

（2）观察技巧。

①观察过于泛化，没有落实到具体行为上。

②给候选人贴标签。

③评价而非描述行为。

④行为：描述情景中具体事情及在面试中所作所为。

⑤问自己，是否他人会确信你的观察。

⑥信息整合，步骤如下图所示。

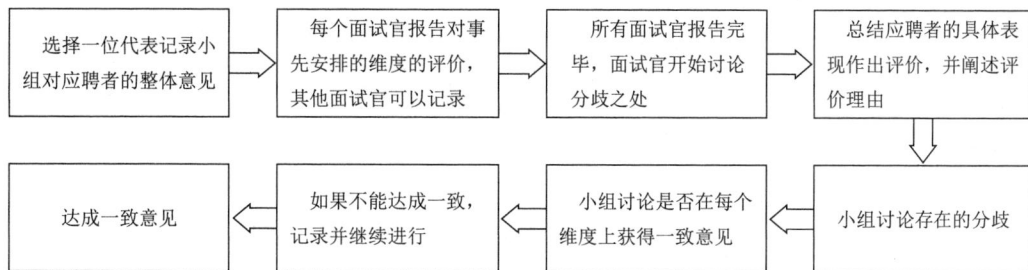

信息整合

（3）面试结束后的评估：一次好的面试＝充分准备＋有效提问＋仔细倾听＋准确记录＋评估（测试＋取证）。

5.4.2　招聘的八大正确理念

八大正确理念：①最好的不一定是最合适的；②坚持用人所长；③学历不代表能力，经历不同于经验；④强调企业文化的认同感；⑤招聘是一场企业与应聘者之间的"互动营销"；⑥宁缺毋滥，"请神容易送神难"；⑦理解招聘工作的两面性，招聘既有科学性又有艺术性；⑧招聘工作只有开始，没有结束。

5.4.3　十步招到最佳人才

招到最佳人才的十步：①提供有吸引力的工作描述；②提高招聘团队的责任感；③让发展机会成为焦点；④搜索"早起的鸟儿"；⑤允许应聘者"只是看一看"；⑥拓展伙伴关系；

⑦让面试变成你的秘密武器；⑧实施基于事实因素的评估流程；⑨确保应聘者持续获得信息；⑩将招聘与绩效系统挂钩。

5.4.4 招聘效果不佳的八大原因

效果不佳的八大原因：①渠道狭窄；②缺乏明确而统一的标准；③不尊重应聘者，缺乏平等意识；④要求太高，不切实际；⑤惺惺相惜；⑥缺乏科学严谨的选人方法；⑦注重硬技能，忽略软技能；⑧对人才缺乏营销理念和宣传意识。

5.4.5 招聘失败成本的四大方面

成本的四大方面：①费用高；②时间、人员反复流失；③影响正常工作的连续性与保密性；④引起组织的内部冲突，企业形成隐性病态。

案例传真

招聘人才时采用"国际MBTI性格测评"

MBTI职业性格测试是国际最为流行的职业人格评估工具，作为一种对个性的判断和分析的理论模型，从纷繁复杂的个性特征中，归纳提炼出4个关键要素——动力、信息收集、决策方式、生活方式，进行分析判断，从而把不同个性的人区别开来。

从古希腊、古印度的哲学家，远至公元前450年的希波克拉底（Hippocrates），到中世纪的帕拉萨尔斯（Paracelsus），早已注意到所有人可以归纳为4种：概念主义者，经验主义者，理想主义者和传统主义者。同一种类型的人的性情具有惊人的相似之处。

1921年，心理学家卡尔·荣格（Carl Jung），他是西格蒙德·弗洛伊德（Sigmund Freud）的正宗门徒，发表了经典的心理学类型学说。他在书中设计了一套性格差异理论，他相信性格差异会决定并限制一个人的判断。他把这种差异分为内向性和外向性、直觉性和感受性、思考型和感觉型。同时，他认为这些差异是与生俱来的，并且在一个人的一生中相对固定。

卡尔·荣格把感知和判断列为大脑的两大基本功能，前者帮助我们从外部世界获取信息，后者则使我们以特定的方式做出决定。它们在大脑活动中的作用受到个人生活方式和精力来源的节制，从而对人的外部行为和态度产生各不相同的影响。正是在这个意义上，性格被视为一种人类与生俱来的天性。

20世纪40年代，美国一对母女在卡尔·荣格的心理学类型理论的基础上提出了一套个性测验模型。伊莎贝尔·迈尔斯（Isabel Myers）和凯瑟琳·布里格斯（Katharine Briggs）把这套理论模型以她们的名字命名，叫作Myers-Briggs性格类型指标（即Myers-Briggs Type Indicator，简称为MBTI）。作为一种对个性的判断和分析的理论模型，从纷繁复杂的个性特征中，归纳提炼出4个关键要素——动力、信息收集、决策方式、生活方式，进行分析判断，从而把不同个性的人区别开来。MBTI人格分类模型和理论的意义在于"解释人与人之间的差异现象"以及优化决策，对决策流程"进行理性的干预"。

心理学家大卫·凯尔西（David Keirsey）发现，这些由不同文化背景和不同历史时期的人各自独立研究得出的4种不同性情的划分，对性格的描绘有着惊人的相似。同时他发现，MBTI性格类型系统中的4种性格倾向组合与古老智慧所归纳的4种性情正好吻合。这4种组合是：

直觉（N）+思维（T）=概念主义者

触觉（S）+知觉（P）=经验主义者

直觉（N）+情感（F）=理想主义者

触觉（S）+判断（J）=传统主义者

MBTI人格共有4个维度，每个维度有两个方向，共计8个方面，分别是：

外向（E）和内向（I）、触觉（S）和直觉（N）、思考（T）和情感（F）、判断（J）和知觉（P）。

4个维度，两两组合，共有16种类型。以各个维度的字母表示类型：

ESFP、ISFP、ENFJ、ENFP、ESTP、ISTP、INFJ、INFP、ESFJ、ISFJ、ENTP、INTP、ESTJ、ISTJ、ENTJ、INTJ。

16种性格分别对应着16种职业，如下图所示。

稽查员	保护者	咨询师	治疗师/导师
督导	供给者/销售员	教师	倡导者/激发者
操作者/演奏者	作曲家/艺术家	智多星/科学家	建筑师/设计师
发起者/创设者	表演者/示范者	统帅/调度者	发明家

16种性格类型

4个维度在每个人身上会有不同的比重，不同的比重导致不同的表现，关键在于各个维度上的人均指数和相对指数的大小。

（资料来源：根据网络相关资源改写）

5.5 电话邀约与面试会话技巧

5.5.1 电话邀约会话技巧

注意事项： 拨打电话前一定要先了解简历，对应聘者要有一定的了解，掌握基本的信息，同时打电话时要将简历放在眼前，防止出现对不上号的问题，让应聘者对公司产生疑问。

A：您好，请问您是 ×××吗？

B：是的，请问你是哪里？

A：您好，我是 ××公司人力资源部。您通过了我们首次筛选，在此想和您有一个简单的电话沟通，请问现在是否方便？

B：好的，可以。

[或 B：不好意思，现在有些不便（退出邀约）。

A：不好意思，打扰您了，稍后和您联系，再见]

A：想和您确认下，您现在是否已找到工作？

B：还没有。

[或 B：我已经找到工作了（退出邀约）。

A：恭喜您，祝您在新的工作岗位上取得成功，同时欢迎您持续关注我公司，如果有更适合您的岗位，期待和您合作，再见]

A：在这里我想简单了解一下您的基本情况，有几个问题想要请教您一下：

您现在期望求职什么类型的工作 / 请教您对 ××× 这个岗位是怎么认识的 / 您觉得过去从事 ××× 岗位的最大收获是什么？

应聘者根据自身情况做出回答。

A：好的，通过刚才简短的沟通，您的基本情况我们已经了解了，您之前对我们公司有过了解吗？

B：不太了解。

A：那我简单地向您介绍一下我们公司：我们公司是一家……

（沟通交流公司简介、规模、发展情况和行业发展前景）

您还有其他问题吗？

B：没有了，基本了解了。

A：您觉得我们公司能提供您满意的岗位吗？

B：不错，还可以，薪资待遇是怎么样的？

[或 B：我觉得不太合适。

（迂回，了解他的需求岗位，如果有则继续沟通，否则，感谢并退出邀约）]

A：您对薪资待遇的期望值是多少？

B：我的期望是 ×××

A：（不能给出明确值，告知工资区间）关于薪资待遇，我们公司分为多个等级，关键需要看您个人能力，像这样的岗位，在我们公司只要您努力可以拿到×××，就像上个月某同事拿到了×××，所以要看你的能力，关键在于您想不想通过自己的努力来换取更好的薪资，我们公司给大家提供的薪资是非常科学、公平的。只要您努力，我们公司还设置了很多的奖励机制，具体情况我们可以见面沟通再谈（可以适当提高，但切忌不可随意承诺）。

B：好的，什么时间可以来面试？

[或 B：我再考虑一下。

A：好的，期待和您有合作的机会，欢迎您随时电话咨询，今天沟通到这，不打扰您了，再见。]

A：好的，我公司在×××时间安排有面试（一般在 2 天以内），请您带上个人简历，准时在面试时间前来面试。请不要迟到，稍后我将公司面试的详细地址和联系方式通过短信发送给您，请您注意查收，收到请回复，以便我们确认您已经收到短信，可以吗？

B：好的，谢谢！

A：不客气，那我们今天就简单地沟通到这儿，见面后再详谈。

B：好的，再见。

A：再见。

备注：在电话沟通后，务必在 1 小时内发送面试邀约短信。

面试邀约短信 / 邮件可包含以下内容：

尊敬的×××，您好，我是××公司人力资源部的招聘专员，很高兴与您通话，同时也恭喜您通过了我公司的初步面试。我公司诚挚邀请您于×××时间，带上您的个人简历到我公司准时参加面试。

我们期盼您的到来，在此我代表公司全体员工向您表示欢迎，期待您成为我公司一员，预祝您取得好成绩。

温馨提示：

请您准时参加面试，不要迟到。

来时请携带好您的个人简历及毕业证、学历证书等。

公司地址：××××××

联系电话：××××××

——×××公司人力资源部

5.5.2　面试结束通知说话技巧

1. 录用电话通知说话技巧

您好，×××，我这边是××公司人力资源部，您应聘我公司的×××岗位，经过公司领导面试和综合评定，恭喜您已经被我公司录用，请您于×××时间到公司人力资源部报到，报到时请您携带本人身份证、毕业证书复印件、学历证复印件、职称证等相关证件各一张，一寸和二寸近期彩色照片各两张，以方便办理入职手续。稍后我将录用通知书发到您的邮箱收到请回复，祝您心情愉快！

2. 淘汰电话通知说话技巧

您好，×××，我这里是××公司人力资源部，非常感谢您能参加我公司×××岗位的面试，经过公司领导面试和综合评定，您不太符合我公司×××岗位的要求，但我们会将您的简历放在我公司的人才库作为储备，若有合适岗位，我们将会为您推荐，那也希望您能一如既往地关注我们的招聘信息，非常感谢您对××公司的支持与关注。

5.5.3　现场招聘面试官说话技巧

（1）请用一分钟做个简单的自我介绍。（看表达）

（2）请用一分钟介绍一下你的工作经历。（看经验）

（3）请问你对（比如销售）是怎么看待的？（直接问）

（4）你最喜欢做什么工作？你未来三年的职业规划是什么？（看企图心）

（5）你认为你自己的优势是什么？你认为你自己哪里有不足？（看心态、看表情）

（6）以往工作或者生活中你感受最深、感觉非常有成就感的事情是什么？（看品德、看心态、看表达）

（7）请谈谈你对上级的评价、上级对你的评价和同事对你的评价。

注：①面试官先简阅应聘者的简历（速度要快、一眼扫过、同时叫出他的姓名）。

②提问任意2～3个问题，只让他做一分钟的回答，回答完毕你要回应他并对他做出肯定！

最后问他：对这个行业了解吗？主要了解哪些方面？等他回答完毕后，对回答重点进行记录。接下来你就说：

我简单向你介绍一下我们公司是，并等待他的反应。

在面试过程中，对于初试比较符合要求的人选，可以按如下方式进行。

面试官：非常好，今天就先到这里，经过对您一个初步的了解，我感觉到你非常适合我们公司。首先，恭喜你通过我们的初试，我将会给你安排一个宝贵的复试时间，这是复试通知单，希望你能够珍惜这次机会，祝你明天好运！再见！

对于需要考虑或者拒绝的面试者，可以按如下方式进行。

面试官：　好，今天先到这里，现在只是初步的了解。如果你通过初试，我们会在今晚9点之前电话通知你。这是你本人的手机号吗？（读出他的手机号码确认准确。接着叮嘱他将手机保持开机状态）祝你好运！再见！

注：如果面试当中有人问到薪资、工作内容的具体问题，回答要简洁，要学会转移话题。

面试官可以反问：这是你目前最看重的吗？你的期望值是多少呢？　（然后将他的薪水记录下来，这样应聘者会感到受尊重）

面试官：我想这个不是问题，如果你通过复试，参加我公司的职前培训会有专业人士向你做简答！

特别注意：

（1）引导组人员：找目标人选，第一印象主要看他的精神状态、精神面貌、语言表达。

（2）主考官：提问问题一定要简短。

（3）避讳问题：跳槽频率高的不考虑。

（4）声明：我们的团队主要以年轻化为主。

（5）注明：公司可以解决吃住问题，可以突出我们公司招揽人才的一个亮点！

5.6 结构化面试技巧

5.6.1 结构化面试定义

结构化面试是由多个有代表性的面试考官组成一个面试小组，按规定的程序，对应聘同一职位的应聘者，始终如一地使用相同的考题进行提问，并按相同的追问原则进行追问；这些试题必须是与工作相关的；应聘者的行为根据事先确定的标准进行评定；面试的结果采用规范的统计方法记分；面试合格的应聘者按其分数由高到低的顺序进入考核。

5.6.2 结构化面试特征

结构化面试，最典型的特征是设计"结构化面试表"。它有两个基本类型：一类是分列式，"测评表""参考试题""测评标准""答案"等分别设计；另一类是复合式，把"测评表""参考试题""答案""测评标准"等设计在一起。

5.6.3 结构化面试优点

结构化面试有很多优点，如内容确定、形式固定、便于考官面谈时操作；面谈测评项目、参考话题、测评标准及实施程序等，都是事先经过科学分析确定的，能保证整个面试有较高的效度和信度；对于有多个应聘者竞争的场合，这种面试更易做到公平、统一；更主要的是这种面试要点突出，形式规范，紧凑，高效，能更加简洁地实现目标。在比较重要的面试场合，如录用公务员、选拔管理人员、领导人员等，常采用结构化面试。

5.6.4 结构化面试"六步法"

第一步，确定面试要素及权重。

要素名称	通用要素占比（单位：%）	实际占比（单位：%）
综合分析能力	17	
言语表达能力	20	
应变能力	14	

要素名称	通用要素占比（单位：%）	实际占比（单位：%）
计划、组织、协调能力	10	
人际交往意识与技巧	14	
自我情绪控制	10	
举止仪表	8	
求职动机与拟任岗位的匹配性	7	
总计	100	

第二步，编写各要素的详细定义说明，例如"言语表达能力"。

（1）一般定义：以言语的方式针对不同的听众采用不同的方式、风格，将自己的思想、观点明确表达出来，并试图让听众接受的过程。

（2）操作定义：理解他人的意思；口齿清晰，具有流畅性；内容有条理，富于逻辑性；他人能理解并具有一定的说服力；用词准确、恰当、有分寸。

第三步，根据面试要素、权重及定义说明，编制具体的评分表格，如下所示。

结构化面试评分表

应聘者编号		姓名		性别		学历		应聘部门/岗位	
面试要素		综合分析能力	言语表达能力	应变能力	计划与组织协调能力	人际交往能力	自我情绪控制	求职动机与职位匹配性	举止仪表
权重		18	15	11	13	15	12	8	8
		对事物能从宏观方面总体考虑；对事物能从微观方面考虑其各个组成成分；能注意整体和部分间的关系及各部分间的有机协调组合	理解他人意思，口齿清晰，流畅内容有条理富于逻辑性；他人能理解并具有一定说服力；用词准确、恰当、有分寸	有压力状况下，思维反应敏捷；情绪稳定；考虑问题周到	依据部门目标，预见未来的有利机会和不利因素，并做出计划；看清冲突各方面关系；根据现实需要和长远效果作适当选择；及时作决策；调配、安置人、财、物等有关资源	人际合作主动；理解组织权属关系（包括权限、服从、纪律等意识）；人际间适应；有效沟通（传递信息）；处理人际关系原则性和灵活性结合	在较强的刺激情境中，表情和言语自然；受到有意挑战甚至有意羞辱的场合，能保持冷静；为长远或更高目标，抑制自己当前的欲望	兴趣与岗位情况匹配；成就动机（认知需要、自我提高、自我实现，服务他人的需要，得到锻炼等）与岗位情况匹配；认同组织文化	穿着打扮得体；言行举止符合一般的礼节；无多余的动作
满分		10	10	10	10	10	10	10	10
要素评分		A	B	C	D	E	F	G	H
考官评语									

结构化面试计分平衡表

序号	应聘者编号	姓名	综合分析能力	言语表达能力	应变能力	计划与组织协调能力	人际交往能力	自我情绪控制	求职动机与职位匹配性	举止仪表	小计
1											
2											
3											

结构化面试评分汇总表

应聘者编号		姓名		性别		学历		应聘部门/岗位	
考官姓名	综合分析能力（A）	言语表达能力（B）	应变能力（C）	计划与组织协调能力（D）	人际交往能力（E）	自我情绪控制（F）	求职动机与职位匹配性（G）	举止仪表（H）
扣最高分								
扣最低分								
平均综合得分								
总分	A×0.18+B×0.15+C×0.11+D×0.13+E×0.15+F×0.12+G×0.08+H×0.08							

第四步，命题，并编制正式的结构化题本。

第五步，组建面试考官组（5～7名），确定主考官，并对所有面试考官进行面试前的必要培训。

第六步，现场实施结构化面试，并及时登记面试评测表。

5.6.5 结构化面试主要包括6种题型

1. 背景性的问题

（开场白）欢迎参加今天的面试。我们会问你一些问题，有些和你过去的经历有关，有些要求你发表自己的见解。对我们的问题，希望你能认真和实事求是地回答，尽量反映自己的实际情况、真实想法。在后面的考核阶段，我们会核实你所谈的情况。对你所谈的个人信息，我们会为你保密。面谈的时间为30分钟左右。回答每个问题前，你可以先考虑一下，不必紧张。回答时，请注意语言要简洁明了。

好，现在就让我们开始。（稍停顿一下）

（1）请用3分钟简单介绍一下你的简历和家庭情况。

出题思路：背景性的问题，用于导入。

（2）你对自己将来的1～3年分别是如何规划的？

如果你到我们公司工作，你准备如何把个人发展与我们公司发展结合起来？

（追问）目前这个职位在你的职业发展中处于什么位置？为什么？

出题思路：背景性的问题，继续深入话题。

2．意愿性的问题

（1）你为什么离开现在的公司？

你认为怎样的环境适合你？怎样的工作适合你？怎样的上级适合你？

（追问）你可以给我们公司带来什么是别人不能带来的？

出题思路：意愿性问题，本题旨在为考察应聘者的求职动机与拟任职位的匹配性提供背景信息。

（2）如你刚进入公司工作，领导又没有给你安排具体工作，而其他同事很忙，你又觉得插不了手，你会怎么办？

出题思路：意愿性问题，本题旨在为考察应聘者的工作意愿与主动性。

3．情景性的问题

（1）如果由你负责组织一次员工内部满意度调查，你会怎么做？

（追问）你估计在上述工作中会遇到什么困难？你准备如何应对？为什么？

出题思路：情境性问题，考察计划与组织协调能力。

（2）如果你的工做出现失误，给公司造成经济损失，你认为该怎么办？

出题思路：情境性问题。考察应聘者的分析问题、解决问题以及多方利益统筹的能力。

4．压力性的问题

请你用以下 7 个词，编段故事情节。要求把这 7 个词全部用上，词语的顺序可以打乱，给你两分钟准备时间，现在开始计时。

美好 崎岖 时尚 农村 金钱 感谢 前途

出题思路：压力性问题，考察应变能力。

5．智能性的问题

在完成某项工作时，你认为领导要求的方式不是最好的，自己还有更好的方法，你应该怎么做？

出题思路：智能性问题。通过应聘者对社会事件的分析和判断，考察应聘者的综合分析能力。

6．行为性的问题

你亲身经历过的哪一件事令你最为愤怒，你当时是如何表现的？

（追问）现在看来，你对当时的表现方式如何评价？

出题思路：行为性问题，考察应聘者的自我情绪控制。

5.6.6　面试类型的优劣势

面试类型	优势	不足
非结构化面试	灵活性强	主观性强、偶发因素影响大 受面试考官个人偏好影响 难以防范应聘者的社会赞许倾向与表演行为
半结构化面试	兼具二者优势	对主试影响大 评价结果的客观性、可比性受结构化程度影响
结构化面试	客观、公正、量化 除主试之外的面试结果具有可比性 可大规模施测	灵活性弱

5.7　工具表单

表单 1. 部门人员需求调查表

部门人员需求调查表

申请部门		申请时间		需求职位	
现有人数		需求人数		需求时间	
人员要求描述					
申请原因	辞职补充□　　扩大编制□　　储备人力□				
	其他原因：				

表单 2. 年度招聘计划申请表

年度招聘计划申请表

填表单位：　　　　填表人：　　　　　　　　　　　　　　　　填表时间：　　年 月 日

部　门	缺岗名称	编制人数	申请人数	申请理由	薪酬范围 （底薪＋提成）	到岗时间	岗位职责概述	招聘条件

填写说明：1. 申请理由：新增（岗位）、扩编（增加编制数）、补缺（岗位离职补充）；2. 薪酬范围：分别填固定月薪范围和年度薪酬收入（含提成）总额；3. 岗位职责：指该岗位主要应承担的工作任务和日常重要职责；4. 招聘条件指胜任该岗位资格：性别、年龄、经历、专业、学历、专业知识与技能条件、性格条件；5. 每月 5 号下午 4 点前发送到人力资源部。

表单 3. 年度招聘费用预算

年度招聘费用预算

序号	招聘渠道	预计招聘人数	渠道明细	收费项目	费用（元）	合计（元）
1	网络招聘					
2	现场招聘					

续上表

序号	招聘渠道	预计招聘人数	渠道明细	收费项目	费用（元）	合计（元）
3	校园招聘					
4	媒体招聘					
5	其他方式					

表单 4. 部门岗位扩编申请表

部门岗位扩编申请表

扩编部门		申请日期			期望到岗日期	
原定编制（人）		实际在岗（人）			扩编人数（人）	
扩编岗位名称		办公地点	□固定 □临时出差		扩编方式	□临时使用 □长期使用
扩编原因						
扩编岗位职责概述				工作检验标准		
扩编岗位任职资格要求明细						
专业要求				学历要求		
工作经验要求	□应届					
	□往届	工作工龄		同岗位工龄		其他
技能和能力要求						
其他要求	性 别	□男 □女	婚育要求	□不限 □已婚 □已育	年龄要求	
	身高要求	cm	性格特点			
薪资建议	基本薪资范围		提成范围			
部门负责人		部门分管领导意见				
人力资源部意见		人力资源分管领导意见				
董事长意见						

表单 5. 邀约面试通知表

邀约面试通知表

序号	日期	审核简历数	招聘渠道	应聘岗位	部门	姓名	联系电话	工作年限	通知面试时间	上门应聘时间	面试人	备注
1												
2												
3												

表单 6. 面试记录表（面试官用）

面试记录表

应聘者姓名		专业		应聘岗位	
开始时间		面试地点		结束时间	

为使面试工作更加系统化、规范化，尽量提高面试的准确性，便于进行面试比较、筛选工作，请您认真做好面试记录。非常感谢您的合作
试题一： 目的： 记录： 点评：
试题二： 目的： 记录： 点评：
试题三： 目的： 记录： 点评：
试题四： 目的： 记录： 点评： （请续接背面）
试题五： 目的： 记录： 点评：
试题六： 目的： 记录： 点评：
临时性问题：
面试总评：
总评结果：　　□予以录用　　　□不予录用

面试人签字：

表单 7. 面试评估表

面试评估表

应聘岗位：　　　　姓名：　　　　性别：
年龄：　　　　　　学历：　　　　工作年限：　　　面试时间：

评定范围	评定内容	得分（1～5分）	评语
简历标杆	简历标杆标准吻合度		
文化匹配度	与公司文化的匹配程度		
工作经验	1. 工作 / 实习经验与岗位匹配度		
	2. 个人性格与岗位匹配程度		
	3. 具体工作经验描述		
岗位任职	1. 对应聘岗位的评价 / 职责描述		
	2. 对岗位关键能力描述		
	3. 工作思路		
能力	1. 执行力		
	2. 思维能力		
	3. 沟通交际能力		
	4. 影响能力		
价值观	1. 职业生涯规划与公司匹配度		
	2. 选择公司的动机与公司期望匹配程度		
总分			
总结说明			
面试结果： □予以录用　□列入考虑　□回绝　□其他			
考官签名 / 日期：			

表单 8. 面试辞谢函

面试辞谢函

敬爱的＿＿＿＿＿＿：

　　首先感谢您对 ××× 公司的信任与支持！

　　您在面试中的良好表现给我们留下了深刻印象，但经过面试、笔试的综合评估，我们认为目前您所应聘的岗位需求与您的专长不符，可能会影响您的个人能力发挥。

　　我们已将您的资料存入公司人才库，希望有再次合作的机会！

　　如果您对我们的工作有何建议，请您及时与我们联系，非常感谢！

　　邮箱：××××××

　　电话：××××××

　　地址：××××××

×××× 公司人力资源部

年　　月　　日

表单9. 招聘统计分析表

招聘统计分析表

类别	子类	明细	数据							
岗位名称										
审核简历数		网络招聘								
审核简历数		现场招聘								
审核简历数		小计								
邀约面试数		网络								
邀约面试数		现场								
邀约面试数		其他								
邀约面试数		小计								
邀约面试数		所占比例（邀约面试数占审核简历数的百分比）								
面试数	邀约	网络								
面试数	邀约	现场								
面试数	邀约	小计								
面试数	邀约	邀约数占面试数的百分比								
面试数	广告渠道	网络								
面试数	广告渠道	其他								
面试数	广告渠道	小计								
面试数	广告渠道	广告渠道数占面试数的百分比								
面试数	推荐	推荐								
面试数	推荐	推荐数占面试数的百分比								
面试数		合计（邀约数+广告渠道数+推荐数）								
面试比例（面试数占邀约面试数的百分比）										
计划录用数	邀约	网络								
计划录用数	邀约	现场								
计划录用数	邀约	小计								
计划录用数	邀约	邀约数占计划录用数的百分比								
计划录用数	广告渠道	网络								
计划录用数	广告渠道	现场								
计划录用数	广告渠道	小计								
计划录用数	广告渠道	广告渠道数占计划录用数的百分比								
计划录用数	推荐	推荐								
计划录用数	推荐	推荐数占计划录用数的百分比								
合计（邀约数+广告渠道数+推荐数）										
录用比例（计划录用数占面试数的百分比）										

续上表

实际到岗数														实际到岗人员经历分析			
邀约				广告渠道				推荐		合计（邀约数+广告渠道数+推荐数）	实际到岗比例（实际到岗数占计划录用数的百分比）	实际到岗面试比（实际到岗数占面试数的百分比）		行业内			行业外
网络	现场	小计	邀约数占实际到岗数的百分比	网络	其他	小计	广告渠道数占实际到岗数的百分比	推荐	推荐数占实际到岗数的百分比					同梯队竞争公司		其他竞争公司	行业外
														省内	省外		

案例传真

柳传志：看人要看后脑勺

柳传志教你如何选人才：一定要看"后脑勺"。

为什么说人要"说到做到"？因为"打头的"要建立威信，做不到的事别说，真的要说出来，你就要做好后手准备。

下面是联想控股董事长柳传志演讲金句集锦。

如果你真的是一个想做大事、想要有大作为的人，就应该让自己的行为举止受到约束。

选拔的艺术："看后脑勺"

很多同事大学毕业以后第一份工作就来到了联想，一直没走，还有一些是半途来到联想的，也一直在联想工作，走的并不多。我们是怎么选拔人员的呢？

首先当然是"业绩"，如果一名员工能很好地完成定下的指标或者答应的事情，并且连续几次，那么就值得你注意了。

当一个员工正面朝着你，看见的都是很正面的东西，我非常注意"看后脑勺"看他对待他人及处事的态度。有的时候需要更多地接触，比如一起出差、吃饭或者多谈话，才能了解一个人方方面面的品质。

不过，你未必能看得很清楚"后脑勺"，现在的人都特别聪明，会给你做出"假后脑勺"，把后脑勺整容一下也有可能，但是你看人要全面，然后再决定这个人到底行或不行。

（资料来源：根据网络资料改写）

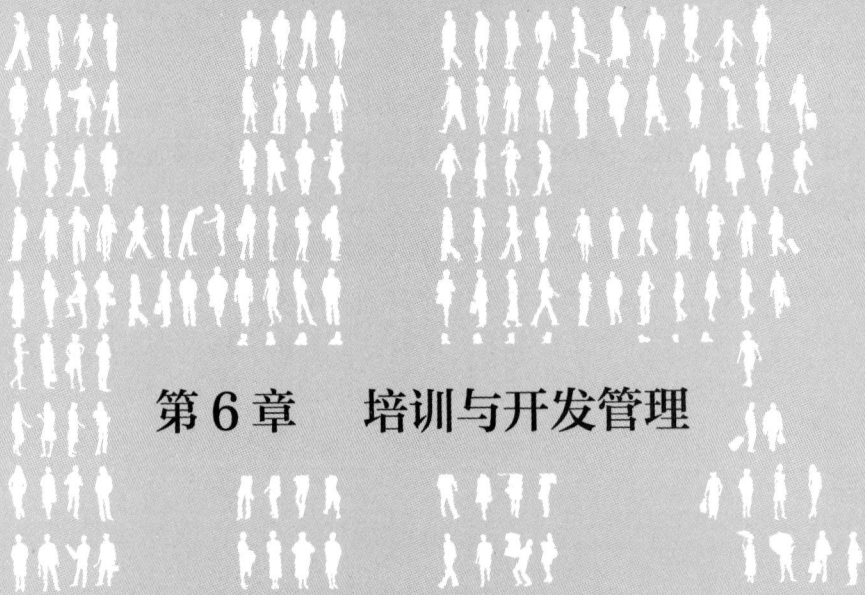

第 6 章　培训与开发管理

6.1 培训与开发管理制度

×× 公司		培训与开发管理制度		
××-RZ01				
版本	拟定人	审核人	批准人	生效日期

1．目的

为打造最优秀的员工团队，建立学习型公司，增强公司核心竞争力，实现员工对公司企业文化、发展战略的了解和认同，实现员工对公司规章制度、岗位职责、工作要领的掌握，有针对性地以级别、部门、入职时间为划分标准，不断地增长员工的工作知识和技能，营造公司良好的工作气氛，特制定本制度。

2．适用范围

本制度适用于公司全体员工。

3．培训原则

结合公司业务发展与组织能力提升的需要，全员参与，重点提高，讲究实效，推动学习型组织的建立。建立健全公司培训机制。按需施教，根据公司发展需要和员工多样化培训需求开展内容丰富、形式灵活的培训，增强培训的针对性和实效性，确保培训质量。

4．培训职责

公司人力资源部作为公司人力资源开发和培训的管理部门，其主要负责公司培训与学习平台的建立，公司人力资源开发培训整体方案的设计，相关管理制度体系的制定及培训项目的监控，以及组织实施针对公司职能部门经理人、后备经理人和职能部门员工的培训项目。同时，负责人力资源开发指导、督促各部门开展本部门员工的培训工作。

5．培训类别

公司员工的培训由两部分组成，即内部培训和外部培训。内部培训指由公司内训师在公司内部进行的培训，外部培训指经公司同意，员工参加的各种外部培训。

（1）内部培训。

①新员工培训的内容包括：公司发展的历史、现状、前景；公司经营业务范围；主要产品与业务流程；公司组织结构和规章制度；公司企业文化。

②岗位职责及流程培训的内容包括：员工所在岗位的职责、权力、业务及管理流程关系，岗位工作关系。

●岗位业务技能培训：员工所在岗位开展工作所需的业务知识及技能培训，如营销部的客户维护和销售技巧、人力资源部的绩效考核等方面的技能培训。

● 晋升员工培训。

（2）外部培训。

包括：管理技能培训，即针对公司的高层、中层、基层管理者开展的管理类的知识与技能培训，例如企业管理、市场营销、人力资源管理等方面的培训。

6．培训流程

（1）建立规范的培训作业流程，使培训工作程序化、制度化，保证公司培训工作有目的、有计划、有实效地进行。

（2）参训对象分析。培训前要对参训对象进行全面的分析，包括知识结构、学历水平、工作经历、知识掌握程度等，掌握参训对象的整体概况。通过人事基础数据收集，与参训对象上级和代表性人物面谈，了解当时公司在该岗位所存在的现实问题和解决方法。

（3）培训需求调查。在参训对象分析基础上，展开对参训对象客观、准确、细致、全面的培训需求调查，明确培训要解决的问题与培训目的。

（4）编制培训计划。根据对参训对象的分析以及培训需求调查结果，由培训部门结合受训部门实际情况，制订详细具体、切实可行的培训计划，要明确参训对象、参训人数、培训目的、培训内容。要确定本次培训负责人、主持人、讲师、助教（现场音响师、纪律稽查、道具、联络），做到分工明确、保障有力，保证培训计划的可执行性与必执行性，做到形式庄重、气氛活跃、效果显著。

（5）培训计划的贯彻落实。培训计划一旦通过，负责部门要严格实施计划，不得随意更改计划内容，不得半途而废。人力资源部和各部门定期对培训计划执行情况和培训效果进行评估，及时发现问题、解决问题。

（6）培训的组织实施。培训负责人、助教人员提前15分钟到达培训地点；检视人员到场情况、现场布置、音响电器调试、教材道具等做好培训准备工作；参训人员提前10分钟到达培训地点签到；讲师提前10分钟到达培训地点熟悉现场环境，保证培训准时按计划按要求进行。大型培训应提前邀请公司领导或参训人员上级领导到会致辞，向学员明确培训目的、意义、纪律要求、考核奖惩等。小型临时性培训可以简化操作，人员分工可以兼任，但不能出现责任缺项，降低培训工作要求。

（7）培训效果评估。

①培训中评估。对于时间较长的培训和外训项目，在培训中场休息、第一天结束后，培训负责人要随时与关键学员交谈，了解培训中存在的问题和学员的期望、有关领导的进一步要求，并与讲师及时沟通，进行局部调整，确保达到最好的培训效果。

②讲师评估。公司级别的培训结束后，由参训人员对讲师的讲课效果进行打分测评，测评结果录入讲师档案。

③跟踪调查和回访。在培训结束后两周或一个月后安排讲师、培训负责人与参训人员及其

上一级领导回访面谈，通过跟踪调查表、谈话等方式了解培训目标达成与否，参训人员行为改进、技能提高程度、新知识接受领会情况，作为培训工作考核和改进的依据。对于驻外单位的调查，可以委托该单位培训管理员实施并上报人力资源部。

（8）培训考核。培训结束后要有考核，以强化、检验培训效果。有关部门要保证考核的公平、公正、公开，参训人员如果对考核过程存在疑义，可随时到人力资源部反映情况，人力资源部门负责调查落实，并要在一周内将调查结果通知提议人员。

（9）培训结果。培训完毕后要检验是否达到了培训目的。考核结束后要有结果，成绩优异者给予物质或精神奖励，成绩不合格者给予处罚，奖励和处罚情况录入员工档案，作为晋升或增薪的依据之一。由培训负责人对培训过程所有的原始资料要做汇总与记录，培训记录统一交人力资源部备案。

（10）培训档案。一次完整的培训，必须要有培训计划、签到表、培训记录、请假条、出差条等原始记录，各部门未按照要求保存培训原始资料的，公司不承认培训工作的有效性。一次完整培训结束后，要把一切相关的培训原始资料编号入档，人力资源部保存培训计划、培训记录与培训结果成绩单，培训相关部门保存培训调查、培训考核试卷、奖惩情况等其他一切原始资料。

（11）培训汇总。每次培训结束后，培训人员要做出专项培训总结。各部门、各单位兼职培训管理员负责按时间顺序每月整理、汇总本环节的所有培训，做出月份培训工作总结，每月25日前上报人力资源部培训负责人。人力资源部负责每月按时间顺序整理、汇总公司级的培训。各部门每年12月15日前预报本环节下一年度培训需求，12月25日前总结全年培训工作开展情况，制订年度整体培训计划，并上报公司董事长审批后执行。

7．培训计划与组织

（1）培训计划的制定。

①培训计划归口管理。内部培训计划由各部门提交，人力资源部审核，外部培训计划由人力资源部制定，总办审核批准。

②年度培训计划的制定。人力资源部应在每年12月15日之前向各部门发放《内部培训需求调查表》，要求各部门在5个工作日之内将本部门培训需求提交人力资源部。人力资源部汇总各部门培训需求，据此制定公司年度培训计划。

③月度培训计划的制定。人力资源部应在每月末5个工作日向各部门发放《培训需求调查表》，要求各部门对在年度培训计划中列明的部分予以确认或提出新的培训需求，各部门应在本月最后2个工作日之前将本部门培训需求提交人力资源部。人力资源部汇总各部门培训需求，据此制定公司月度内部培训计划和外部培训计划。

④培训计划的组成部分。

● 培训目的。

● 培训内容。

- 培训的组织者。

- 培训对象。

- 培训时间。

- 培训地点。

- 培训方式。

- 培训预算。

（2）培训计划的审批。人力资源部每年年末填写"年度培训计划申请表"、每月度末填写"内部培训计划申请表""外部培训计划申请表"，经人力总监审批后，制订与申请表相应的培训实施计划，提交董事长审批。

（3）培训费用。

①培训费用分为日常培训费用和专项培训费用。

②日常培训经费依据国家有关规定，按照员工工资总额的 5% 计提。

③专项培训费用根据特定用途设立，专款专用，由人力资源部提出，分管领导审核，董事长批准。下列项目可作为专项培训项目：教材开发、印刷、出版，出国学习深造，重大投资配套培训项目，非基建培训设备的购置等。

④培训教室、办公室和培训公寓建设、修缮费及培训基地建设费不列入培训经费，从其他相关经费中列支。

⑤培训费用类别一览表

费用项目	费用类别	费用明细
授课费	内部费用	内部兼职讲师讲课津贴
	外训费用	外部培训机构合作费用、继续教育费用等
	外请费用	外聘培训师授课费；网络远程学习工具费用
食宿差旅费	内部费用	内部培训实施期间食宿费用
	外训费用	内部培训师外派食宿差旅费、外派员工培训食宿差旅费
	外请费用	外聘培训师差旅费、住宿费及餐费
培训材料费	内部费用	培训场地费，指集中培训时租赁培训场地的费用 培训资料费，如教材编印、培训资料制作、购买培训光碟、书籍等费用 培训文具费，如麦克风电池、证书、学员牌等

（4）培训组织。

培训组织分为内部培训组织与外部培训组织。

①内部培训计划包括新员工培训计划、岗位职责及流程培训计划、岗位业务技能培训计划及企业文化宣导。

a. 新员工培训组织流程。

- 新员工培训的对象为新入职员工。新员工培训旨在使新员工了解公司的运作过程，适应公司的企业文化和人际关系，熟悉工作环境，从而提高工作绩效。新员工培训计划分为公司级培训、部门级培训及岗位培训，由各级培训导师制定详细的培训内容及考核方式，并于培训考核后填写书面考核结果，人力资源部进行检查，培训内容及考核结果记入员工的培训档案。

● 每月人力资源部应组织内部培训师资,制定累计不少于2小时的新员工培训计划并实施。

● 新员工上岗前必须进行公司级的培训，了解公司历程、公司文化、公司制度，在没有完成此项培训且未通过考核者，不允许下到部门。

● 若新员工由于工作原因无法在规定日期内参加培训，应由新员工所在部门负责人向人力资源部说明情况，确定新员工可参加培训的时间。

● 人力资源部根据培训计划，将新员工培训安排发至部门负责人，要求部门负责人安排新员工按照规定的时间和地点准时参加培训。

● 人力资源部负责培训实施过程的协调、组织和控制工作，并记录每位新员工的表现情况。

● 业务部门的新员工上岗前必须进行公司的产品、价格等基本情况的培训并通过由部门主管、岗位指导人及人力资源部的考核，否则不能入职（培训时间控制在3天以内且通过后计算考勤）。

● 人力资源部负责在培训过程中记录培训员工的表现情况，同时为新员工建立培训档案。人力资源部负责将受训员工的培训情况通知所在部门，对受训考核不合格的新员工延长试用期限或提前终止劳动合同。

b. 岗位职责及流程培训程序。

● 岗位职责及流程培训的对象为新入职的员工、岗位调整的员工及其他需要培训的员工，旨在使员工明确岗位职责和本岗位所处的流程环节。新入职的员工、岗位调整的员工必须参加本项培训。

● 每月部门负责人根据岗位职责及流程培训需求制定累计不少于2小时的培训计划。

● 岗位职责及流程培训应在员工到岗后一周内进行，若由于工作原因无法在规定日期内完成培训，应由该员工所在部门负责人向人力资源部说明情况,确定可完成培训的时间。

● 岗位职责及流程培训由人力资源部督促各部门负责人组织培训。

● 人力资源部负责在培训过程中记录培训员工的表现情况，并记入员工培训档案。人力资源部负责将受训员工的培训情况通知所在部门。

c. 岗位业务技能培训计划。

● 岗位业务技能培训的组织、实施者为公司各部门的负责人，监督者为人力资源部，培训对象为需要提高业务技能的员工，本项培训旨在提高公司员工的业务知识和技能。

● 每月各部门应根据岗位需求提出岗位业务技能培训计划，累计不少于4小时。

● 岗位业务技能培训应在员工到岗后一周内进行，若由于工作原因无法在规定日期内完成培训，应由该员工所在部门负责人向人力资源部说明情况，确定可完成培训的时间。

● 岗位业务技能培训由各部门负责人组织师资完成，人力资源部监督。

● 人力资源部负责在培训过程中记录培训员工的表现情况，并记入员工培训档案。将受训员工的培训情况通知所在部门。

d. 公司整体培训活动由人力资源部负责统筹规划、组织协调、具体实施和控制，其他部门负责人配合人力资源部进行培训的实施、控制及异常情况的追踪。公司所有内训需提前报人力资源部，由人力资源部统一组织，合理安排。

e. 岗位指导人。

各部门必须为部门新入职的员工指定一名岗位指导人，指导人安排新进员工的培训及引导新员工熟悉公司环境。

②外部培训组织流程。

a. 外部培训计划由人力资源部组织实施。

b. 员工参加外部培训，需同人力资源部签订外部培训协议（不包含公司硬性安排的团队性培训，晋升培训除外）。外部培训协议中应明示外部培训应达到的目的、要求、成果、费用承担、服务期限等项目。

c. 若员工未能达到培训协议的约定，培训费用由个人承担。

d. 各部门外请培训讲师：无须费用的需报人力资源部审核，总办审批后实施；如需费用支持的，由申请部门提出预算申请，报人力资源部、财务中心审核，总办审批后实施。

8. 培训考核机制

（1）公司内所有培训都要在培训结束后对参训人员进行严格的考核、跟踪，掌握参训情况，评估培训效果，促进参训人员行为改变，提高工作绩效，并与其晋升晋级有机结合起来。

（2）建立标准试题库，主要岗位设置A、B、C三套动态试题以便考核时使用。题型分为：填空题，主要考察学员对基本内容、基本概念、基本要点的掌握程度（每空1分，共30空30分）；判断题，主要了解学员对重点难点事项的理解正确与否（每题2分，共10小题20分）；选择题，适用于考察要点较多的应知应会问题（每题2分，共10小题20分）；简答题，只需能够回答要点即可，不需要个人发挥展开（每题5分，共3小题15分）；实务题，结合参训对象所在岗位特点和培训目的，制定理论联系实际的题目，考察对培训主题和岗位要求的理解深度、宽度（共15分）。

（3）考核可采取笔试、口试、书写心得体会、实际操作技能、沟通面谈等多种方式进行，培训考核部门要负责试题的保密性，禁止在考核工作中营私舞弊。

（4）考核评定工作要做到公平、公正、公开，考核成绩应在考核结束一周内张榜公布并记入员工档案。员工如果对考核的结果或过程有疑义，可到人力资源部或监察委申述，人力资源部负责调查、落实和公布调查处理结果，以保证培训考核的严肃性。

（5）按计划要求参加定期日常培训的干部员工，培训结束经考试合格者发放《培训合格证书》，公司级培训由人力资源部负责认定、发放，部门内部培训由部门提出申请，连同培训计划、培训记录、培训试卷、考试成绩一并交人力资源部，经核实认定后领取相应级别的合格证书。参加培训时间未达到应参训时间 80% 以上的人员，视为不合格，不得发给培训合格证书。

（6）培训合格证书分为蓝色、红色、紫色三种级别，蓝色证书用于员工岗前培训、转岗培训、单项技能培训；红色证书用于专项技能培训以及部门级系统、定期培训；紫色证书用于公司级定期系统培训、日常培训、管理培训和其他高级专业知识培训。培训级别由人力资源部认定。

（7）员工按照要求参加内部培训课程并考核合格者，公司人力资源部发给培训合格证书，在公司内与学历证书同等对待。

（8）建立员工培训档案，采用培训记录卡管理。对员工进入公司后参加的所有培训项目和成绩，包括岗前培训、转岗培训、单项技能培训、专项技能培训、公司级培训、日常培训、管理培训和其他高级专业培训等填卡入档，作为员工晋职、增薪、定级、评选先进和绩效考核的重要依据。大型公司级培训和特殊专项培训，可以由人力资源部颁发专门的培训合格证书。

9. 培训师资规范管理

公司可使用的培训师资包括公司内部师资和公司外部师资两类。公司内部培训师资，包括总经理、副总经理、各部门负责人、人力资源部人员及其他有一定专长、具备一定讲解能力的员工；公司外部培训师资，指公司从外部专业公司聘请的可担任特定内容讲解的专业讲师。

（1）为了提高公司培训专业化水平，规范内部培训师选拔、定等、晋级和培养程序，本着"宽进严出，培养激励"的原则，由人力资源部、总办、行政部等相关部门组成"培训师认证管理委员会"，负责对培训师选拔、考核、定等、分级工作，推动公司内训工作专业化、规范化、职业化。

（2）培训师基本条件：本人相关岗位工作至少 9 个月以上，知识水平、技术熟练程度、行业经验在培训对象岗位或上一级岗位处于领先地位；对所在岗位拥有丰富的实际经验，而且要具有较高的理论水平，同时要了解我公司行业信息和所讲专业最新发展动态。

（3）申报、选拔、定级管理程序。

①报名：凡公司员工均可经部门或上级同意，个人上报申报材料，包括申报课程名称、教材大纲、讲义节选。

②初审：符合基本条件并且申报材料合格的人员，可以参加试讲。

③试讲：按照"内部培训师选拔考核定级标准"，申请人员按申报课程在规定时限内完成培训项目。由认证评委打分，满分 100 分。

④实习：凡是通过初审的人员，实习期 1 个月。必须积极配合公司培训主管人员的课程安排，按时按量完成培训任务。实习期间享受公司规定的初级讲师待遇。

⑤定级：按照培训师标准 A、B、C、D 共 4 级，参考培训学员满意度调查和培训效果评估结果、培训学时进行综合考评，从高到低依次定级为 A、B、C、D。

⑥晋级：培训师必须从最低级别 D 逐级考核，一季度考核一次，符合条件者晋升一级，即升为 C 级。依此类推，同时享受相应的奖励待遇。

⑦认证：内部培训师经人力资源部认定后，发放《公司培训师资格证书》，取得证书的讲

师方可进行培训。

（4）培训师选拔考核标准。

①教案内容有如下特点。

a. 内容丰富，有深度，针对性强，能够理论联系实际，具有实效。

b. 主题鲜明，具有先进性、超前性。

c. 文笔流畅通顺，精练，容易理解。

d. 逻辑思路清晰。

e. 时间安排合理，有弹性。

f. 培训目的性明确。

②讲台风格，亦称"台风"。

a. 仪容仪表良好，气质好。

b. 亲和力强，有感染力。

c. 现场互动、反馈交流积极。

d. 讲解透彻。

③效果评估。

a. 培训后满意度即时评估。

b. 跟踪调查。

c. 实际效果评估。

④培训技术。能够选择适合课程内容的培训方式，并熟练运用各种培训方法，为培训主题服务。

⑤笔试。熟悉成人培训教育规律，并能在教案准备、课程实施、训后跟踪评估等方面充分运用。

⑥前瞻性。课程方向或内容具有新颖性，可以促进我公司在某些方面有突破性的进展或创新。

（5）培训师奖励机制。

①根据完成内训课程课时，给予讲师补贴：D级20元/课时；C级30元/课时；B级40元/课时；A级60元/课时。讲师补助平均每两周发放一次。

②在同等情况下，优先向各重点岗位培训师提供参加外训的机会。

③每半年或年度评选出3～5名优秀培训师，给予一定的物质和精神奖励。

④连续两次被评为优秀培训师的，并且达到B级的，可以给予带薪参加外部职业培训认证机会。也可根据公司实际状况，提供一定比例的培训费用补贴。

⑤在同等条件下，优先获得晋级和晋升机会。

（6）培训师纪律。

①努力提供自身业务素质，尤其是熟练掌握培训技术和岗位行业信息。

②注意成人培训的特点，尊重参训学员，热情认真完成培训任务。

③在执行培训任务时，无故拖延或借故推脱，不主动积极配合培训处工作的，第一次提出警示，第二次降低培训师等级一级。

④不论何种原因不能完成既定的培训任务，未提前通知培训处而造成培训工作被动局面或不能如期举行的，根据情节轻重给予警示、降级、撤销资格。累计两次警告，降低等级一级。

⑤刻苦钻研业务，不断更新教材，补充生产实践中的先进经验和做法，吸收行业最新信息和技术，保证教材的科学性和先进性。

（7）公司干部员工如果具备某方面的特长与授课培训的经验，可向人力资源部申请公司讲师资格，人力资源部根据实际情况决定是否认定。认定后即具备了公司讲师资格，享受公司讲师的一切优厚待遇。

（8）只有内部讲师达不到培训要求时，才可以申请外部聘请。需要外请讲师的部门，提前15天向人力资源部写出书面申请，申请中列明培训费用、车辆需求、住宿条件等要求，经人力资源部审核批准后方可执行。如未经人力资源部批准而外聘讲师进行培训，一切费用公司不予报销。

10．培训纪律

（1）参训人员在培训开始前15分钟到场，主管人员负责监督参训人签到，培训讲师应提前5分钟到场。

（2）参训人员要遵守培训时间的规定，不迟到、不早退，违者一律罚款20元。到达培训场所后要自觉签到，未签到且无请假条或出差条者一律以旷课论处。

（3）因故无法按规定参加培训时，提前把请假条交人力资源部，并要有本部主管人员签字，部门经理要有副总裁签字。出差在外无法按规定请假者，要由本部门人员代写请假条并要有本部门主管签字。不能参加培训而未规定请假者，经理以上人员每次罚款100元，其他人员罚款20元。

（4）培训开始后，培训现场要有人力资源部培训负责人员或受训部门培训管理员在场负责，以维持纪律，协助讲师顺利完成培训任务。

（5）参训时准备好学习工具，一般要带笔、笔记本等。

（6）参训时将手机关闭，或将铃声关闭，上课期间手机铃响，一律处以20元罚款，参训人员不能因为自身原因干扰培训课的正常进行。

（7）培训期间禁止在培训场所内吸烟，一经发现，一律处以20元罚款。

（8）培训中间需要外出时，要先举手，征得讲师或培训管理人员同意后方可外出。

（9）培训中间有问题需要提问时，将问题书写在纸条上传递给讲师，或举手示意，征得讲师同意后方可提出问题。

（10）要认真听讲，积极参与讨论，不得交头接耳，不得从事与培训无关的事情。

（11）参训人员不得在桌面上胡写乱画，违者罚款20元。培训结束后要将座椅轻轻归位，保持桌面清理干净。

11．培训资源管理

（1）培训所用一切资源，包括培训教材、教具等均属公司资产，要登记在册，任何人不得占为己有。

（2）培训中需要购置必要的教材、教具时，要写出书面申请，经人力资源部审核批准后方可购买。购买的教材、教具必须办理报销和借用手续后方可使用。办理报销手续需持所购买的教材、教具以及正式发票到人力资源部审核，人力资源部审批后按公司统一报销程序报销。部门购置培训教材未向人力资源部申请批准的，购置费用公司一律不予报销。

（3）培训场地要合理使用。根据培训的实际情况、培训规模、参加人数，确定培训地点，避免资源浪费。

（4）珍惜公司的教材、教具，必要时请专业人士操作。如因个人操作失误或对公司财产不珍惜造成教材、教具的损坏或作废，当事人要承担一定的责任。

12．员工继续教育管理

（1）为了提升员工综合素质，公司采取多种方式，提高员工综合素质与学历层次，鼓励有发展前途和学习潜力的干部员工继续学历教育。

（2）公司要职、核心骨干如需参加继续学历教育的，填写《继续教育申请表》，经公司董事长批准后，一切费用公司给予报销。

（3）公司鼓励员工参加国家职业资格认定学习。

（4）参加继续教育费用由公司报销的，在取得毕业证书或职业资格证书后，其证书暂时由公司代为保管，三年以后归由个人持有。未满三年离职的，必须扣除相应费用，否则公司有权没收其证书。

13．培训档案管理

（1）人力资源部负责将全体员工所有参加培训的名称、表现及成绩等内容，记录汇总成员工培训档案。

（2）员工培训档案由人力资源部保管，允许培训员工本人及其上级领导查阅，对其余人员保密。

14．培训费用

每年度人力资源部编制培训预算，提交公司董事长审批后执行。

15．培训重要意义

（1）吸引人才。公司重视培训才能吸引优秀人才的加盟，因为培训不仅是公司发展的需要，更是人才自身的需要。

（2）培养人才。公司可以通过培训将员工培养成适应公司发展的人才。

（3）留住人才。培训是留住人才的重要手段，公司只有通过持续不断地培训，员工的工作技能和个人综合素质才能得到显著的提升，并且为公司的高速发展做出他们应有的贡献。

6.2 培训体系搭建

培训体系搭建分为三部分：培训制度、培训课程设置与开发、培训师资团队组建。

有一句话说得好：没有人因为学习而倾家荡产，一定有人因为不学习一贫如洗；没有人因为学习而越学越贫，但一定有人因为学习而改变命运！

6.2.1 培训制度的内容

培训制度包括如下内容：

（1）培训管理办法。

（2）培训政策。

（3）培训信息搜集、反馈与管理。

（4）管理人员培训职责管理。

（5）培训计划。

（6）培训预算及费用管理。

（7）培训工作流程。

（8）培训相关表格。

（9）培训调查分析。

（10）培训效果评估与跟踪辅导。

6.2.2 培训体系的范围

培训体系包括四大模块，其结构如下图所示。

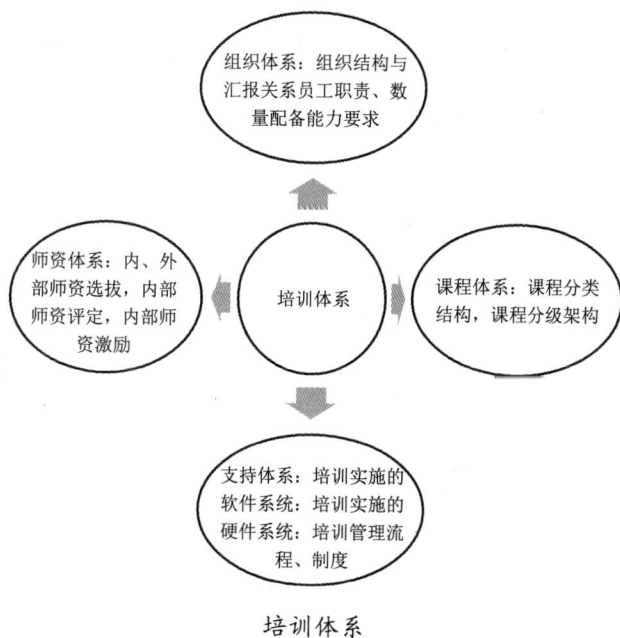

培训体系

1．组织体系

（1）企业培训部：关注知识和技能培训，培训针对当前业务发展需要。

（2）企业学习中心 / 培训中心：关注自我学习，学员自身为主导，利用网络学习项目，学习内容标准化，将技能知识系统化。

（3）企业商学院 / 管理学院：关注内部需要，以发展管理和领导人才为核心，与企业战略和组织文化相匹配，学习效果和产出比大学见效更快。

2．课程体系

（1）分级分层。员工分为新员工、普通员工、资深员工；职称分为初级职称、中级职称和高级职称。

（2）分门别类。专业能力：销售、技术、营销、财务等。

领导能力：知人善任、绩效辅导与反馈等。

通用技能：企业文化与价值观、时间管理、沟通技巧等。

3．师资体系（注重师资管理的规范化建设，内部培养与外部引进）

（1）企业内部兼职讲师 64%。

（2）企业内部专职讲师 3%。

（3）外部讲师 33%。

企业内部讲师选拔：总经理、副总、各部门负责人、行政人事负责人及其他有一定专长的人员（内部培训师在企业内部培训）。

外部讲师：培训机构的合作（员工外派学习或外请讲师培训）。

4．培训需求分析

不同层级与不同部门的培训需求分析，如下图所示。

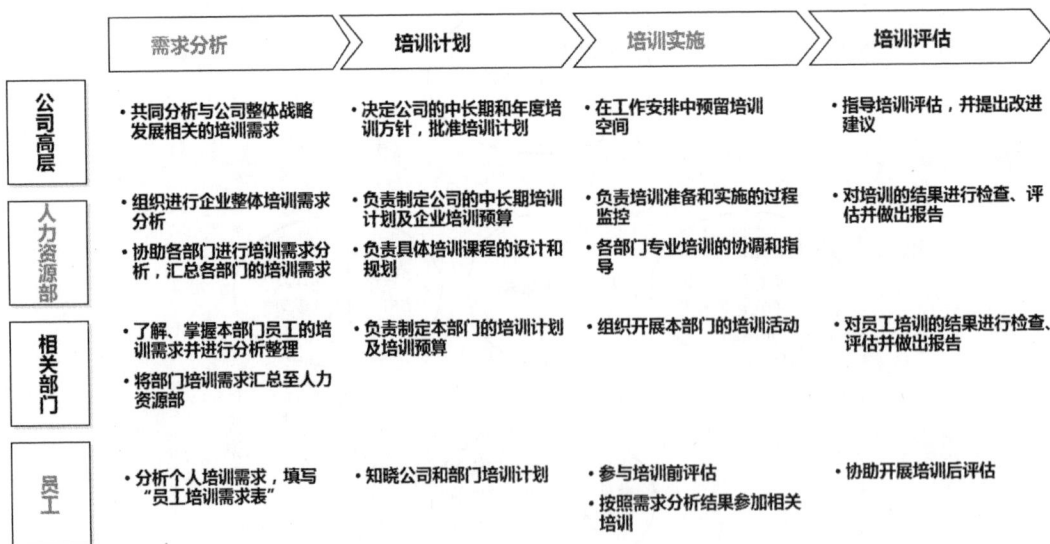

	需求分析	培训计划	培训实施	培训评估
公司高层	·共同分析与公司整体战略发展相关的培训需求	·决定公司的中长期和年度培训方针，批准培训计划	·在工作安排中预留培训空间	·指导培训评估，并提出改进建议
人力资源部	·组织进行企业整体培训需求分析 ·协助各部门进行培训需求分析，汇总各部门的培训需求	·负责制定公司的中长期培训计划及企业培训预算 ·负责具体培训课程的设计和规划	·负责培训准备和实施的过程监控 ·各部门专业培训的协调和指导	·对培训的结果进行检查、评估并做出报告
相关部门	·了解、掌握本部门员工的培训需求并进行分析整理 ·将部门培训需求汇总至人力资源部	·负责制定本部门的培训计划及培训预算	·组织开展本部门的培训活动	·对员工培训的结果进行检查、评估并做出报告
员工	·分析个人培训需求，填写"员工培训需求表"	·知晓公司和部门培训计划	·参与培训前评估 ·按照需求分析结果参加相关培训	·协助开展培训后评估

培训需求分析

5．有效的培训流程

有效的培训流程主要包括 5 个方面：

（1）培训需求分析：主要明白为什么培训？培训什么？给谁培训？

（2）确定培训目标：要提前做好培训准备：谁来培训？在哪里培训？培训的时间？

（3）培训实施：培训如何设计？培训如何执行？

（4）培训评估：根据培训标准衡量和培训效果。

（5）培训跟踪：有效的培训是需要落实后期在工作执行中结果。

6．年度与季度培训计划

年度培训计划一般在每年 11 月～12 月开始做计划，年度培训计划主要包括：

（1）制定年度培训费用预算总额：分为管理层级费用预算分布和内外部培训费用预算分布。

（2）确定年度培训计划：培训目标、培训内容、培训老师、培训形式、培训时间、培训地点、培训组织者、培训对象、培训预计人数、培训预计周期、培训费用预算等。

（3）年度培训课程计划主要包括：能力素质类型、相应的课程名称、周期及时间安排、培训人数、培训预算等。

年度培训计划分为一季度培训计划、二季度培训计划、三季度培训计划、四季度培训计划。

季度培训课程计划主要包括：相应的课程名称、能力素质类型、时间安排、培训人数、培训预算等。

6.2.3　培训课程与流程设计

培训课程与流程设计包括：课程设计、开发、管理，课件 PPT 制作，讲义编写和课程审核评估，其设计图如下所示。

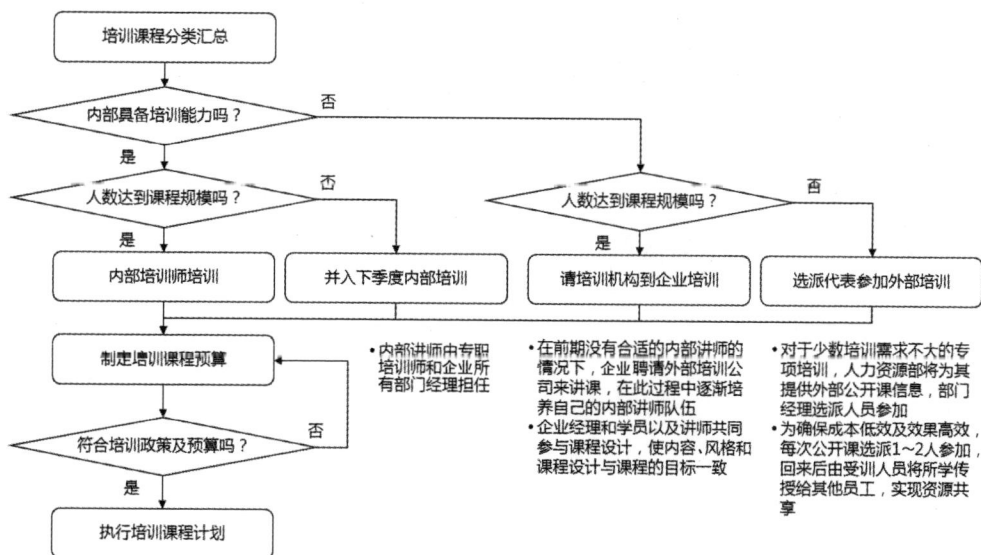

培训课程与流程设计图

1．新员工入职前培训

企业最大的成本：没有经过系统培训的员工，带着错误的观念意识，用错误的方法进行错误的行动，这对企业来说等于"自杀"。所以入职前培训流程设计目的就是避免这种错误。

（1）为新员工提供企业及工作岗位的相关信息。

（2）让新员工了解企业所能提供的待遇情况及企业的期望。

（3）让新员工了解企业历史、政策、企业文化、提供讨论的平台。

（4）减少新员工初进企业时的紧张情绪，使其更快适应环境。

（5）让新员工体会到归属感。

（6）使新员工加强与同事之间的联系。

（7）提高新员工解决问题的能力和告知新员工寻求帮助的方法。

2．新员工入职前培训流程设计标准

（1）观念梳理：团队心态梳理（利用"全员学习系统"）。

（2）企业愿景：行业介绍、企业简介、产品说明、薪酬说明。

（3）心态转变：企业精英品质、企业文化、老员工分享、职业生涯设计。

（4）能力展示：即席演讲、活动测试、笔试、小组分享。

3．新员工入职前培训的重要提示

（1）严格要求（宁缺毋滥）。

（2）制造紧张，层层设关卡（用时间点来设关卡，来之不易）。

（3）老员工分享：每天2～3次，每次2～3人，每人8～15分钟，最好是即将成为师傅的人。

（4）对优秀应聘者的特别安排（尊重人才）。

（5）对新员工细节落实（晚上电话、洗手间、送进电梯）。

（6）精彩的薪酬讲解（看到希望、有激励性）。

（7）行业介绍（用数据分析、图片分析、让员工喜欢上行业）。

4．培训分层级

培训层级包括一般员工、基层管理、中层管理、高级管理层、最高管理层。

不同层级管理者的课程设置如下图所示。

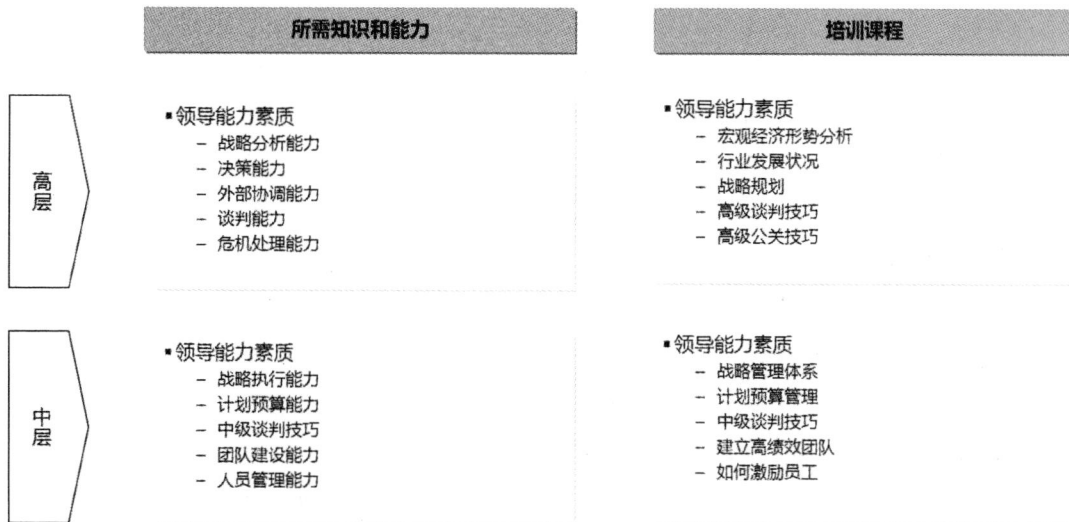

所需知识和能力	培训课程

高层

▪领导能力素质
- 战略分析能力
- 决策能力
- 外部协调能力
- 谈判能力
- 危机处理能力

▪领导能力素质
- 宏观经济形势分析
- 行业发展状况
- 战略规划
- 高级谈判技巧
- 高级公关技巧

中层

▪领导能力素质
- 战略执行能力
- 计划预算能力
- 中级谈判技巧
- 团队建设能力
- 人员管理能力

▪领导能力素质
- 战略管理体系
- 计划预算管理
- 中级谈判技巧
- 建立高绩效团队
- 如何激励员工

课程设置

5．不同职能部门培训内容不同

（1）营销人员培训。

营销管理：营销计划的制定和实施，目标市场定位，销售队伍的建设和管理，直复营销，服务营销，客户关系管理知识。

销售管理：有效的沟通和推销能力，新客户拓展能力，对市场有效的分析和把握能力，对自身和竞争者产品和服务了解。

企划策划：市场调研计划制定和实施，市场策划和组织，企业品牌建设和宣传、企业广告战略。

（2）客服运营、采购部门人员培训。

知识培训：产品和服务知识，客户服务流程。

业务能力培训：供应商管理，产品的设计、制作，产品预订操作流程、电话接听礼仪、配送服务流程、投诉处理方法、客户关系管理。

（3）财务人员培训。

财务课程：财务规划、财务分析、财务预测、财务预算、投资项目评估、风险分析和管理、资本成本和资本结构管理、兼并和控制的财务处理。

会计课程：成本核算、成本控制、企业财务通则、财务报告编制、合并财务报表编制。

会计法律和制度：企业财务制度、企业会计准则、税法和经济法、国际会计准则、职业道德及操守。

（4）人力资源部人员培训

知识培训：人力资源管理概论、人力资源规划、绩效评估制度设计与管理、企业福利方案。

技能培训：招聘、甄选和面谈技巧，应聘者能力素质测评技巧，企业培训计划及方法、员工咨询辅导与协助。

人力资源制度：企业人事制度、员工福利制度、培训制度、人力资源相关法规。

6．培训形式

（1）现场授课。

（2）情景演示。

（3）沙盘模拟。

（4）户外拓展。

7．培训方式

根据培训内容的不同，适宜采用不同的培训方式。

（1）管理技能类：适宜采用理论讲解与情景模拟结合的形式，如情景模拟、案例分析等。

（2）业务知识类：适宜采用课堂教学与案例分析的方式，如课堂讲授、学历教育（外部学习）等。

（3）通用技能类：适宜采用在职学习或集中讲解和演练的形式，如入职培训、团队建设游戏等。

不同的培训方式，员工的参与度和内外结合程度不同，如下图所示。

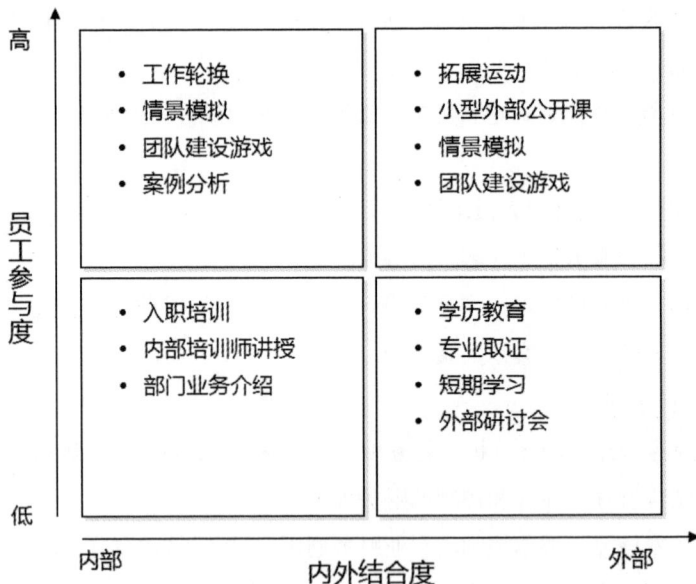

不同培训方式员工参与度及内外结合程度不同

8．培训时限

（1）短期：每月1至2次。

（2）中期：季度、半年度、年度。

（3）长期：外出学习：MBA、EMBA、教练技术等。

9．培训前与培训过程

人力资源部	培训对象	培训对象上级
培训前		
• 组织安排并通知培训时间、地点、服装等 • 组织培训前评估 • 编写培训材料，制作幻灯片 • 检查教学场所及教学设施是否完善	• 了解培训时间、地点、要求 • 参加培训前评估 • 培训内容主动准备	• 对培训对象进行培训前评估 • 协调培训对象培训期间工作安排
培训过程		
• 组织培训师和培训对象准时到场 • 培训现场的协助控制 • 将参加的培训记入员工档案	• 准时参与 • 培训登记签名 • 积极参与培训过程，主动学习	• 避免工作成为培训过程干扰因素

10．培训实施

①需求分析：从企业组织、业务和个人三个角度分析企业的培训需求；

②制定计划：根据培训目标制定出企业年度培训计划，并分解到季度、月度培训安排，结合不同的培训目的和对象提供有针对性的各单项培训计划；

③准备实施：培训前准备，根据培训计划实施培训；

④培训评估总结：培训效果实时评估和反馈，培训效果的阶段性跟踪，培训工作回顾。

11．培训评估

培训后需即时评估，主要事项有：

①在每次培训结束后，接受培训的员工填写"培训课程评估表"，对参加的培训课程和实施培训的讲师进行评估；

②培训课程评估表由人力资源部负责收集整理，并进行结果统计分析；

③评估的统计和分析结果将用做进行培训课程调整的依据。

培训后需定期评估，主要事项有：

①接受培训员工的直接经理将定期对参训员工的工作行为、工作技能和相关知识以及业务绩效进行评估，从而评估培训的效果；

②人力资源部培训主管将定期与参训员工的直接经理进行沟通，了解参训员工在接受培训后的工作效率、业务绩效等方面的改进情况；

③人力资源部培训主管应该定期与部门总监、经理进行沟通，根据评估结果，就针对该部门的特殊培训课程的设置和效果征求意见和建议。

6.3 工具表单

表单 1. 参训群体分析表

参训群体分析表（适合公司中高层领导培训）

组织部门		培训负责人		填表日期		参训日期	
参训时间		参训范围		参训人数		培训方式	

1. 参训群体人员基本情况分析													
年龄		18～25 岁		25～29 岁		30～35 岁		36～40 岁		41～49 岁		50 岁以上	
性别		男	女	男	女	男	女	男	女	男	女	男	女
人数													

分析：

2. 参训群体学历情况分析					
学历	中专/高中	专科	本科	本科以上	备注
人数					

3. 参训群体职位情况分析					
职位类别	普通员工	主管	经理	总监	副总经理及以上
人数					

4. 其他补充分析：

表单 2. 员工培训需求调查表

员工培训需求调查表

姓名：　　　　部门：　　　　岗位：

1	您所在的部门是否有培训计划并按计划开展培训工作？	□有计划，并按计划开展　　　□有计划，但没按计划开展 □无计划，但有培训开展　　　□无计划，也没有培训开展
2	您认为自己对于培训需求的迫切程度如何？	□非常迫切　　　　　　　　　　　　□比较迫切 □有一些培训需求，不是那么紧迫　　□无所谓，可有可无 □没有培训需求
3	您最喜欢的培训方式是：	□课堂讲授　　　□案例分析　　　□模拟操作 □音像多媒体　　□游戏竞赛　　　□研讨会 □其他
4	您希望培训师的风格是：	□知识丰富　　　□口才好 □生动幽默　　　□理性
5	您认为公司的培训重点应该是：	□企业文化　　　□入职培训　　　□规章制度 □专业技能　　　□核心管理技能　□其他
6	您认为目前您在工作中缺乏什么？	□专业知识技能　□有效的沟通方法 □管理方法及技巧　□服务意识水平　□其他

续上表

7	您对哪类培训最感兴趣？（可多选，限选6项）	□个人自我管理技能（办公5S管理、时间管理、目标管理） □岗位专业技能 　　　　　□人际关系及沟通技能 □职业生涯规划 　　　　　□职业道德与素养 □领导艺术 　　　　　　　□计划管理和财务管控 □企业文化 　　　　　　　□管理工具和办公软件 □管理理念 　　　　　　　□行业、市场及产品信息 □角色认知 　　　　　　　□流程管理和信息化 □宏观形势讲座 　　　　　□商务礼仪和客户管理 □其他（请注明）
8	您认为通过培训自己提升最大的是什么？	□观念 　　　　□技能 　　　　□态度 □知识 　　　　□其他
9	您认为公司培训的讲师来源最好是：（可多选，限选3项）	□公司内部培训师 　　　　　□公司管理人员 □公司内部业绩突出、技能优秀的同事 □培训机构讲师或高校教师 □社会知名人士 　　　　　　□其他专业人士
10	您希望培训时间控制在多长时间为宜？	□0.5～1小时 　　　　□1～1.5小时 □1.5～3小时 　　　　□3小时以上
11	您希望培训时段安排在？	□早上 　　　　□下午 　　　　□晚上 □周末时间 　　□其他
12	根据您工作压力程度，您认为您能接受培训的频率是多少？	□每周一次 　　　□每周二次 　　　□每月一次 □每月两次 　　　□每两月一次
13	除了本职专业知识外，您还渴望学习什么知识？	□营销知识 　　　　　　　□人力资源管理知识 □财务管理知识 　　　　　□行政管理知识 □消防知识 　　　　　　　□客户服务知识 □其他
14	您目前的学习状态是？	□主动且有计划地、持续地学习 □偶尔会主动学习，但没有计划性，不能坚持 □有学习的念头或打算，但没有时间 □有工作需要的时候才会针对需要学习 □很少有学习的念头
15	您认为，培训对于提升您的工作绩效、促进个人职业发展能否起到实际帮助作用，您是否愿意参加培训？	□非常有帮助，希望多组织各种培训 □有较大帮助，乐意参加 □多少有点帮助，会去听听 □有帮助，但是没有时间参加 □基本没有什么帮助，不会参加
16	鉴于您在某一领域的丰富经验，您被推荐担任某一门课程的内部讲师，您是否乐意？	□非常乐意 　　　　　　　□乐意，但是没有经验 □乐意，但是没有时间 　　□需要考虑 □不会担任
17	以下题目列出了一些日常工作行为，需要您根据自身实际的工作表现打出合适的评分。（评分范围1～5分，1分为最低分，5分为最高分。调研结果只做培训需求分析使用，不对您的工作有评价影响，请如实认真填写，以便为您提供培训。）若为非业务人员，请跳讨⑤～⑧顾。 □①完全了解自身的职责、任务及目标 □②熟悉工作流程及理解上级交代的任务，并能及时制定方案，完成任务 □③保持积极的工作心态，并经常自我调整 □④清晰工作及任务、根据事情的轻重缓急合理安排时间 □⑤熟知产品特点和卖点，能快速、准确地了解客户需求，分析销售机会 □⑥懂得运用适当的人际互动和沟通技巧来赢得客户接受产品或方案 □⑦能够正确对客户进行分类，选择合适的沟通方式和销售方案 □⑧能够发展并运用好客户关系，帮助自己和团队实现目标
18	在专业知识、理论方面，结合您个人的职业发展规划，请列出您个人感觉最需要提高的三个方面：	
19	除本问卷所涉及的内容，您对公司培训还有哪些建议和期望？或者是您还期望学到哪些方面的知识？	

表单 3. 年度培训计划表

年度培训计划表

序号	项目类别	培训课程	培训对象	培训时长	培训类型（内训 / 外训）	培训费用（元）	讲师来源	培训讲师	计划培训时间	备注

表单 4. 月度培训计划表

月度培训计划表

序号	项目类别	培训课程	培训对象	培训时长	培训类型（内训 / 外训）	培训费用（元）	讲师来源	培训讲师	计划培训时间	备注

表单 5. 培训签到表

培训签到表

培训时间：　　　　培训讲师：　　　　培训主题：　　　　　　　　培训地点：

序号	姓名	部门	签字	签到时间	序号	姓名	部门	签字	签到时间

表单 6. 培训通知

培训通知

培训主题	
培训讲师	
培训地点	
培训内容	
培训对象	
讲师简介	
备注说明	

表单 7. 员工培训记录表

员工培训记录表

培训时间		培训地点	
培训对象		课程名称	
培训方式		培训讲师	

培训内容	
培训考核方式	○笔试　　　○口试　　　○演练
培训评价	
记录人：	

表单8.员工培训成绩表

员工培训成绩表

培训时间				培训地点			
培训内容				培训讲师			
序号	姓名	部门	成绩	序号	姓名	部门	成绩
最高分				最低分			
平均分							
合格：（≥60分）		合格率		优秀：（≥90分）		优秀率	
出卷人：				改卷人：			

表单9.员工培训跟进表

员工培训跟进表

员工姓名		部门		职位		
序号	培训时间	培训项目	培训方式	培训地点	培训成绩	确认签字

表单10.培训物料清单一览表

培训物料清单一览表

环节		工作内容	完成时间	责任人	完成情况	备注
培训前	前期申请与通知	讲师邀约				
		会议室预定（提前一周）				
		开班PPT制作				
		培训课件				
	工具框	白板笔（红、蓝、黑各两支）				
		A4纸张、白板架				

环节		工作内容	完成时间	责任人	完成情况	备注
培训前	培训设备	激光笔、电池				
		笔记本电脑				
		相机				
		投影仪				
	布场	视频设备调试				
		PPT 试播				
		主持人主持及游戏准备、主持稿				
培训中	现场跟进	拍照				
		签到				
		主持人及协助讲师操作电脑				
		关注现场需求				
培训后	收尾	纸质、电子资料归档				

表单 11. 培训项目实施表

培训项目实施表

计划项目	
培训项目	
培训对象和人数	
培训时间	
培训地点	
培训性质	
培训讲师	
培训组织者	
培训费用说明	
开发与培训主管审核意见	
主管部门领导意见	

表单 12. 培训结果反馈表

培训结果反馈表

学员姓名		部门	
培训项目			
组织部门		培训时间	
培训内容	（列明要求学员掌握的技能）		

以下请用人单位领导填写。

问题	所属部门意见
让学员学的技能学到了吗？	
学后使用在工作上了吗？	
使用后创造了什么价值？	
您对我们的培训工作还有何要求？	

请用人单位尽力提供实践机会，以保学以致用，还请费心观察、统计，并于培训结束三个月后填写此表交还人力资源部门。非常感谢您的合作！

人力资源部：

年　月　　日

表单 13. 外出培训申请表

外出培训申请表

姓名		工作岗位		部门	
年龄		性别		学历	
培训时间		培训经费预算说明			
举办单位					
培训地点					
培训项目名称					
培训主要内容					
部门培训主管意见		部门领导意见			
备注					
说明	各部门申请人由部门领导审批即可；经理人、后备经理人由总经理审批。				

人力资源部编制

年　月　　日

表单 14. 员工满意度调查问卷

员工满意度调查问卷

尊敬的女士 / 先生：

非常感谢你在百忙之中抽出时间填写我们的调查问卷。

本问卷的调查目的是进行公司员工满意度及其影响因素的实证研究，问卷的调查结果仅限于学术研究，不涉及商业用途，我们将对问卷及贵公司提供的所有信息保密。

再一次感谢你的合作！

第一部分　基本信息

1. 性别

A. 男　　　　　　　B. 女

2. 年龄

A. 20~30 岁　　　B. 31~40 岁　　　C. 41~50 岁　　　D. 50 岁以上

177

3. 在本公司工作的时间

A. 1~5 个月　　　　B. 6 个月 ~1 年　　　C. 1~3 年　　　　D. 4~10 年　　　　E. 10 年以上

4. 本人的最高学历

A. 大专　　　　　　B. 本科　　　　　　C. 硕士　　　　　D. 博士　　　　　　E. 其他

5. 在公司的职位级别

A. 一般员工　　　　B. 基层管理人员　　C. 中层管理人员　　D. 高层管理人员

第二部分　调查内容

1. 你对工资收入是否感到满意？

A. 非常满意　　　　B. 基本满意　　　　C. 不确定　　　　D. 不满意　　　　E. 极度不满意

2. 你对加班工资的计算与付给是否感到满意？

A. 非常满意　　　　B. 基本满意　　　　C. 不确定　　　　D. 不满意　　　　E. 极度不满意

3. 公司奖金的计算与付给是否合理？

A. 非常合理　　　　B. 基本合理　　　　C. 不确定　　　　D. 不合理　　　　E. 极度不合理

4. 你对福利待遇是否感到满意？

A. 非常满意　　　　B. 基本满意　　　　C. 不确定　　　　D. 不满意　　　　E. 极度不满意

5. 你对公司的社会保险是否感到满意？

A. 非常满意　　　　B. 基本满意　　　　C. 不确定　　　　D. 不满意　　　　E. 极度不满意

6. 你认为公司的薪酬系统是否合理？

A. 非常合理　　　　B. 基本合理　　　　C. 不确定　　　　D. 不合理　　　　E. 极度不合理

7. 你对假期制度和假期安排是否感到满意？

A. 非常满意　　　　B. 基本满意　　　　C. 不确定　　　　D. 不满意　　　　E. 极度不满意

8. 你在工作中是否感到有乐趣？

A. 时时有　　　　　B. 偶尔有　　　　　C. 不确定　　　　D. 没有　　　　　　E. 肯定没有

9. 你是否感到工作有成就感？

A. 肯定有　　　　　B. 有时有　　　　　C. 不确定　　　　D. 没有　　　　　　E. 肯定没有

10. 你是否感到被公司尊重与关怀？

A. 肯定有　　　　　B. 有时有　　　　　C. 不确定　　　　D. 没有　　　　　　E. 肯定没有

11. 在工作中，你有友谊与朋友吗？

A. 肯定有　　　　　B. 有时有　　　　　C. 不确定　　　　D. 没有　　　　　　E. 肯定没有

12. 你的个人能力及特长是否得到了发挥？

A. 绝对得到发挥　　B. 基本得到发挥　　C. 不确定　　　　D. 没有得到发挥　　E. 肯定没有得到发挥

13. 你认为公司的职位与权力是否相对应？

A. 非常对应　　　　B. 基本对应　　　　C. 不确定　　　　D. 不对应　　　　E. 极度不对应

14. 你在工作中有威信与影响力吗？

A. 非常有　　　　　B. 基本有　　　　　C. 不确定　　　　D. 没有　　　　　　E. 极度没有

15. 在日常工作中，你经常受到表扬与鼓励吗？

A. 经常有　　　　　B. 偶尔有　　　　　C. 不确定　　　　D. 没有　　　　　　E. 肯定没有

16. 你经常参加培训吗？

A. 经常参加培训　　B. 偶尔参加培训　　C. 不确定　　　　D. 没有培训　　　　E. 基本上没有培训

17. 你是否常获得本公司给予的机遇？

A. 经常得到　　　　B. 偶尔得到　　　　C. 不确定　　　　D. 很少得到　　　　E. 肯定没有得到

18. 你的晋升机会多吗？

A. 非常多　　　　　B. 基本有　　　　　C. 不确定　　　　D. 没有　　　　　　E. 极度没有

19. 你的专业知识和社会知识在不断进步吗？

A. 非常大的进步　　B. 基本有进步　　　C. 不确定　　　　D. 没有进步　　　　E. 极度没有

20. 你对你的社会地位感到满意吗？

A. 非常满意　　　　B. 基本满意　　　　C. 不确定　　　　D. 不满意　　　　E. 极度不满意

21. 你对你的工作能力提升感到满意吗？

A. 非常满意　　　B. 基本满意　　　C. 不确定　　　D. 不满意　　　E. 极度不满意

22. 你经常获得物质或金钱奖励吗？

A. 经常获得　　　B. 有时获得　　　C. 不确定　　　D. 很少获得　　　E. 根本没有

23. 公司评比优秀员工的方法是否合理？

A. 非常合理　　　B. 基本合理　　　C. 不确定　　　D. 不合理　　　E. 极度不合理

24. 公司制订的处罚制度是否合理、公正？

A. 非常合理公正　B. 基本合理公正　C. 不确定　　　D. 不合理不公正　E. 极度不合理不公正

25. 记过、降级或降职的处罚规定是否合理？

A. 非常合理　　　B. 基本合理　　　C. 不确定　　　D. 不合理　　　E. 极度不合理

26. 你认为公司上下班时间的安排是否合理？

A. 非常合理　　　B. 基本合理　　　C. 不确定　　　D. 不合理　　　E. 极度不合理

27. 你认为公司休息时间的规定是否合理？

A. 非常合理　　　B. 基本合理　　　C. 不确定　　　D. 不合理　　　E. 极度不合理

28. 你认为公司的加班制度是否合理？

A. 非常合理　　　B. 基本合理　　　C. 不确定　　　D. 不合理　　　E. 极度不合理

29. 你认为公司的请假制度是否合理？

A. 非常合理　　　B. 基本合理　　　C. 不确定　　　D. 不合理　　　E. 极度不合理

30. 你认为目前工作的资源配置充裕吗？

A. 非常充裕　　　B. 基本充裕　　　C. 不确定　　　D. 不充裕　　　E. 极度不充裕

31. 你认为当前工作的资源配备适宜吗？

A. 非常适宜　　　B. 基本适宜　　　C. 不确定　　　D. 不适宜　　　E. 极度不适宜

32. 你对公司资源配置的效率感到满意吗？

A. 非常满意　　　B. 基本满意　　　C. 不确定　　　D. 不满意　　　E. 极度不满意

33. 你对公司固定资产的管理感到满意吗？

A. 非常满意　　　B. 基本满意　　　C. 不确定　　　D. 不满意　　　E. 极度不满意

34. 你对公司新设备的配置感到满意吗？

A. 非常满意　　　B. 基本满意　　　C. 不确定　　　D. 不满意　　　E. 极度不满意

35. 你对公司新技术的运用感到满意吗？

A. 非常满意　　　B. 基本满意　　　C. 不确定　　　D. 不满意　　　E. 极度不满意

36. 你对你的工作环境感到舒适吗？

A. 非常舒适　　　B. 基本舒适　　　C. 不确定　　　D. 不舒适　　　E. 极度不舒适

37. 你在工作中是否感到便捷、方便？

A. 非常便捷、方便　B. 基本便捷、方便　C. 不确定　　　D. 不便捷、不方便　E. 极度不便捷、不方便

38. 你与同事之间的沟通与交流状况如何？

A. 非常畅顺有效　B. 基本畅顺有效　C. 不确定　　　D. 难沟通　　　E. 极度难沟通

39. 你对同事之间的人际关系状况是否感到满意？

A. 非常满意　　　B. 基本满意　　　C. 不确定　　　D. 不满意　　　E. 极度不满意

40. 你对同事之间的工作配合与协作是否感到满意？

A. 非常满意　　　B. 基本满意　　　C. 不确定　　　D. 不满意　　　E. 极度不满意

41. 你在工作中经常获得新的信息并分享给别人的经验吗？

A. 经常有　　　　B. 有时有　　　　C. 不确定　　　D. 没有　　　E. 从来没有过

42. 你觉得目前公司员工的士气与心态是：

A. 非常高昂，心态非常好　　　　B. 基本高昂，心态一般　　　　C. 不确定

D. 不好　　　　E. 极度不好

43. 公司对舆论控制及导向，你感到是否满意？

A. 非常满意　　　B. 基本满意　　　C. 不确定　　　D. 不满意　　　E. 极度不满意

44. 你认为公司的团队精神如何？

A. 非常强　　　　B. 基本可以　　　C. 不确定　　　D. 不强　　　E. 非常差

45. 你对自己及周围同事的工作质量是否感到满意？

A. 非常满意　　　B. 基本满意　　　C. 不确定　　　　D. 不满意　　　　E. 极度不满意

46. 你对你和周围同事的工作效率的评价如何？

A. 非常高　　　　B. 基本可以　　　C. 不确定　　　　D. 较低　　　　　E. 非常低

47. 你对公司的成本控制和管理感到满意吗？

A. 非常满意　　　B. 基本满意　　　C. 不确定　　　　D. 不满意　　　　E. 极度不满意

48. 你和周围同事在工作过程中的计划性和条理性如何？

A. 计划和条理性非常强　　　　　B. 基本有计划和条理性　　　　C. 不确定

D. 没有计划和条理性　　　　　　E. 肯定没有

49. 你和周围同事的工作责任感及能动性如何？

A. 非常强　　　　B. 基本有　　　　C. 不确定　　　　D. 没有　　　　　E. 极度没有

50. 在工作中，员工们工作的灵活性与技巧是否常常体现出来？

A. 经常　　　　　B. 偶尔　　　　　C. 不确定　　　　D. 没有　　　　　E. 极度没有

51. 你对公司召开会议的有效性及作用的评价如何？

A. 有非常好的作用　　B. 基本有作用　　C. 不确定　　　D. 没有作用　　　E. 极度没有作用

52. 你觉得公司大多数同事的品格及修养如何？

A. 非常好　　　　B. 基本可以　　　C. 不确定　　　　D. 不好　　　　　E. 极度不好

53. 你认为公司同事的观念是否跟上了时代步伐？

A. 完全跟上了时代　　　　　　　B. 基本上跟上了时代　　　　C. 不确定

D. 没有跟上时代　　　　　　　　E. 完全没有跟上时代

54. 你对公司大多数同事的学识水平及经验的看法如何？

A. 非常丰富　　　B. 基本可以　　　C. 不确实　　　　D. 不丰富　　　　E. 完全没有跟上时代

55. 你对你个人的能力表现感到满意吗？

A. 非常满意　　　B. 基本满意　　　C. 不确定　　　　D. 不满意　　　　E. 极度不满意

56. 你对公司的管理创新及改进方面的工作是否感到满意？

A. 非常满意　　　B. 基本满意　　　C. 不确定　　　　D. 不满意　　　　E. 极度不满意

57. 你对公司管理的连续性和稳定性感到满意吗？

A. 非常满意　　　B. 基本满意　　　C. 不确定　　　　D. 不满意　　　　E. 极度不满意

58. 你认为公司组织机构的设置是否合理？

A. 非常合理　　　B. 基本合理　　　C. 不确定　　　　D. 不合理　　　　E. 极度不合理

59. 你对公司的用人机制感到满意吗？

A. 非常满意　　　B. 基本满意　　　C. 不确定　　　　D. 不满意　　　　E. 极度不满意

60. 你对公司的监察机制感到满意吗？

A. 非常满意　　　B. 基本满意　　　C. 不确定　　　　D. 不满意　　　　E. 极度不满意

61. 你对公司管理人员的管理才能感到满意吗？

A. 非常满意　　　B. 基本满意　　　C. 不确定　　　　D. 不满意　　　　E. 极度不满意

62. 你对公司管理人员的管理艺术感到满意吗？

A. 非常满意　　　B. 基本满意　　　C. 不确定　　　　D. 不满意　　　　E. 极度不满意

63. 在工作中，你觉得管理人员的情感管理明显吗？

A. 非常明显　　　B. 基本明显　　　C. 不确定　　　　D. 不明显　　　　E. 极度不明显

64. 你对该公司管理人员管理工作的有效性感到满意吗？

A. 非常满意　　　B. 基本满意　　　C. 不确定　　　　D. 不满意　　　　E. 极度不满意

65. 你是否同意"当发现问题时，管理者总能够和当事人进行有效的沟通"这一讲法？

A、非常同意　　　B. 同意　　　　　C. 不确定　　　　D. 不同意　　　　E. 极度不同意

66. 你对公司的制度建设感到满意吗？

A. 非常满意　　　B. 基本满意　　　C. 不确定　　　　D. 不满意　　　　E. 极度不满意

67. 你觉得公司各项规章制度的制定是否足够？

A. 非常足够　　　B. 基本足够　　　C. 不确定　　　　D. 不够　　　　　E. 远远不够

68. 你对公司各种制度的实施感到满意吗？

A. 非常满意　　　B. 基本满意　　　C. 不确定　　　　　D. 不满意　　　　　E. 极度不满意

69. 对你来说，你对公司有认同感及归属感吗？

A. 非常有　　　　B. 基本有　　　　C. 不确定　　　　　D. 没有　　　　　　E. 极度没有

70. 你对公司提倡的企业精神与价值观的看法如何？

A. 非常好　　　　B. 其本认同　　　C. 不确定　　　　　D. 不认同　　　　　E. 极不认同

71. 你对公司文体、娱乐活动的安排感到满意吗？

A. 非常满意　　　B. 基本满意　　　C. 不确定　　　　　D. 不满意　　　　　E. 极度不满意

72. 员工生日及节假日时，你对公司的慰问工作感到满意吗？

A. 非常满意　　　B. 基本满意　　　C. 不确定　　　　　D. 不满意　　　　　E. 极度不满意

73. 公司有提供报纸、图书杂志供大家学习和了解新信息吗？

A. 肯定有　　　　B. 有时有　　　　C. 不确定　　　　　D. 没有　　　　　　E. 从来没有

74. 你对公司内部宣传工作感到满意吗？

A. 非常满意　　　B. 基本满意　　　C. 不确定　　　　　D. 不满意　　　　　E. 极度不满意

75. 公司对合理化建议的处理和态度你感到满意吗？

A. 非常满意　　　B. 基本满意　　　C. 不确定　　　　　D. 不满意　　　　　E. 极度不满意

76. 你对公司处理客户投诉的原则和态度是否感到满意？

A. 非常满意　　　B. 基本满意　　　C. 不确定　　　　　D. 不满意　　　　　E. 极度不满意

77. 你觉得顾客对我公司的信心及满意度如何？

A. 非常满意　　　B. 基本满意　　　C. 不确定　　　　　D. 不满意　　　　　E. 极度不满意

78. 公司的服务质量状况现在是一个什么样的水平？

A. 非常高　　　　B. 较高　　　　　C. 不确定　　　　　D. 低　　　　　　　E. 非常低

79 你对公司的发展远景及未来展望有信心吗？

A. 非常有信心　　B. 基本有信心　　C. 不确定　　　　　D. 怀疑　　　　　　E. 很悲观

80. 目前公司的经济指标完成状况怎么样？

A. 非常好　　　　B. 较好　　　　　C. 不确定　　　　　D. 不好　　　　　　E. 恶劣

非常感谢你完成这份调查表！

不知你是否有一些我们未在调查表中列出的观点需要表达，如果有，请写在此表的最下面空白处，谢谢！

表单 15. 培训效果反馈表（内训）

培训效果反馈表（内训）

评价项目	评价标准	非常满意（5分）　满意（4分）　一般（3分） 不满意（2分）　很不满意（1分）	得分（请在此填写）
课程内容	1. 课程的目的和意义是否得到了清楚的阐释	5　4　3　2　1	
	2. 课程素材是否清晰准确	5　4　3　2　1	
	3. 课程的流程是否清晰明了	5　4　3　2　1	
	4. 课程的难易程度是否合适	5　4　3　2　1	
	5. 课程是否解决了您工作上的实际需要	5　4　3　2　1	
	6. 课程教材中包含的实际案例丰富程度	5　4　3　2　1	

评价项目	评价标准	非常满意（5分）　满意（4分）　一般（3分） 不满意（2分）　很不满意（1分）	得分（请在此填写）
培训讲师	1. 专业知识	5　4　3　2　1	
	2. 授课技巧	5　4　3　2　1	
	3. 教学组织能力	5　4　3　2　1	
培训组织	1. 培训时间安排的合理性	5　4　3　2　1	
	2. 此次培训的后勤协助工作	5　4　3　2　1	
	3. 培训的辅助设备、培训资料是否齐全	5　4　3　2　1	
	4. 培训的现场管理和纪律维护	5　4　3　2　1	
总体评价	您对本次培训的整体评价	5　4　3　2　1	
参加此次培训，您觉得有哪些地方受益（可多选）	A. 接触到一些实用的新知识　　　　　　　　B. 获得一些可以用在工作上的技巧及技术 C. 帮助我印证了某些观点　　　　　　　　　D. 帮助我改变自己的工作态度 E. 给了我一个客观认识自己及所从事工作的机会　F. 其他 _____ 在此填入选项（　　　）		
此次培训帮您解决哪些问题			
您认为此次培训可应用到工作中的知识点有哪些（不少于5个）			
您还想学习哪些课程			
您对本次培训的改善建议			
将来若有类似培训，您是否愿意参加？	□非常愿意　　□愿意　　□不愿意　　□很不愿意　　□不确定		
您希望多久举办一次培训？	□1个月　　□2个月　　□3个月　　□半年		

表单16. 员工培训满意度调查问卷（外训）

员工培训满意度调查问卷（外训）

尊敬的学员：

　　您好！为更好地安排培训课程、为您提供优质服务，请您在结束本期培训课程后，协助我们完成以下调查问卷。本问卷采取不记名方式，请详细填写后，将问卷反馈给人力资源部培训专员，感谢您的配合！

培训目的：　　　（　）业务提高　　　　（　）取证培训　　　　（　）继续教育培训

培训课程：　　　培训机构：　　　　培训讲师：

培训地点：　　　培训时间：

一、培训课程评估

1. 关于本次外训的组织情况：

培训课时长度　　　　（　）非常合理　　　（　）很合理　　　　（　）一般　　　　（　）不合理

续上表

课程内容设置	（）非常结合实际	（）结合实际	（）一般	（）脱离实际工作
授课方式	（）非常满意	（）很满意	（）一般	（）不满意
讲师授课水平及技巧	（）非常满意	（）很满意	（）一般	（）不满意
课件及教材的制作	（）非常满意	（）很满意	（）一般	（）不满意
培训环境及现场组织	（）非常满意	（）很满意	（）一般	（）不满意

2. 培训对您个人和工作的影响：

本次培训对我的实际工作有帮助 （）是 （）否

本次培训提供了新的知识和概念 （）是 （）否

本次培训提供了新的工作技能和技巧 （）是 （）否

3. 学习交流：

本次参加培训的学员数量、层级、所在单位，是否能满足同业交流的目的 （）是 （）否

是否推荐其他同事参加本次课程 （）是 （）否

是否将本课程的受训材料在本部门或公司分享 （）是 （）否

4. 在本次培训过程中，您对人力资源部培训专员的服务：

（）非常满意 （）很满意 （）一般

（）不满意（请说明_____）

5. 结合本次培训您认为在工作中要重点改进的方面有哪些？（页面不足，可自行补足）

6. 您在本次培训中最大的收获与培训心得？（页面不足，可自行补足）

二、培训讲师评估

1. 个人形象

仪容仪表	（）非常满意	（）很满意	（）一般	（）不满意
语言表达能力、亲和力	（）非常满意	（）很满意	（）一般	（）不满意

2. 授课表现

准备充分、技巧娴熟	（）非常满意	（）很满意	（）一般	（）不满意
专业知识与案例分析结合	（）非常满意	（）很满意	（）一般	（）不满意
课堂的互动能力和感染力	（）非常满意	（）很满意	（）一般	（）不满意
现场答疑有理有据具有说服力	（）非常满意	（）很满意	（）一般	（）不满意
授课时间、语速、内容的合理性	（）非常合理	（）很合理	（）一般	（）不合理
主次分明、突出重点	（）非常满意	（）很满意	（）一般	（）不满意

3. 课件制作

课件内容条理分明，重点突出	（）非常满意	（）很满意	（）一般	（）不满意
课件内容理论联系实际	（）非常满意	（）很满意	（）一般	（）不满意
课件 PPT 制作专业性	（）非常满意	（）很满意	（）一般	（）不满意
课件内容是否以参训者能够接受的程度为准	（）是	（）否		

4. 您对本次课程讲师的总体评价（页面不足，可自行补足）

附件 1. 内部培训讲师聘用协议

内部培训讲师聘用协议

甲方为改善、提高公司员工的知识水平和知识结构，营造学习氛围，决定聘请乙方做本公司内部培训讲师，甲乙双方本着平等、自愿、互利的原则经友好协商，达成如下协议：

一、培训对象

公司全体员工（包括各分 / 子公司）。

二、协议期限

协议起止时间：_____年__月__日至_____年__月__日。

三、培训地点：_____

四、课程内容：_____

五、培训费用及支付时间

1. 培训薪酬按内部讲师的课时来计算，50 元 / 课时（每课课时在 60 分钟以上，超过 2 小时后按 2 个课时计算。若内训讲师课时超过审核过的教案授课时间，则不再计算薪酬）。

2. 培训讲师的薪酬在培训结束后的第二个月，随内部培训讲师的工资一起发放。

六、双方责任

（一）甲方责任

1. 负责给内部培训讲师提供准确的培训需求与受训员工的信息。

2. 负责培训场所涉及有关教学设备的到位。

3. 负责培训现场管理教学辅助及后勤行政工作。

4. 提前 1 周与乙方确认授课时间，如有变更应至少提前 3 天通知乙方。

（二）乙方责任

1. 根据甲方提出的需求完成课程设计与教案的开发、考卷的设计及评阅、培训后续的评估，如有需要，乙方有责任参与训前需求调研，并于开课前 3 天提交 PPT 电子版课件到人力资源部审核。

2. 乙方至少于开课前 10 分钟到达指定培训地点，确保准时开课，如因乙方迟到或缺席导致培训不能准时举办，乙方承担全部责任与损失。

3. 若因事或者其他原因，乙方不能按时参加甲方安排好的培训课程的讲授，应提前 3 天告知人力资源部；若未告知，乙方承担全部责任与损失。

4. 乙方负责圆满完成本协议约定课程的讲授，并有义务在培训过程中解答受训员工的提问及有责任协助甲方完成训后跟踪、评估工作。

5. 培训完成后 7 个工作日内，乙方负责提供学员训后评估报告一份。

七、违约责任

（一）甲方责任

若甲方未按合同规定的时间如期向乙方支付培训费用，每逾期一月，应按未付费用的百分之一向乙方支付违约金。

（二）乙方责任

1. 乙方应保证按双方约定的内容进行，非不可抗拒因素不得更改授课时间。 如遇公司临时活动，双方均不承担违约责任。

2. 甲乙双方均可在培训前 3 个工作日前更改培训时间，在确定新的时间后，须得到双方认可。

八、其他

补充确认事宜：＿＿＿＿＿＿＿＿＿＿＿＿＿＿＿＿＿＿＿＿＿＿＿＿＿＿＿＿＿。

补充确认事宜与本协议相关条款不一致的，以补充确认事宜的约定为准。

九、本协议一式二份，甲乙双方各执一份，自签订之日起生效。

十、在本协议履行过程中，甲乙双方如发生争议，应通过友好协商解决。

甲　方（签字盖章）：　　　　　　　　乙　方（签字）：

联系电话：　　　　　　　　　　　　　联系电话：

日　期：　　年 月 日　　　　　　　　日　期：　　年 月 日

附件 2. 员工培训服务协议

员工培训服务协议

单位（简称甲方）：

员工（简称乙方）：

因甲方发展需要和高专业管理人才的需求，本着为提高乙方的专业技术水平，甲乙双方就甲方为乙方提供专业技术培训事项，本着公平、公正的原则，签订如下协议：

一、本培训服务条款适用于以下情况

甲方根据人才培养和公司发展的需要，并经乙方同意，经过培训后，成为公司内部讲师，并把相关课程作为公司内训讲授给员工。

二、甲方委派乙方参加＿＿＿＿＿培训课程，时间共计＿＿＿＿＿＿天，从＿＿＿＿＿＿年__月__日至从＿＿年__月__日止，培训地点＿＿＿＿＿；乙方须达到的培训目标为＿＿＿＿＿。

三、培训项目内容

＿＿＿＿＿＿＿＿＿＿＿＿＿＿＿＿＿＿＿＿＿＿＿

四、专项培训费用

1. 乙方参加甲方的教育培训活动，所有参与人力资源部组织策划的教育培训活动（含经批准的临时教育培训项目）的受教育培训人，均应按每单项教育培训活动所发生经费额度与公司约定受教育培训后的工作年限，所约定年限不累加，在解除劳动合同时，按最长约定年限计算。原则上花费 500 元以下免约定，500 ～ 1 000 元（含 500 元）约定一年，1 000 ～ 3 000 元约定两年（含 1 000 元和 3 000 元），3 000 元以上约定三年，特殊情况报批。凭人力资源部开具的教育培训活动费用支出单据，经行政人力资源总监签准后，到财务部支取教育培训经费；按时参与该项教育培训活动。

2. 教育培训活动所在地如在外地，发生的相关费用在教育经费中列支（报销标准按公司出差报销标准执行）。

五、甲方的权责

1. 甲方有权组织相关专业人员对受教育培训人的教育培训事实及教育培训效果进行核实与测评。

2. 乙方作为参与甲方人力资源部组织策划的所有教育培训活动（含经批准的临时教育培训项目）的受教育培训人，在该项教育培训项目结束后，甲方有权要求就该教育培训项目内容，于公司内部进行宣讲、共享的权利；如乙方拒不执行，甲方则于当月工资中扣除于该教育培训项目期间发生的所有费用，并酌情按事假、旷工计。

3. 甲方在乙方培训结束后，负责妥善安排乙方的工作，发挥乙方专业技术或管理的作用。

六、乙方的义务

1. 乙方作为参与甲方人力资源部组织策划的教育培训活动（含经批准的临时教育培训项目）的受训人，需严格遵守本协议。

2. 乙方应严格遵守培训时间安排，准时参加培训，不得缺勤；若乙方无故不参加培训，按旷工处理，甲方有权取消乙方的培训资格；乙方未能完成培训任务、培训中乙方自行中止培训、培训结束后不能胜任甲方根据培训效果适当安排的工作，乙方应当赔偿甲方的培训费用的损失。

3. 乙方保证按本协议书第二条规定，努力达到培训目标，并按期回工作岗位服务。培训期间按期向甲方报告培训情况。

4. 乙方无论因何种理由中止、延长培训期限或改变培训内容，均应至少提前 7 天向甲方提出书面申请，未经甲方批准，不得改变。乙方如在培训学习期间辞职，应向甲方交纳所负担的全部培训费用。

5. 乙方培训期满后应立即向甲方报到，向甲方提交书面的培训总结或学习报告等。

七、乙方服务年限

乙方有责任于培训结束后至少在甲方工作_____年（按教育培训活动管理规定）。如甲方与乙方已签订的劳动合同中的服务年限与本合同服务期限不一致时，以最长年限为准。

八、违约责任

培训学习结束后，乙方应在甲方连续工作_____年。如在服务期内辞职，应按工作时间和培训经费约定时间（总费用 / 服务年限 × 还未服务的年限）赔偿甲方培训费用，服务期满后则可免交培训费用；因违纪被公司辞退的员工亦照此办理。

九、法律效力及其他

本协议经双方签字具有法律效力，并在人事档案中保存。未尽事宜另行约定。

必要时，经甲方、乙方协商一致后，可对本协议书进行修改或补充。本协议书正本一式两份，甲方、乙方各持一份。

甲方（签章）：　　　　　　　　　　　乙方（签字）：

签订日期：　　年 月 日　　　　　　　签订日期：　　年 月 日

华为大学"培养将军"

2014年，华为公司销售额达460亿美元，实现超过15%的增长。2015年初，华为轮值CEO胡厚崑发表了新年贺词，提出未来将是一个全连接的世界，"做全连接世界的使能者，是华为在这个最好时代的最佳角色。"然而，华为高层领导清晰地认识到，组织管理能力是满足未来使命和业务增长需要的关键要素。任正非早就指出，"我们正面临历史赋予的巨大使命，但是我们缺乏大量经过正规训练、经过考验的干部。华为现在的塔山，就是后备干部的培养。公司在发展过程中到处都缺干部，干部培养不起来，那我们就可能守不住阵地，可能要败退。"而在2015年贺词中，提升组织管理能力被明确视为华为未来的战略重点："我们要使组织运行更灵活机动、响应速度更快；我们的管理运作要从以功能为中心向以项目为中心转变；我们要推进管理变革，提升运营效率……"

华为管理者的成长大致遵循"'士兵'（基层员工）——'英雄'（骨干员工）——'班长'（基层管理者）——'将军'（中高层管理者）"的职业发展路径。根据华为公司人才培养工作的实践特点，华为管理者的培养过程划分为三个阶段。

1. 基层历练阶段：将军是打出来的

对于华为的基层员工，任正非强调"要在自己很狭窄的范围内，干一行、爱一行、专一行，而不再鼓励他们从这个岗位跳到另一个岗位"。"士兵"要在本职岗位上不断提高业务水平和绩效产出，当然，公司也允许基层员工在很小的一个面上有弹性地流动和晋升。

（1）基层员工如何实现晋升？

与其他企业的做法不同，华为对于干部只强调选拔，不主张培养和任命。公司的干部不是培养出来的，而是选拔出来的，干部需要通过实际工作证明自己的能力。正如任正非在2013年EMT办公例会的讲话中称，"苗子是自己窜出土面上来的，不是我拿着锄头刨到地下找到这个苗子，认可你，然后给你机会，但能不能往上走在于你自己。机会是靠自己创造的，不是别人给你安排的。"

（2）选拔的标准是什么？

基层经验与成功的实践，"猛将必发于卒伍，宰相必取于州郡"。"每个人都应该从最基层的项目开始做起，将来才会长大，如果通过烟囱直接走到高层领导来的，最大的缺点就是不知道基层具体的操作，很容易脱离实际。"因此，将军必须从实践产生，而且是从成功的实践中产生。公司的组织建设也与军队的组织建设类似，先上战场，再建组织，"扛着炸药包打下两个山头你就当连长，没有什么服气不服气。"

2. 训战结合阶段：干部的"之"字形成长

"证明是不是好种子，要看实践，实践好了再给他机会，循环做大项目，将来再担负更大的重任，十年下来就是将军了。人力资源管理部和华为大学要加强对种子的管理，种子到各地去干几年以后，不要沉淀下来了，把他忘记了，优秀种子回炉以后，可以往上将、上校上走。"

有管理潜力的人才通过基层实践选拔出来后，将进入培训与实战相结合的阶段，此时公司会提供跨部门、跨区域的岗位轮换和相应的赋能培训。自古以来，英雄都是班长以下的战士。那么英雄将来的出路是什么呢？要善于学习，扩大视野，提升自己的能力。

人力资源部和片联负责选拔优秀的管理型人才进行循环轮换。此阶段也加入组织层面的赋能培训任务，由华为大学承担。

（1）循环轮换。

在训战结合中对于"战"的部分，华为学习美国航空母舰舰长的培养机制，关注干部的"之"字形成长。"直线"成长起来的干部缺少担负全面发展和协调性强的事务的实践历练。"过去我们的干部都是'直线'型成长，对于横向的业务什么都不明白，所以，现在我们要加快干部的'之'字形发展。""之"字成长意味着岗位循环与轮换。华为基本法规定："没有周边工作经验的人，不能担任部门主管；没有基层工作经验的人，不能担任科以上干部。"

各部门将负责帮助新流动进来的人员尽快融入和成长。循环流动的人员到了新部门，也要通过学习去适应新环境和新工作。

任正非同时也强调干部的循环流动是根据业务需要，不是为了流动而流动。"比如搞概算、合同场景，只需要少部分人跨全球使用，但要求多数人能跨区域使用。为了培养一支有实践能力的队伍，我们才流动。我们只会给可能上航母当舰长的人进行循环流动，其他职员不需要海外经验，也不需要流动。职员族固定下来，干一行、爱一行、专一行。所以不是为了干部成长去流动，而是你成长了，就给你流动机会。"

（2）赋能培训。

训战结合阶段中"训"的部分主要由华为大学承担，华为大学通过短训赋能输出"能担当并愿意担当的人才"。为此，华为大学教育学院基于"管事"和"管人"两个角度专门开发了相关培训项目——后备干部项目管理与经营短训项目（简称"青训班"）和一线管理者培训项目（FiRZt-Line Manager Leader Zhip Program，FLMP）。

①管事：项目管理——青训班。

项目管理是华为公司管理的基本细胞，被视为是公司最重要的一种管理。任正非说过，"美军从士兵升到将军有一个资格条件，要曾做过班长。将来华为干部资格要求一定要是成功的项目经理，有成功的项目实践经验。""项目管理做不好的干部，去管理代表处和地区部就是昏君。"因此，华为以项目管理为主线去培养后备干部。

以拉通端到端项目管理和经营为主要培训目标的青训班，其覆盖人群是将来要成为一线干部的后备人才，旨在为公司未来以项目为中心的科学管理奠定基础。青训班项目并不仅仅包括课程讲授，而是一个包括自学、课堂、实战等环节的系统赋能项目。

华为大学青训班项目

赋能环节	概　述
1. 网课自学	学员通过自学初步掌控项目管理的基本环节和理论知识点
2. 课堂演练	5 天实践，模拟组建项目管理团队，采用一线真实案例进行模拟训练，辅以讲师点评，以达到"训练完就能上前线打仗"的效果
3. 项目实践	走上战场，"脱岗"到一线交付项目中实践 2 个月，承担项目管理过程中的一个关键角色，并尽量安排学员跨岗实践
4. 结业答辩	学员参与答辩评估，结业成绩由人力资源部门备案，为其日后岗位晋升提供参考

②管人：从骨干到管理者的转身——FLMP。

对于一个志在未来成为"将军"的华为人来说，仅靠业务的项目管理赋能是不够的。一名合格的基层管理者，不仅会"管事"，还要会"管人"。随着公司业务发展，新任干部持续上岗，如何使他们尽快完成"转身"并帮助他们持续提升管理能力呢？

华为大学教育学院推出了专门为基层管理者设计的 FLMP 项目，旨在帮助学员完成从骨干（个人贡献者）到管理者的转身，并"点燃每个基层管理者的内心之火"。作为基层管理者的"班长"，承上启下，在公司责任重大。正如 FLMP 项目负责人在 2014 年华为大学项目荣誉奖评选宣讲会上讲道："点燃这 1.5 万基层管理者的内心之火，就意味着通过他们可点燃所有一线员工！"

同青训班类似，FLMP 也是一个集学习研讨、在岗实践、述职答辩与综合验收于一体的系统性赋能项目。

华为大学 FLMP 项目

赋能环节	概　述
1. 自学与考试	学员通过自学初步了解管理理论及相关知识点
2. 课堂教学	基于公司对基层管理者的要求，培训课程包括基层管理者角色认知、团队管理、绩效管理、有效激励和公司人力资源管理政策，转换学员思想，为学员植入管理意识和观念
3. 实践检验	任岗实践 5～6 个月，通过具体实践固化行为
4. 述职答辩	"思想"和"业务"双重过硬的"班长"可通过考核答辩，成绩作为新任干部未来晋升的依据
5. 持续学习	推送 FLMP 知识管理平台和学习地图，方便学员在岗学习

3. 理论收敛阶段：理念、文化与哲学的"发酵"

在华为，从基层到高层培养是不断收敛的，会逐步挑选出越来越优秀的人员。"在金子塔尖这层人，最主要是抓住方向。"走过训战阶段进入高阶后，干部若想成长为真正的将军，进一步成为战略领袖和思想领袖，就要使"自己的视野宽广一些、思想活跃一些，要从'术'上的先进，跨越到'道'上的领路，进而在商业、技术模式上进行创造。"为此，华为要求高层干部要学习公司文件，领会高层智慧精华。"我们公司很多高级干部根本不学习公司文件，他们是凭着自己的经验在干活，这样的干部是一定会被淘汰掉的。"为帮助中高级干部实现"术"向"道"的转变，公司规定每位高级干部都必须参与华为大学的干部高级管理研讨项目，简称高研班，亦堪称华为的"抗大"。

高研班的主要目标不仅是让学员理解并应用干部管理的政策、制度和管理方法工具，更重要的是组织学员研讨公司核心战略和管理理念，传递公司管理哲学和核心价值观。和一般企业大学的做法不同，华为大学的高研班向每位参训学员收取 20 000 元的学费，学费由学员个人承担，目的是为了让每位参训干部增强自主学习的意识，而且不经过高研班培训的干部不予提拔。

华为大学高研班项目

赋能环节	概　述
理论自学	"华为公司的核心管理理念及管理方法源于华为的核心价值观，承载了华为 20 多年管理实践中成功经验和失败教训"，是公司级的管理哲学和文化，学员在入学之前需自学其理论内容
课堂研讨	每位参训学员要经历过 3 次研讨，分别围绕《人力资源管理纲要》《业务管理纲要》和《财经管理纲要》三大教材，先组内讨论再全班讨论与"吵架"。课堂没有老师，只有引导员，引导员由公司高层担任，只点评不讲课
论文答辩	撰写至少一篇真实发生的案例作为结业论文，强化对理论学习的现实分析与应用
深度发酵	学员将自己的案例和心得，发布在华大建设的案例平台"管理视界"上，推送全公司的管理者进行讨论

据华为大学相关人员介绍，"华为公司核心管理理念及管理方法源于华为的核心价值观，承载了华为 20 多年管理实践中的成功经验和失败教训，是干部保持正确的管理方向、带领团队成功的基础和前提。干部参加高级管理研讨班，旨在促进干部对公司核心管理理念和管理方法的深入理解和综合运用，同时通过高层亲自授课和考察，识别可能进入公司关键管理岗位的优秀干部苗子。"目前，每年走过"高级管理研讨班"的学员约 1 000 多人。

总结篇：管理者的成长路径

1. 管理者的成长路径模型：罗伯特·卡茨的 3 种可开发技能

著名管理学家罗伯特·卡茨早在 20 世纪 50 年代就提出，培养管理者不应只关注其个人特质，而真正该关注的是"一个人能做什么"。有效的管理行为依赖于 3 种可开发的基本能力——执行技术活动的技能（技术技能），理解与激励个人和团队的技能（人际技能），以及协调和整合组织中所有活动和利益以便趋向共同目标的技能（概念技能），它们的相对重要性随管理层级变化而变化。

以此理论为基础，结合案例资料我们发现如下特点。

（1）基层历练阶段，基层员工以技术技能开发为主。

华为强调基层员工在本职岗位上"埋头苦干"，干一行爱一行，不提倡基层员工换岗。正如新员工培训班"领导座谈"课程环节中某位高级干部在对刚入职员工的寄语中提到："希望大家走上工作岗位之后，要踏踏实实地把业务基础打好。本职岗位前几年在扎根，一旦扎下之后，你会成长得很快。"

（2）训战结合阶段，成为"班长"后的干部以人际技能开发为主，技术技能开发与概念技能开发为辅，实现管理能力的全面提升。

青训班项目重在开发项目管理能力，拉通项目管理的全流程，使受训者从本职岗位的单一视角扩展到项目管理全过程的整体视角，体现了技术技能的开发。FLMP 项目对基层管理者在团队管理与激励等方面进行团队领导力赋能，实现"士兵"到"仕官"的角色转变，有效开发人际技能。

根据卡茨的研究，工作轮换是提升概念技能的有效方法，基层管理者通过轮岗循环实现了概念技能的提升。此外，无论是项目管理各角色协同，还是进行轮岗循环去适应新的工作环境，都包含了对人际技能的开发。因此，训战结合阶段的重点始终围绕人际技能开发。

（3）理论收敛阶段，要想成为真正的"将军"，中高级干部需要"有大视野，大到天文地理，但更要能放能收"，实现"术"向"道"的转变。

具体来说，学员通过干部高级管理研讨班系统研讨，把实践经验总结上升到理论高度，深度发酵。这一过程的重点是概念技能的开发，从组织层面出发，建构战略管理与公司文化管理思维。

根据上述分析，我们以重点开发的技能维度和不同培养阶段为坐标轴，可以建立"管理者成长路径模型"。沿此路径，华为的管理者逐步完成从"士兵"到"将军"的进阶。罗伯特·卡茨认为，技术技能对较低层次的管理有最大的重要性，人际技能对于任何层次的管理者都是必需的，而随着管理层次的提升，对人际技能的需求相对减少了，概念技能变得逐渐重要起来。

2．管理者培养过程的特征规律：个体内在动机与人才培养 721 定律

（1）特征一：有效的管理者培养工作需要激发个体的内部动机，以个体的自我管理为主，并辅之以充分的组织支持。

通过华为公司管理实践提炼出的管理者成长路径模型相对系统地展现了华为管理者培养的过程，大批善打硬仗的"班长"和"将军"构成了华为强大的组织能力。在此过程中，华为公司始终坚持职业生涯自我管理的理念——"每位员工必须对自己的职业生涯进行设计，进行真正的个人设计！"

员工方面，职业发展由员工自己负责，"个人要有进步的渴望，个人如果没有渴望进步的压力和动力，任何的支撑和平台都是没有用的。"

公司方面也建立了完善的自学引导体系和各种激励机制，促进下属自我潜能的发挥。

虽然人力资源管理部和华为大学提供了各种赋能培训，但自我学习始终是员工的责任。任正非强调，"员工视野不宽阔不是我们的责任，视野怎么去培养？我们只有选拔责任，不承担培养责任，不要把责任都揽在自己身上。"由此我们可以得出有关管理者培养方面的第一个规律性：有效的管理者培养工作需要激发个体的内部动机，以个体的自我管理为主，并辅之以充分的组织支持。

（2）特征二：有效的管理者培养方式是以实践培养为主，培训赋能为辅，遵循"实践与经验总结——理论与方法论赋能——实践检验与应用"的逻辑过程。

李常仓等人基于多年的理论研究和咨询实战经验指出，在理解人才培养的"7-2-1 定律"（成人的学习，70% 依靠经验获得，20% 依靠与人互动获得，10% 依靠培训获得）时，需要

意识到这三种方式的任何一种单独使用都不能取得最大化效果，需要有机整合在一起方可产生最大收益。因此，高级管理人才"光靠培训是培养不出来的。"在华为，项目实践是干部最主要的培养方式。

任正非认为，"其实每个岗位天天都在接受培训，培训无处不在、无时不有。"而针对华为大学的培训，公司有明确的要求——"关键是教会干部怎么具体做事"。"要学以致用，不要学天桥把式，练是为干，而不是为了看。"因此，高研班、青训班和FLMP的课程设计与课堂演练均从实战出发，教学内容与一线作战实践保持一致。

所用案例来自项目一线，由华大案例咨询人员专门采集编写而成，课程研讨环节也需要学员在参训前提前准备好来自自己以往实际工作中案例。"这些培训，不是从任何西方课本中下载的，而是要结合我司的实践。要活学活用，急用先学，系统全面的教育要与解决现实问题结合起来。"

其次，公司强调华大培训"教精神、教方法论重于教知识""后备干部总队不是为学习内容的培训，而是学一个方法论"。

此外，华为大学的培训更多是短训班，并不支持长训，青训班和FLMP的课堂教学阶段均不超过一周。

培训的结束也并非整个赋能项目的终结，青训班和FLMP均有学员奔赴战场实践和结业答辩的环节。选拔上来的后备干部在华为大学"学一点、学个方法就上战场，我们有个平台，告诉你可以在网上学习，然后你认识几个老师，网上及时交流。""今天你们来参加研讨，并不等于明天就被承认，你们研讨出来的结果还需要你们到具体的工作岗位上去实践和检验。""我们不可能系统教你们如何当CFO，你们需要在实际工作中去悟出来。"

由此可见，在训战结合阶段，华为的干部培养遵循从实践中来再到实践中去的逻辑路线。通过一线实践采编案例和教学素材，在华大培训期间由学员进行案例研讨以总结归纳理论和方法论，再由学员回到实践中去检验和应用。综上所述，我们可以得出管理者培养方面的第二个规律性：有效的管理者培养方式是以实践培养为主，培训赋能为辅，遵循"实践与经验总结——理论与方法论赋能——实践检验与应用"的逻辑过程。

罗伯特·卡茨是美国著名的管理学学者，1955年他在哈佛商业评论上发表《高效管理者的三大技能》一文，提出管理"技能"说。当时美国企业界风行盯住某些特定的性格特质（trait）或素质、按图索骥寻找"理想经理人"，卡茨提出：这些只盯住特定的性格特质的企业，反而忽视了一个"真正应当关心的问题"：这个人究竟能做成什么事情。

他提出管理者的能力是后天培养的，并不一定要与生俱来，这种能力必须要在实际行动中得以展现，而不能仅仅蕴藏于潜能之中。因此根据行为结果来评判一个管理者，比根据他表面上的性格加以评判更加有效。因为技能比性格特质更容易辨认，因为技能是展现在外部的，可以观察和评估；而内在的性格则不易辨识，常常被曲解。

技术技能指使用某一专业领域内有关的工作程序、技术和知识来完成组织任务的能力。如工程师、会计、技术员等。技术技能强调内行领导。

人际技能指与处理人际关系有关的技能。如人际交往等。

概念技能指能够洞察企业与环境相互影响的复杂性，并在此基础上加以分析、判断、抽象、概括，并迅速做出决断的能力。具体包括：系统性、整体性能力，识别能力，创新能力，抽象思维能力。

（资料来源：根据网络资料改写）

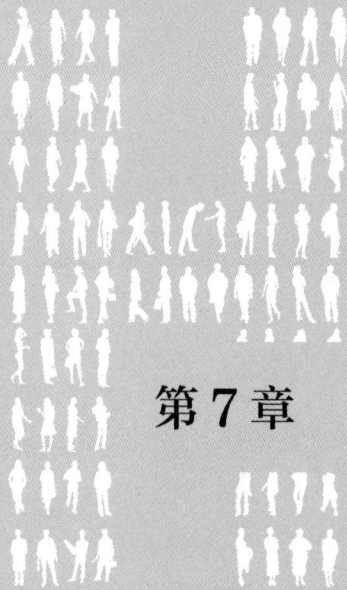
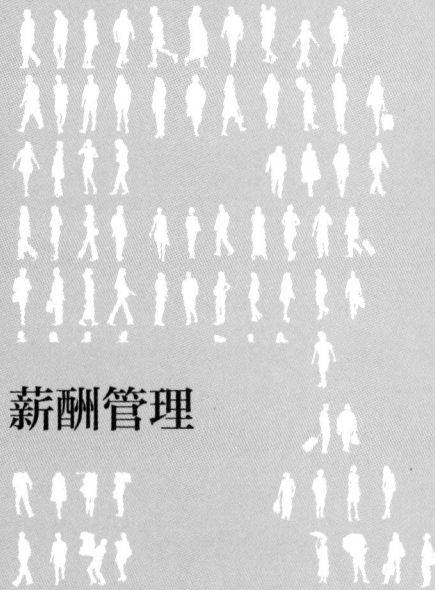

第 7 章　　薪酬管理

7.1 薪酬管理制度

×× 公司		薪酬管理制度		
××-RZ01				
版本	拟定人	审核人	批准人	生效日期

1. 目的

为适应公司发展要求，充分发挥薪酬的激励作用，建立完善的员工职业上升通道，建立一套相对密闭、循环、科学、公平、合理的薪酬体系，根据公司现阶段实际情况，特制定本制度。

2. 适用范围

本制度适用于公司全体员工。

3. 制定原则：本着公平、竞争、激励、合法的原则制定。

（1）公平：相同岗位的不同员工享受同等级的薪酬待遇；同时根据员工绩效、服务年限、工作态度等方面的表现不同，对职级薪资进行动态调整，可上可下同时享受或承担不同的工资差异。

（2）竞争：使公司的薪酬体系在同行业和同区域有一定的竞争优势。

（3）激励：制定具有上升和下降的动态管理，对工作业绩表现突出者给予激励，充分调动员工的积极性和责任心。

（4）合法：制度建立在遵守国家相关政策、法律法规和公司管理制度基础上。

4. 管理机构

（1）薪酬领导小组。

组长：总经理

成员：副总经理、财务总监、财务经理、人力资源部总监、人力资源经理。

（2）薪酬领导小组职责。

①审查人力资源部提出的年度薪酬调整策略及其他各种货币形式的激励手段（如年终奖、专项奖等）。

②日常薪酬管理由人力资源部负责，个别调薪需报总办或总经理审批。

5. 制定依据

本制度制定的依据是劳动力市场状况、地区及行业差异、员工岗位价值（对公司的影响、解决问题、责任范围、监督、知识经验、沟通、环境风险等要素）及员工职业发展生涯等因素。

6．岗位职级划分

（1）薪酬组成及等级

①公司薪酬体系实行多元化薪酬体系。

②公司销售支持部门员工、中层管理员工实行职务等级工资制（即员工收入主要由基本工资、绩效工资、职务工资、加班工资、业绩奖金、工龄津贴和各项补贴等构成）。

③销售部门员工实行业务达成工资制。

④高层管理员工实行年薪制。

（2）职务等级工资制主要分六等，所有岗位分为六个层级：一层级（A）总经理；二层级（B）高管级；三层级（C）经理级；四层级（D）副理级；五层级（E）主管级；六层级（F）专员级。

员工入职时根据岗位价值评估得分表确定其岗位等级工资，如下表所示。

职位等级表

等级		职位
1级	A	公司副总经理、总经理、董事长
2级	B	网络技术总监、运营总监、营销总监、人力资源总监、财务总监、品牌总监、各总监副职、高级工程师、客服总监等
3级	C	营销经理、采购经理、行政经理、人力资源经理、财务经理、设计经理、运营经理、客服经理、技术经理、总经理助理等
4级	D	营销副经理、采购副经理、行政副经理、人力资源副经理、财务副经理、各经理副职等
5级	E	财务主管、会计主管、行政主管、招聘主管、设计主管、策划主管、技术主管、客服主管、行政司机等
6级	F	行政前台、行政专员、会计、出纳、人事专员、客服文员、部门助理、工程技术人员、售后人员、销售人员、活动策划、网络推广等

7．薪酬组成

薪酬＝基本工资＋岗位津贴＋绩效奖金＋加班工资＋各类补贴＋个人相关扣款＋业务提成＋奖金

（1）基本工资：是薪酬的基本组成部分，根据相应的职级和职位予以核定。正常出勤即可享受，无出勤不享受。

（2）岗位津贴：指对主管以上行使管理职能的岗位或基层岗位专业技能突出的员工予以的津贴。

（3）绩效奖金：指员工完成岗位责任及工作，公司对该岗位所达成的业绩而予以支付的薪酬部分。绩效奖金的结算及支付方式详见《公司绩效考核管理规定》。

（4）加班工资：指员工在双休日、国假及8小时以外为了完成额外的工作任务而支付的工资部分。公司D职级（包含D级）以上岗位及实行提成制的相关岗位实行不定时工作制，工作时间以完成固定的工作职责与任务为主，所以不享受加班工资。

（5）各类补贴。

①特殊津贴指公司对高级管理岗位人员基于他的特长或特殊贡献而协议确定的薪酬部分。

②其他补贴包括手机补贴、出差补贴等。

（6）个人相关扣款：包括各种福利的个人必须承担的部分、个人所得税及因员工违反公司相关规章制度而被处的罚款。

（7）业务提成：公司相关业务人员享受业务提成，按公司业务提成管理规定执行。

（8）奖金：公司为了完成专项工作或对做出突出贡献的员工的一种奖励，包括专项奖、突出贡献奖等。

8．试用期薪酬

（1）试用期间的工资为（基本工资＋岗位津贴）的80%。

（2）试用期间被证明不符合岗位要求而终止劳动关系的或试用期间员工自己离职的，不享受试用期间的绩效奖金。

（3）试用期合格并转正的员工，正常享受试用期间的绩效奖金。

9．见习期薪酬

见习员工的薪酬详见公司关于见习期的相关规定。

10．薪酬调整

薪酬调整分为整体调整和个别调整。

（1）整体调整：指公司根据国家政策和物价水平等宏观因素的变化、行业及地区竞争状况、公司发展战略变化以及公司整体效益情况而进行的调整，包括薪酬水平调整和薪酬结构调整，调整幅度由董事会根据经营状况决定。

（2）个别调整：主要指薪酬级别的调整，分为定期调整与不定期调整。

①薪酬级别定期调整：指公司在年底根据年度绩效考核结果对员工岗位工资进行的调整。

②薪酬级别不定期调整：指公司在年中由于职务变动等原因对员工薪酬进行的调整。

（3）各岗位员工薪酬调整由薪酬管理委员会审批，审批通过的调整方案和各项薪酬发放方案由人力资源部执行。

11．薪酬的支付

（1）薪酬支付时间计算。

①执行月薪制的员工，日工资标准统一按国家规定的当年月平均上班天数计算。

②公司年薪制。

● 公司年薪制适用人员：董事会决议确定的年薪制人员。

● 年薪制结构：基本工资＋季度绩效＋年度绩效＋岗位补助＋各项福利。

基本工资按年薪基本工资所占比例金额除以12个月平均发放，季度绩效、年度绩效按所签订的"目标责任书"目标完成情况发放。

③有职务人员才能享受职务工资，同级别人员如无管理职务，不享受职务工资，职务工资根据其管理能力大小（如副职），可适当调整，幅度不能超过20%。

④同职级人员中，专业技术人员职等相应上调一个档次。

⑤特殊人才的引进依据公司总经理的决策确定其工资总额。

⑥副职人员工资待遇可在正职基础上不低于 20% 进行调整。

⑦非年薪制公司高层管理人员可参照 5 ～ 6 级标准执行。

⑧薪酬支付时间：当月工资为下月 15 日。遇到双休日及假期，提前至休息日的前一个工作日发放。

（2）下列各款项须直接从薪酬中扣除。

①员工工资个人所得税。

②应由员工个人缴纳的社会保险费用。

③与公司订有协议应从个人工资中扣除的款项。

④法律、法规规定的以及公司规章制度规定的应从工资中扣除的款项（如罚款）。

⑤司法、仲裁机构判决、裁定中要求代扣的款项。

（3）工资计算期间中途聘用或离职人员，当月工资的计算公式如下：

$$实发工资＝月工资标准×实际工作天数/21.75$$

工资计算期间未全勤的在职人员工资计算如下：

$$应发工资＝（基本工资＋岗位津贴）－（基本工资＋岗位津贴）×缺勤天数/21.75$$

（4）各类假别薪酬支付标准。

①产假：按国家相关规定执行。

②婚假：按正常出勤结算工资。

③护理假：（配偶分娩）不享受岗位技能津贴。

④丧假：按正常出勤结算工资。

⑤公假：按正常出勤结算工资。

⑥事假：员工事假期间不发放工资。

⑦其他假别：按照国家相关规定或公司相关制度执行。

12．社会保障及住房公积金

（1）员工依照劳动合同约定的工资为基数缴纳养老保险金、失业保险金、医疗保险金、住房公积金。

（2）非本地户籍员工由本人提出申请，经公司审批后也可按本地户籍员工同等标准缴纳。

（3）其他非本地户籍员工一律缴纳本地综合保险。

13．薪酬保密

人力资源部、财务所有经手工资信息的员工及管理人员必须保守薪酬秘密。非因工作需要，不得将员工的薪酬信息透漏给任何第三方或公司以外的任何人员。薪酬信息的传递必须通过正式渠道。有关薪酬的书面材料（包括各种有关财务凭证）必须加锁管理。工作人员在离开办公区域时，不得将相关保密材料堆放在桌面或容易泄露的地方。有关薪酬方面的电子文档必须加密存储，密码不得转交给他人。员工需查核本人工资情况时，必须由人力资源部会同财务部门出纳进行核查。违反薪酬保密相关规定的一律视为严重违反公司劳动纪律的情形予以开除。

7.2 人力成本预测与分析

7.2.1 人力资源成本的定义

人力资源成本（以下简称为 HR 成本），指为了获得日常经营管理所需的人力资源，并于使用过程中及人员离职后所产生的所有费用支出，具体包括招聘、录用、培训、使用、管理、医疗、保健和福利等各项费用。

7.2.2 人力资源成本的构成

根据人员从进入企业到离开企业整个过程中所发生的人力资源工作事项，可将 HR 成本分为取得成本、开发成本、使用成本与离职成本 4 个方面，具体明细如下表所示。

HR 成本一览表

一级科目	二级科目	三级科目
人力资源成本	取得成本	（1）招聘成本 （2）选择成本 （3）录用成本 （4）安置成本
	开发成本	（1）岗前培训成本 （2）岗位培训成本 （3）脱产培训成本
	使用成本	（1）维持成本 （2）奖励成本 （3）调剂成本 （4）劳动事故保障成本 （5）健康保障成本
	离职成本	（1）离职补偿成本 （2）离职前低效成本 （3）空职成本

7.2.3 人力资源成本各级科目说明

1. 取得成本

取得成本指企业在招募和录取员工的过程中发生的成本，主要包括招聘、选择、录用和安置等各个环节所发生的费用。

（1）招聘成本，指为吸引和确定企业所需内外人力资源而发生的费用，主要包括招聘人员的直接劳动费用、直接业务费用（如招聘洽谈会议费、差旅费、代理费、广告费、宣传材料费、办公费、水电费等）和间接费用（如行政管理费、临时场地及设备使用费）等。

（2）选择成本，指企业为选择合格的员工而发生的费用，包括在各个选拔环节（如初试、面试、心理测试、评论、体检等过程）中发生的一切与决定录取或不录取有关的费用。

（3）录用成本，指企业为取得已确定聘任员工的合法使用权而发生的费用，包括录取手续费、调动补偿费、搬迁费等由录用引起的有关费用。

（4）安置成本，指企业将被录取的员工安排在某一岗位上的各种行政管理费用，包括录用部门为安置人员所损失的时间成本和录用部门安排人员的劳务费、咨询费等。

2．开发成本

开发成本指为提高员工的能力、工作效率及综合素质而发生的费用或付出的代价，主要包括岗前培训成本、岗位培训成本和脱产培训成本。

（1）岗前培训成本，指企业对上岗前的新员工在思想政治、规章制度、基本知识和基本技能等方面进行培训所发生的费用，具体包括培训者与受训者的工资、培训者与受训者离岗的人工损失费用、培训管理费、资料费用和培训设备折旧费用等。

（2）岗位培训成本，指企业为使员工达到岗位要求而对其进行培训所发生的费用，包括上岗培训成本和岗位再培训成本。

（3）脱产培训成本，指企业根据生产和工作的需要，允许员工脱离工作岗位接受短期（一年内）或长期（一年以上）培训而发生的成本，其目的是为企业培养高层次的管理人员或专门的技术人员。

3．使用成本

使用成本指企业在使用员工的过程中发生的费用，主要包括工资、奖金、津贴、补贴、社会保险费用、福利费用、劳动保护费用、住房费用、工会费、存档费和残疾人保障金等。

（1）维持成本，指企业保持人力资源的劳动力生产和再生产所需要的费用，主要指付出员工的劳动报酬，包括工资、津贴、年终分红等。

（2）奖励成本，指企业为了激励员工发挥更大的作用，而对其超额劳动或其他特别贡献所支付的奖金，包括各种超额奖励、创新奖励、建议奖励或其他表彰支出等。

（3）调剂成本，指企业为了调剂员工的工作和生活节奏，使其消除疲劳、稳定员工队伍所支出的费用，包括员工疗养费用、文体活动费用、员工定期休假费用、节假日开支费用、改善企业工作环境的费用等。

（4）劳动事故保障成本，指员工因工受伤和因工患职业病的时候，企业应该给予员工的经济补偿费用，包括工伤和患职业病的工资、医药费、残废补贴、丧葬费、遗属补贴、缺勤损失、最终补贴等。

（5）健康保障成本，指企业承担的因工作以外的原因（如疾病、伤害、生育）引起员工健康欠佳不能坚持工作而需要给予的经济补偿费用，包括医药费、缺勤工资、产假工资和补贴等。

4．离职成本

离职成本指企业在员工离职时可能支付给员工的离职津贴、一定时期的生活费、离职交通费等，主要包括解聘、辞退费用及因工作暂停而造成的损失等。

（1）离职补偿成本，指企业辞退员工或员工自动辞职时，企业所应补偿给员工的费用，包括至离职时间止应付给员工的工资、一次性付给员工的离职金、必要的离职人员安置费用等支出。

（2）离职前低效成本，指员工即将离开企业时造成的工作或生产低效率损失的费用。

（3）空职成本，指员工离职后职位空缺的损失费用。某职位出现空缺后可能会使某项工作或任务的完成受到不良影响，从而造成企业的损失。

7.2.4 人力成本预算编制

1．人力成本构成

人力资源部应于每月 25 日前编妥下个月的各项 HR 成本支出预计表，并于次月 15 日前编妥上月份实际与预计比较的费用比较表，呈总经理核阅后一式三份，一份自存，一份送总经理办公室，一份送财务部。HR 成本所包含的内容具体如下表所示：

HR 成本构成一览表

费用项目	费用内容构成
工资成本	基本工资、奖金、津贴、职务工资、加班工资、补贴
福利与保险费用	福利费、员工教育经费、住房公积金、养老保险、医疗保险、失业保险、工伤保险等
招聘	招聘广告费、招聘会会务费、校企合作费
人才测评	测评费
培训	教材费、讲师劳务费、培训费、差旅费
调研	专题研究会议费、协会会员费
辞退	补偿费
劳动纠纷	法律咨询费
办公业务	办公用品与设备费
残疾人安置	残疾人就业保证金
薪酬水平市场调查	调研费

2．HR 成本预算编制流程

根据 HR 成本预算可编制流程图，如下图所示。

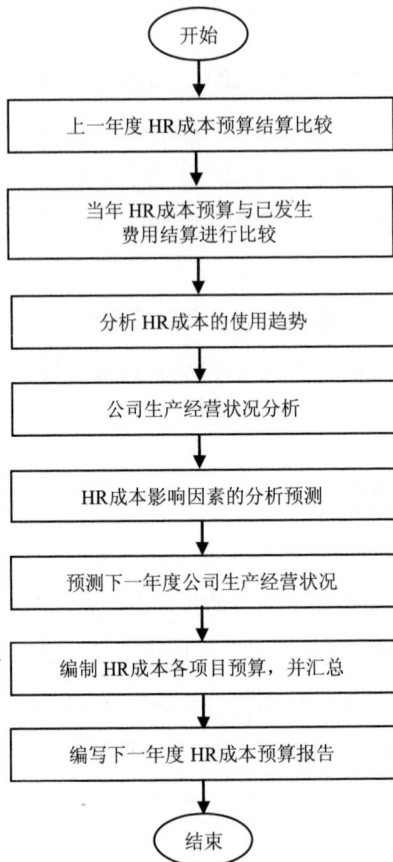

```
                    ( 开始 )
                       │
                       ▼
        ┌──────────────────────────────┐
        │ 上一年度 HR 成本预算结算比较    │
        └──────────────────────────────┘
                       │
                       ▼
        ┌──────────────────────────────┐
        │ 当年 HR 成本预算与已发生         │
        │ 费用结算进行比较                │
        └──────────────────────────────┘
                       │
                       ▼
        ┌──────────────────────────────┐
        │ 分析 HR 成本的使用趋势          │
        └──────────────────────────────┘
                       │
                       ▼
        ┌──────────────────────────────┐
        │ 公司生产经营状况分析            │
        └──────────────────────────────┘
                       │
                       ▼
        ┌──────────────────────────────┐
        │ HR 成本影响因素的分析预测        │
        └──────────────────────────────┘
                       │
                       ▼
        ┌──────────────────────────────┐
        │ 预测下一年度公司生产经营状况     │
        └──────────────────────────────┘
                       │
                       ▼
        ┌──────────────────────────────┐
        │ 编制 HR 成本各项目预算，并汇总    │
        └──────────────────────────────┘
                       │
                       ▼
        ┌──────────────────────────────┐
        │ 编写下一年度 HR 成本预算报告      │
        └──────────────────────────────┘
                       │
                       ▼
                    ( 结束 )
```

HR 成本预算编制流程图

3．人力成本预算的执行

（1）人力资源部在收到预算委员会批复的年度预算后，应按照计划实施。

（2）人力资源部应建立全面预算管理簿，按时填写"预算执行表"，按预算项目详细记录预算额、实际发生额、差异额、累计预算额、累计实际发生额和累计差异额。

（3）在预算管理过程中，对预算内的项目由总经理、人力资源总监进行控制，预算委员会、财务部进行监督，预算外支出由总经理和财务总监直接控制。

（4）下达的预算目标是与业绩考核挂钩的硬性指标，一般来说不得超出预算。根据预算执行的情况对责任人进行奖惩。

（5）费用预算如遇特殊情况确需突破时，必须提出申请说明原因，经财务部经理及总经理的核准后纳入预算外支出。如支出金额超过预备费，必须由预算委员会审核批准。

（6）若 HR 成本的预算有剩余，可以跨月转入使用，但不能跨年度。

（7）预算执行中由于市场变化或其他特殊原因（如已制定的预算缺乏科学性或欠准确、国家政策出现变化等）时，要及时对预算进行修正。

7.2.5　人力成本预算的考核与激励

人力成本预算考核主要是对预算执行者的考核评价。预算考核是发挥预算约束与激励作用的必要措施，通过预算目标的细化分解与激励措施的付诸实施，以达到引导企业每一位员工向企业战略目标方向努力的效果。

预算考核是对预算执行效果的一个认可过程，具体应遵循如下原则。

（1）目标原则：以预算目标为基准，按预算完成情况评价预算执行者的业绩。

（2）激励原则：预算目标是对预算执行者业绩评价的主要依据，考核必须与激励制度相配合。

（3）时效原则：预算考核是动态考核，每期预算执行完毕应立即进行。

（4）例外原则：对一些阻碍预算执行的重大因素，如市场的变化、重大意外灾害等，考核时应作为特殊情况处理。

企业要通过季度、年度考核保证 HR 成本预算得到准确执行。季度、年度预算考核是对前一季度、年度预算目标的完成情况进行考核，及时发现可能存在的潜在问题，或者在必要时修正预算，以适应外部环境的变化。

7.3 工具表单

表单1. 岗位价值评估要素表

岗位价值评估要素表

要素及百分比	岗位名称	分值	10~19	20~30	35~44	45~54	55~65	70~79	80~90	95~100	总得分	得分
职责规模 对公司的影响10%	影响	10%	主要是辅助性质的工作，对企业的成绩有间接影响微小		可容易辨别出对公司的成绩有间接性的影响			对公司成绩有明显的、基本的，或是主要性的影响		对取得公司的重要成绩有卓越的影响		
	规模	0%	规模是指公司的规模									
监督管理10%	下属	5%	无监督管理		有直接下属			有直接和间接下属		有较多的直接和间接下属		
	下属类别	5%			助理或中级岗位人员			中级或高级岗位人员		高级岗位人员		
职责范围30%	独立性	10%		分工明确、工作有一定限制，工作步骤受到控制	根据常规方法和惯例进行工作，效果控制		按总原则工作，定期检查，效果控制			根据战略目标工作，战略目标成就控制		
	广度	10%		重复性活动及少部分相似的几个相似的工作	同功能部内担任不同的工作			承担不同功能部性质的工作，或领导一个职能/业务部工作		领导多个职能/业务部工作		
	知识面	10%	对公司其他功能/业务部的知识需要有限		对公司其他功能/业务部的知识要较好的了解		对公司其他功能/业务部的知识要有较好的了解	对公司和国内市场要有较好的了解或对所在功能/业务的国际市场有较好了解		全面了解所有有关公司的经营活动和相关的国内、国际市场情况		
沟通技巧10%	沟通技巧	4%		普通（一般礼节和信息的交换）	重要（要求与人合作，对人施加影响）					极大（对公司有重大影响的谈判和决策）		
	联系频率	4%		偶尔（一个月有几次）	时常（频繁但非每天）		要求几乎每天			天天（每天）		
	内外用处	2%	内部（主要在公司内部的交流）		外部（客户、政府机关）							

续上表

要素及百分比	岗位名称	分值	评分范围								总得分	得分
			10～19	20～30	35～44	45～54	55～65	70～79	80～90	95～100		
任职资格 5%	学历	2%	此岗位要求大、中专学历		此岗位要求本科学历			此岗位要求硕士学历		此岗位要求博士学历		
	经验	3%	无要求		要求有工作经验			要求有一定相关工作经验		要求有较强相关工作经验		
工作难度 30%（工作复杂程度）	复杂性	15%	问题已经确定，常规性质或有限难度，或需要一点分析		必须确定问题，问题需要进行分析和调查		问题有些难度或难处理	必须确定问题，问题复杂，需要进行广泛地分析和详细的调查		必须确定问题，问题多数且非常复杂，需要大量跨部门和面向公司的企业分析		
	创造性	15%	无须创造或改进，一切已有明确规定，或基于工作范围内进行一般性更新			在所在功能/业务部门内，改进和发展现有的方法和技术，受益于功能/业务内部的经验		受益于公司内部的经验，创立新方法和新技术，或受益于公司外部的经验，创立复杂而有广泛的方法和技术		明确发明性的，前所未有的发明，开发，或科学性的发明		
环境条件 5%	环境	3%	工作活动中身体、精神上的可能性一般		工作活动中身体、精神上的压力一般				工作活动中身体、精神上的压力较高			
	风险	2%	工作中受伤害的可能性一般			工作中受伤害的可能性较大						

表单 2. 工资标准表

工资标准表

职位	职位等级	基本工资	职务补贴	技术补贴	特殊补贴
总经理					
副总经理					
部门经理					

表单 3. 工资调整表

工资调整表

姓　名		部　门		职　位	
性　别		出生年月		入司日期	
毕业学校		专　业		学　历	
服务年资	年　月		现月薪		
前 × 年考绩	第一年				
	第二年				
	第三年				
	第四年				
	第五年				
本 年 考 绩					
分　数			等　级		
按 调 整					
职　位		调整额		调整后月薪	
核　定					
职　位			月　薪		
审 核 意 见					

表单 4. 年度公司人员编制与人力成本测算

年度公司人员编制与人力成本测算

序号	部门	岗位	姓名	编制人数	实际人数	缺编/超编/新增	基本工资	绩效工资	职务工资	工龄工资	餐补	交通补助	通信补助	合计	备注
1															
2															
3															
4															
5															
6															
7															
8															
9															
10															
11															
12															
13															
14															
15															
16															
17															
18															
19															
20															

表单 5. 人力成本分析表

人力成本分析表

公司名称：　　　　　月份：　　　　　　　　编制时间：　　年　月　日

序号	指标名称		单位	当月数	合计数
1	一、平均在岗人数		人		
2	二、销售业绩收入		万元		
3	三、人力成本费用总额		万元		
4	其中	工资总额	万元		
5	1. 工资总额	（1）基本工资	万元		
6		（2）绩效工资	万元		
7		（3）奖金	万元		
8		（4）提成工资	万元		
9	2. 培训费用		万元		
10	3. 社保费用		万元		
11	4. 劳保费用		万元		
12	5. 福利费用		万元		
13	6. 招聘费用		万元		
14	人力成本 =4+9+10+11+12+13		万元		
15	四、毛利总额		万元		
16	五、人力成本指标分析				
17	1. 人均销售业绩 =2/1		元		
18	2. 人均毛利 =15/1		元		
19	3. 人均人力成本 =14/1		元		
20	4. 人均工资 =4/1		元		
21	5. 工资业绩率 =4/2		%		
22	6. 工资毛利率 =4/15		%		
23	7. 人力成本业绩率 =14/2		%		
24	8. 人力成本毛利率 =14/15		%		

备注：1. 本表中第 2 行至第 15 行数据由财务提供，其他数据均由人力资源部门负责提供计算；
　　　2. 本表毛利是指财务核算出的毛利额。

案例传真　华为公司薪酬制度的演变

1．初创期，1987—1994年

（1）无奈的选择。

初创期的华为公司基本还是一家贸易型公司。公司从1991年开始投入全部资金和人力开发和生产自主品牌的新型用户程控交换机。1994年，华为的第一台C&C08万门交换机研发成功，从而终结了华为公司无产品、无技术的贸易时代，开始进入到新的发展阶段。尽管华为在1992年时的销售收入已经突破1亿元，但公司整体实力依然较弱，内外部资源都比较贫乏。受到财力、物力等诸多方面的限制，当时华为的薪酬和福利都低于市场平均水平，吸引大家的主要是创业机会以及对未来成功的期望，那时候的华为公司主要依靠晋升、能力提高、工作氛围等非经济性薪酬贡献来吸引员工。

（2）高薪请人才。

华为从一开始就将绩效和能力放在第一位，不搞论资排辈，这为年轻人提供了快速成长和晋升的机会，大学毕业刚进公司两三年的学生就可以管理一个几十人的部门，最年轻的高级工程师只有19岁。

在尚无法支付高薪的情况下，华为还尝试采用股权激励的方式来吸引和留住员工。早在1990年，华为便第一次提出了内部融资、员工持股的概念。在1992年变更为集体企业之后，华为便开始推行员工普遍持股制，但持有内部股的员工只有分红权，并无其他股东权利，公司会在员工退出公司时按照购股之初的原始价格加以回购。

大约从1993年开始，华为实际上就已经开始小心尝试"薪酬领袖"战略，因为任正非相信，公司可以高价买元器件、买机器，也同样可以"高薪买人才"。1993年初，一位在上海交大任教8年的硕士研究生作为软件工程师进入华为，他在学校的月工资仅为400多元，来华为之后，当年2月份的工资是1500元，比当时上海交大校长的工资还高，且尽管2月份他只上了一天班，却拿到了半个月的工资；第二个月，他的工资涨至2600元，之后几乎每个月工资都在涨，到年底时月工资已经涨到6000元。

2．高速成长期，1995—2005年

（1）规范化管理。

1995年之后，华为开始高速成长，1996年的销售收入达26亿元。就在这一年的春节前夕，公司对市场部进行了一个多月的整训，要求市场部全体人员向公司同时提交一份述职报告和一份辞职报告，然后公司根据个人的实际表现、发展潜力，以及公司的市场发展需要批准其中一份。这次市场部的"集体辞职"实践拉开了华为国际化、正规化管理的序幕。

也就是在这一年，华为邀请中国人民大学的一批专家帮助自己起草了《华为基本法》，在1997年又提出了客户服务文化，同时开始陆续聘请IBM、合益集团、普华永道、埃森哲等咨询公司帮助自己在IPD、ISC、人力资源管理、财务管理、营销管理、质量控制等多个领域引入世界级的管理经验，全面构筑客户需求驱动的流程和管理体系。

（2）薪酬领袖。

此时的华为，经济实力越来越雄厚，人才招聘需求也迅速上升，遂开始全面实施"薪酬领袖"战略，大部分时候，华为员工的薪酬比国内其他厂商高出 1/3 左右。1997 年以后，华为开始进行多元化经营，除原有的电话交换机外，还增加了数据业务、无线通信等通信领域的主导产品，快速扩张导致了对优秀人才的巨大需求。1998 年，华为开始实行第一次大规模招聘，当年共招收了 800 多名大学毕业生，此后三年分别招收了 2 000、3 000 和 5 000 名大学毕业生。这种招聘势头一直持续到 2002 年。

由于华为此时的实力已经很雄厚，加上大规模招聘的需要，高薪战略得到了进一步加强。在 2000 年前后，国内电子通信类人才奇缺，通信行业快速扩容导致对通信类人才的争夺加剧，华为在这场人才争夺战中开出的条件尤为优厚，待遇最好的研发人员和市场人员的月薪通常能够达到 8 000～9 000 元，比通信行业的通常工资高出 3 000～4 000 元。

（3）放缓脚步。

不过，薪酬高速增长的情况在 2001 年有所停顿。经过前几年的大规模招聘，华为放缓了扩招的步伐，再加上行业不景气因素，华为一方面冻结薪酬两年，同时将新员工的起薪下调。2001 年以后新入职员工的待遇较之前下降了不少，大学本科的起薪点从 5 000～6 000 元下调至 4 000 元，硕士的起薪点从 7 000～8 000 元下调至 5 000 元。尽管如此，与其他企业相比，华为的起薪依然算是非常高的。到 2003 年年底，华为开始恢复加薪，但此后的加薪幅度明显放缓了。

（4）工作压力。

20 世纪 90 年代中后期以来，华为一直沿用绩效管理体系、薪酬分配体系和任职资格评价体系三位一体的人力资源管理构架。华为员工被划分为生产、研发、市场销售和客户服务四大体系，其研发和市场销售体系的薪金水平明显高过生产和客户服务体系。

本科毕业生和研究生刚刚进入华为的起薪存在差异，但这种学历因素造成的薪酬差别会随着工作年限的延长变得越来越小，薪酬的主要决定依据是员工的工作能力和业绩。一般在市场销售和研发部门工作五年之后，月薪加上年终奖和股票分红一般都能达到 20 万元左右。但在华为工作相对更辛苦，员工经常为完成工作而自发加班，但没有加班费，所以每年都有 4% 左右的员工会离职。

（5）淡化福利。

总的来说，华为的薪酬体系相对比较简单，除了基本月薪、年终奖和股票之外，还有一些福利和补助。华为的福利不算太多，这是因为任正非一方面注意通过薪酬制度确保员工的工作动力，另一方面又非常警惕不让华为成为一个养老机构，不能染上"福利病"。据说有员工曾经建议公司建设"华为大厦"，让大家免费居住以及允许员工免费在食堂吃饭，但任正非坚决反对，认为这反映了员工的太平意识，这种意识会导致公司走向没落。

即便是并不丰富的福利，华为也主要是以货币形式支付的。比如，华为每个月会根据工作地域的不同，给员工的工卡中打一笔钱（目前大约是每个月800～1000元），员工可以用这笔钱购买班车票，在公司食堂就餐，以及在公司小卖部购物，但不得取现。若每年年底卡中的钱高于一定数额或员工离职，也可以一次取现，但要扣20%的税。此外，华为还会对员工支付以下四类基本的补贴：国内出差补助，国内离家常驻外地补助，海外出差补助，海外长住补助。

3. 稳定发展期，2005年至今

（1）走向世界。

华为从2003年开始逐渐进入欧洲市场，进而打入日本、南美和北美市场。2005年后，华为与全球的几百家客户从原来的甲乙方关系转变为相互依存、相互促进的战略伙伴关系。也就是在这一年，华为在海外的销售额首次超过国内。

这一时期的华为进入了成熟发展期，国际化发展路线逐渐明朗，3G产品的签单成功带来了海外业务的发展迅猛。

2006年以后，华为开始推行薪酬改革，根据岗位责任和贡献产出决定每个岗位的薪酬级别，员工的薪酬与岗位和贡献挂钩，员工的岗位被调整了，薪酬待遇也随之改变。华为希望通过此次薪酬变革鼓励员工在未来的国际化拓展中持续努力奋斗，鼓励那些有奋斗精神、勇于承担责任、能够冲锋在前的员工，调整那些工作懈怠、不思进取的老员工的岗位。

（2）"辞职门"事件。

2007年10月，在《劳动合同法》正式实施前夕，华为要求所有工龄超过8年的员工必须在2008年元旦之前办理主动辞职手续，辞职之后再竞岗，然后与公司重新签订1～3年的劳动合同。华为的规定是：员工离职后6个月内重新应聘的，合格者可留下，待遇不变。由于这些老员工大都有华为的内部股份，因此在辞职的6个月内，公司为员工保留股份，如辞职后不再续签合同，则公司按股价给员工兑换成现金。

华为此次"辞职门"共涉及6 687名中高级干部和员工，任正非本人也不例外。最终，任正非及其他6 581名干部和员工完成了重新签约上岗；38名员工选择自愿退休或病休，52名员工因个人原因选择自愿离开公司；16名员工因绩效低和岗位不胜任等原因，经双方友好协商后离开公司。尽管外界对华为此举有不少微词，但华为提供的所谓"N+1"补偿方案让员工们感到非常满意："N"是员工在华为的工作年限。若一位员工在华为的月薪是1.5万元，全年奖金12万元，则相当于月收入2.5万元；若此人为华为工作了10年，则可以得到补偿是27.5万元。仅此一项，华为就支付出去10多亿元人民币。

（3）高管"零奖金"。

尽管发生于2008年的金融危机给华为带来很大的不利影响，但华为在随后几年里的业绩还算不错。华为的同城竞争对手中兴通讯在2012年的业绩很不理想，全年归属于上市公司股东的净利润同比下降221.35%～240.77%，亏损达25～29亿元。而华为在2012年的全年销售收入达到了 2 202 亿，同比增长 8%（其中在中国的销售收入为 736 亿元，占 33%；来自海外的整体销售收入约占 67%）；净利润 154 亿元，同比增长 33%；每股可分配利润 1.41 元。当年，华为的奖金总额为 125 亿人民币，同比增长 38%，高于净利润增幅。不过，包括董事长孙亚芳、总裁任正非、首席财务官孟晚舟等在内的高管则拿"零奖金"。据内部人士透露，这是由于公司集群和终端两项业务有个别指标未达标，因此高管们主动放弃了年终奖。

近年来，随着华为的扩张步伐放慢以及 2008 年金融危机带来的一系列不利影响，华为的薪酬与市场薪酬水平的差距有所缩小。在网络上，已经可以看到一些华为员工关于起薪低、加薪速度慢以及加薪机会少的抱怨，就连年终奖也往往要等到入职满两年才有机会享受。

（4）大幅调薪。

2013 年 7 月，华为公布了其上半年业绩：实现销售收入 1 138 亿元，同比增长 10.8%，全年净利润率预计为 7%～8%。随后，华为宣布了较为激进的加薪计划：13/14 级的基层员工平均加薪幅度在 30% 左右，部分人的薪酬上涨幅度甚至会超过 70%，一些人的薪酬翻番。而 2014 年进入华为工作的应届毕业生起薪也将大幅上调：本科生入职月薪（一线城市税前）从 6 500 元调整为 9 000 多元，增幅为 38%；硕士毕业生起薪从 8 000 元／月上调至 10 000 元／月，增幅为 25%。如果是优秀毕业生，起薪还会有不同程度的上浮。

关于此次加薪，一种解释是：13/14 级的基层员工群体是公司各项业务的主要具体操作执行者，他们思想新，冲劲足，富有活力和热情，是公司未来的管理者和专家之源。公司现行的薪酬政策是强调刚性、增加弹性，造成 13、14 级基层员工的工资与业界相比没有竞争力，难以吸引和保留优秀人才。可以说，此次加薪一方面是为了进一步吸引和保留优秀人才，特别是中基层人才，另一方面则要增加固定薪酬部分即确定性的工资收入，以降低薪酬的变动幅度。

（5）瘦身运动。

一些业内人士认为：华为的人力结构一直是金字塔型的，由于公司一直在快速扩张，因此基础底座（即每年不断招收的大学毕业生）非常厚实，即使中间层离职率较高，也能保证金字塔型的结构。但近年来，华为的人力结构出现了"腰粗"的问题，金字塔可能要变成橄榄型了。这是因为，华为在一定程度上通过员工加班的强度来评价员工，但很多员工在经过五六年甚至更多年头的加班生活和努力奋斗后，一方面薪酬待遇已经较高，另一方面也已经成家立业甚至有了孩子，因而就不太愿意像过去那样拼命工作了，而华为显然愿意看到这部分已经不能拼命工作的员工选择离职。

过去，这批人的离职速度基本上能够满足华为的要求，但 2005 年以后招聘的大量员工虽然已经达到 15/16 级或更高级别，薪酬已经上去了，但由于近些年来的整体经济形势不好，选择离职的人数显得不够多。与此同时，由于华为提供给基层员工的薪酬缺乏竞争力，公司在吸引和留住基层人才方面存在劣势，这就导致华为的人才结构出现了"腰粗"而基础底座不牢固的问题。

据透露，华为 2013 年上半年内部制定的离职率需要达到 9%，重点淘汰的是工作 5 年以上的 15/16 级员工，并且半年考评时的很多 C 级和 D 级指标也给了 15/16 级的员工。实际上，华为的此次薪酬调整在大幅度提升基层员工薪酬水平的同时，只是给部分中间层员工加薪，没有得到加薪的中间层员工的薪酬甚至比基层员工的薪酬水平还要低，即出现所谓"薪酬倒挂"现象。华为的意图显然是要借此挤走一批中间层员工，从而达到"瘦腰强腿"的目的，把那些不符合华为艰苦奋斗需求的中层淘汰掉，重塑强有力的金字塔人才结构。

（6）策略调整。

在这次薪酬调整中，华为员工薪酬的另外一个变化是，在今年的基层员工年薪总额中，年终奖和分红部分会大幅度下降，主要薪酬收入将会来自每个月的固定薪酬。过去，华为员工年薪中有一半以上是年终奖和分红，但随着虚拟受限股总数的增加和公司利润率的下降，分红比例越来越低，对大家的激励作用也越来越弱。

而任正非在 2012 年 4 月的一次讲话中也提到，今后要逐步降低分红，把利润拿来做奖金，去激励奋斗在一线的人。这表明，华为正在逐步修改以往那种薪酬激励模式，分红很可能不再是华为今后的主要激励手段，而是将逐步成为真正的投资收益；年终奖也不大可能像过去那么丰厚，大约会相当于几个月的工资。这是否表明华为将会成为一个普通的巨型企业呢？

4．华为的员工持股

（1）丰厚的回报。

华为从 1992 年开始实施内部员工持股计划。当时的基本做法是：凡是工作 1 年以上的员工均可以购买公司的股份，购买数量取决于员工的职位、绩效以及任职资格等因素，一般是公司在年底通知员工可购买的股份数；员工以工资、年底奖金出资购买股份，资金不够时公司还会协助员工取得贷款；股票的购买价格并不与公司净资产挂钩，而是确定为每股 1 元。员工购买股份后的主要收益，来自于公司绩效挂钩的分红（分红比例曾多年保持在 70% 的高水平）。员工离职时，公司会按照员工原来的购买价格即每股 1 元回购。工会（下设持股委员会）代表员工管理持有股份，是公司真正的股东，员工自身并没有完整的股东权利。

在 2001 年以前，处于"黄金成长期"的华为通过内部股票分红使员工获得了丰厚的收益，有一种内部说法是："1+1+1"，即在员工的收入中，工资、奖金、股票分红的收入比例大体相当。1997 及以前年份进入华为的老员工是其中的最大受益群体。一位 1997 年初来到华为的员工，在工作 6 年后拿到 40 股内部股票，其 2001 年的税后分红为 20 万元上下。

（2）股权变革。

2001 年，深圳市出台了《深圳市公司内部员工持股规定》。华为意识到了以前那种股权安排的潜在风险，而且其股权制度的不规范，也制约了公司与国际管理机制接轨。随即，华为通过与国际咨询公司合作，对公司的股权制度进行调整变革，用规范的虚拟股票期权即所谓的"虚拟受限股"取代了原来实行的内部股权。新员工不再派发长期不变 1 元每股的股票，老员工手中持有的每股 1 元的内部股，则按 2001 年末公司净资产折算为每股 2.64 元。

这种做法将净资产与员工股权联系在一起，成为一种接近实际意义的员工持股安排。公司每年会根据员工的工作水平和对公司的贡献决定其获得的股份数，员工则需要按照公司当年的净资产价格购买虚拟股。拥有虚拟股的员工可以获得一定比例的分红，再加虚拟股对应的公司净资产增值部分，但他们没有所有权、表决权，也不能转让和出售。在员工离开时，由华为回购。

（3）约束机制。

公司规定，员工的虚拟股每年可兑现 1/4，价格是最新的每股净资产价格，但同时又对中高层的兑现额度作了专门规定，即除非离职，每年只能兑现 1/10。在离开华为以后，员工还要接受公司 6 个月的严格审核，确认其后来任职的公司符合"产品与华为不构成同业竞争""没有从华为内部挖过墙角"等所有条件后，方可全额兑现。

在华为，每位持股的员工都有权选举和被选举为股东代表，持股员工选出 51 人作为代表，然后从中轮流选出 13 人作为董事会成员，5 人担任监事会成员。

（4）最新动向。

2003 年，华为动用了几十亿元的未分配股权再次给予 80% 以上的员工股票购买权，其主要目的有两个：一是向银行申请股权抵押的贷款额度，缓解华为由于 3G 业务推迟带来的资金紧张问题；二是将股权向新的骨干核心层倾斜，通过 3 年的锁定期稳定核心员工队伍，共度眼前的困难时期，将来再通过净资产增值、股权分红等方式将利益分配给员工。这样，既可以有效降低华为的资产负债率，又可以让员工一起承担部分经营风险。

2008 年，华为再次微调了虚拟股制度，实行饱和配股制，即规定员工的配股上限，每个级别的员工达到持股上限后将不再参与新的配股。这一规定，使手中持股数量巨大的华为老员工们配股受到了限制，但有利于激励华为公司的新员工。

（资料来源：根据网络资料改写）

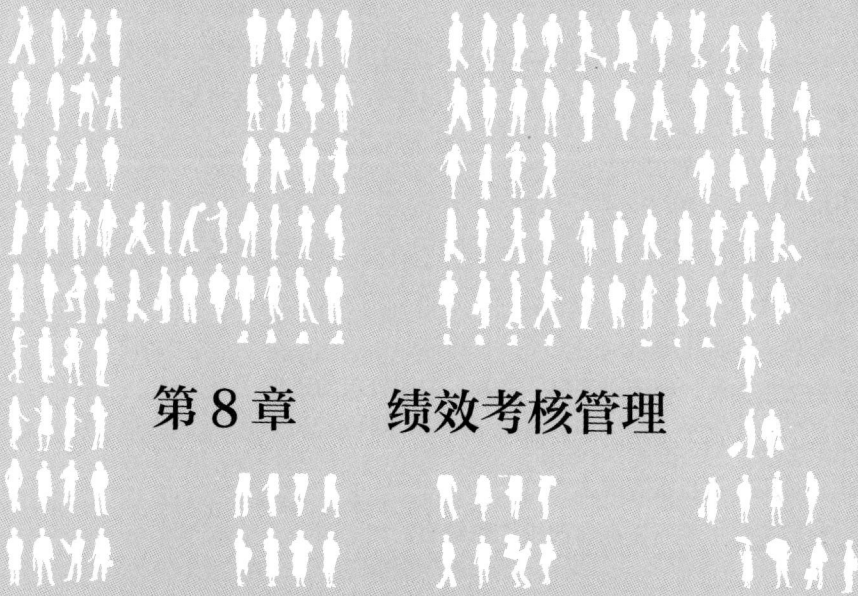

第8章 绩效考核管理

8.1 绩效考核管理制度

×× 公司		绩效考核管理制度		
××-RZ01				
版本	拟定人	审核人	批准人	生效日期

1．目的

为加强公司对员工的绩效管理和绩效考核工作，使考核成为各级管理者有效激励员工、进行精细化管理的工具；建立良好的绩效文化，促使公司总体绩效全面、持续提升；促进员工能力不断成长，提高员工的满意度和成就感，实现公司及个人发展目标的高度结合，特制定本制度。

2．适用范围

本制度适用于公司全体员工。

3．考核的宗旨

（1）考察员工的工作绩效。

（2）作为员工奖惩、调迁、薪酬、晋升、退职管理的依据。

（3）了解、评估员工工作态度与能力。

（4）作为员工培训与发展的参考。

（5）有效促进员工不断提高和改进工作绩效。

4．考核原则

实施绩效考核必须要建立一套有效的绩效考核体系。

（1）客观原则：指考核要明确目标，制定规则，以客观事实作为依据，考核结果以部分提供的统计数据和客观事实为基础，避免个人主观因素影响考核结果。

（2）透明原则：指考核流程、考核方法和考核指标公开、公平、公正、清晰、明确；考核者与被考核者对考核目标不会存在明显的分歧。

（3）可行原则：指考核标准可以顺利进行。如考核指标是可以量化的；考核数据信息是可以正确获得的；考核者能保证考核的公正性。

（4）反馈原则：考核结果要及时公布反馈给被考核者。

（5）沟通原则：考核结果公布后若有申诉的员工，需要与被考核者进行充分沟通，听取被考核者对自己工作的评价与意见，使考核结果公正、合理，能够促进绩效改善。

5．考核周期

（1）部门及部门第一负责人（含）以上的管理人员考核为季度考核。

（2）除上述以外的个人考核实行月度考核机制，即一个自然月为一个考核周期，领导需要每月对下属月度绩效及时评估、记录并共同制定下月工作计划。

6．绩效考核的程序

（1）制定绩效目标。

①各部门负责人根据本年度（或考核周期）公司对员工的要求和期望，在与员工协商的基础上确定年度（或考核周期）工作目标。

②高层及决策层（副总、各部门总监及总监副职等）的考核内容包括：

a. 部门量化指标：针对部门可以量化的关键业绩指标。

b. 部门非量化指标：针对部门不能量化但对公司和部门业绩形成非常重要的指标。

c. 追加目标和任务考核：主要是对工作中的追加目标和任务的考核。

（以上部分权重为70%，参考值，具体分配由考核责任人确定）

d. 工作行为与态度考核。

（此项权重为20%，参考值）

e. 管理行为考核。

（此项权重为10%，参考值）

③中层管理者（各部门经理、副经理）的考核内容包括：

a. 指标性目标：可以定量衡量的考核目标。

b. 重点工作目标：不能量化，但是对完成工作非常重要的工作目标。

c. 追加目标和任务考核：主要是对工作中的追加目标和任务的考核。

（以上部分权重为80%，参考值，具体分配由各级考核责任人确定）

d. 工作行为与态度考核。

（此项权重为10%，参考值）

e. 管理行为考核。

（此项权重为10%，参考值）

④基层员工（员工、主管）的考核内容包括：

a. 指标性目标：可以定量衡量的考核目标。

b. 重点工作目标：不能量化，但是对完成工作非常重要的工作目标。

c. 追加目标和任务考核：主要是对工作中的追加目标和任务的考核。

（以上部分权重为80%，参考值，具体分配由各级考核责任人确定）

d. 工作行为与态度考核。

（此项权重为20%，参考值）

岗位层级	关键业绩指标	工作行为与态度考核	管理行为考核
基层	80%	20%	0
中层	80%	10%	10%
高层及决策层	70%	20%	10%

⑤各部门负责人将设定的目标填写到相应的年度（或考核周期）考核表中，并确定每项目标的权重，呈报上级主管认定后，统一交至人力资源部备案。

（2）建立工作期望。

①为了确保员工在业绩形成过程中实现有效地自我控制，各部门负责人在填具考核表后，必须与所辖员工就考核表中的内容和标准进行沟通。

②沟通的基本内容包括：

a. 期望员工达到的业绩标准。

b. 衡量业绩的方法和手段。

c. 实现业绩的主要控制点。

d. 管理者在下属达成业绩过程中应提供的指导和帮助。

e. 出现意外情况的处理方式。

f. 员工个人发展与改进要点与指导等。

③建立工作目标任务指导书。在沟通的基础上，管理者与被管理者双方共同填写"目标任务指导书"。

④绩效形成过程指导。管理者必须在下属绩效形成过程中予以有效地指导，并把下属在业绩形成过程中存在的比较突出的问题，良好的表现以及管理者的指导，如实且随时记录在"行为指导记录"中，以便为实施绩效管理积累客观依据。

⑤绩效考核。各部门负责人在考核时，必须依据客观事实进行评价，尽量避免主观，同时做好评价记录，以便进行考核面谈。

⑥绩效面谈。在考核结束后，各部门负责人必须与每一位下属进行考核面谈，面谈的主要目的在于：

a. 肯定业绩，指出不足，为员工职业能力和工作业绩的不断提高指明方向。

b. 讨论员工产生不足的原因，区分下属和管理者应承担的责任，以便形成双方共同认可的绩效改善点，并将其列入下年度（或考核周期）的绩效改进目标。

c. 在员工与主管互动的过程中，确定下年度（或考核周期）的各项工作目标和目标任务指导书。

d. 如有必要，可修订年度（或考核周期）的"目标任务指导书"，但必须经过上一级主管同意后方可。

⑦制定绩效改进计划。考核的结果，经上级主管核准后报人力资源部，以便进行必要的调

整。人力资源部在对各部门考核结果进行调整后（如需要），呈报总经理核准，并按核准后的考核结果执行。考核资料必须严格管理，一经考核结束，人力资源部须将原始表格归入员工档案，员工个人和主管只能保留复印件。任何员工对自己的考核结果不满，均可以在一周内向上一级主管投诉，也可以直接向人力资源部投诉。接到投诉的主管或人力资源部，在接到投诉后一周内，组织有关人员对投诉者进行再次评估。如投诉者对再次评估仍不满意，可以进入劳动争议处理程序。

7. 考核指标的设立

（1）考核指标根据岗位职责、工作计划、部门重点、年度计划等，由上下级之间共同协商，形成考核表，报上一级主管领导审批后实施。

（2）工作计划和考核指标的更改需经被考核者及其直接上级商定，并报上一级主管领导批准方可生效。如有争议，薪酬与考核委员会有最终裁决权。

（3）业绩考核指标的数量依不同层级、不同类型岗位而定，基层岗位一般 3～7 个，中层岗位一般 7～11 个，高层岗位一般 11～14 个。

（4）业绩考核指标的制定应结合岗位自身职责与公司各层级目标，选择考核周期内的工作重点或岗位职责中的关键性工作作为考核指标。

（5）考核指标设立的要求。

①重要性：项目不宜过多，选择考核周期内的工作重点或岗位职责中的关键性工作作为考核指标。

②挑战性：考核标准的制定应力求接近实际，使目标可以达到，并具有一定的挑战性。

③一致性：各层级目标应保持一致，下一级目标要以保证上一级目标的实现为基础。

④民主性：考核指标的制定应由上下级人员共同商定，而不单单由上级指定。

8. 考核结果的应用与须知

（1）月度考核、季度考核、年度考核分别为总分 100 分，划分为五个等级，考核结果实行强制分配。

考核等级对应的分配比例如下表。

等级	A（优秀，90分以上）	B（良好，80～90分，不含90分）	C（合格，70～80分，不含80分）	D（基本合格，60～70分，不含70分）	E（不合格，60分以下）
比率（%）	5	20	50	20	5

绩效评价结果等级如下表。

定义	评价等级及其说明	参考比例
优秀	实际绩效经常显著超预期计划／按目标或岗位职责分工要求，在计划／目标或岗位职责／分工要求所涉及的各个方面都取得特别出色的成绩	5%
良好	实际绩效达到或部分超过预期计划／按目标或岗位职责／分工要求，在计划／目标或岗位职责／分工要求所涉及的主要方面取得比较突出的成绩	20%
合格	实际绩效基本达到预期计划／按目标或岗位职责／分工要求，无明显的失误	50%

定义	评价等级及其说明	参考比例
基本合格	实际绩效未达到预期计划 / 按目标或岗位职责 / 分工要求，在很多方面或主要方面存在着明显的不足或失误，需改进	20%
不合格	实际绩效未达到预期计划 / 按目标或岗位职责 / 分工要求，在很多方面或主要方面存在着严重的不足或严重失误	5%

部门组织绩效与部门员工考核比例挂钩，从而牵引员工关注并提升组织绩效。

（2）各部门负责人须将本部门所有员工的考核分数进行调整、平衡，消除考核人评分标准不同造成的异常差异，然后按强制排序比例的要求将本部门所有员工的绩效表现进行排序、调整、最终确定部门内员工的考核等级。各部门负责人对考核成绩调整幅度较大的应与员工及其考核人进行沟通解释。

（3）绩效考核成绩将作为员工奖惩、调迁、薪酬、晋升、退职管理、季度奖金、年终奖金分配的核心依据之一。

（4）考核是各部门负责人不可推卸的责任，人力资源部负责指导、监督和提供技术方面支持。

（5）关键岗位考核评定时，每位员工的直属上级应当真实、客观签署考核结果，隔级领导及人力资源部有权利进行抽查，如发现徇私舞弊行为，考核者及被考核者当月考核结果均认定为考核不合格。

（6）员工绩效管理与绩效考核的档案，是公司重要的人力资源管理基础性材料，人力资源部负责妥善保管。

9．考核实施时间安排

（1）每月5日前，各部门负责人完成对本部门下属人员KPI绩效考核评定；各部门负责人提交绩效交叉监督管理的统计表。

（2）每月8日前，人力资源部负责核算出具全员绩效分值表。

（3）季度与年度考核实施时间：季度考核为次季度第1月5日前完成考评；年度考核为次年1月10日前完成考评。

10．考核机构与职责划分

（1）考核组织机构。加强考核工作，公司成立绩效管理委员会，组长由总经理担任，成员由副总，财务总监，人力资源总监，人力资源经理组成。

（2）考核领导小组的职能。

①领导和指导绩效考核工作，听取各部门的考核意见和汇报，审议考核制度和考核结果。

②纠正考核工作中的偏差，对考核工作中的申诉进行调查、处理，确保绩效考核工作的客观和公正。

③有效掌握、控制考核尺度和标准，评估考核工作的有效性。

（3）人力资源部的考核职能。

①负责绩效考核的日常工作，起草和修改绩效考核制度和办法并负责解释。

②负责绩效考核工作的组织、实施、整理、汇总考核数据与考核结果。

③监督各部门的关键岗位绩效考核执行情况，并对各部门绩效考核结果进行核查。

④向被考核部门通报考核结果，接受考核申诉及申诉材料的复核。

11．绩效考评结果的申诉及处理

（1）考核者及考核机构必须严格执行考核制度，做出公正客观的考核评价，不能包庇、袒护，也不能打压被考核部门或被考核者；不能搞平均主义。被考核者收到考核反馈结果后，如对考核结果有异议，可按正常流程进行申诉，不得因对考核结果不满而影响工作。

（2）考核结果申诉流程：被考核者收到考核反馈结果后，如有异议，可在 3 个工作日内和考核者进行沟通，并提交纸质版材料反馈给人力资源部门，人力资源部门将组织绩效管理委员会成员在调查后给出处理意见，并将处理意见于 2 个工作日内反馈给申诉人。

（3）考核申诉结果处理办法：如经绩效管理委员会调查核实，认为原考核结果确实不客观，对被考核者有错误的处罚或不公正的考评，次月补发给该申诉人相应数额的绩效工资，同时给予申诉人的考核者同等额度 2 倍的罚款，罚款在次月发放绩效工资中扣除。

12．附则

本制度由人力资源部负责拟制、修订、解释、监督，自董事长审批发布之日起执行。

8.2　手把手教你做绩效考核技巧

8.2.1　绩效考核的认知

实施绩效考核必须要建立一套有效的绩效考核体系。因此，坚持全面的、系统的、辨证的观念，切实让绩效考核落到实处，应成为公司开展绩效考核工作的基点。

（1）让绩效考核思想深入全体员工心中，消除和澄清对绩效考核的错误及模糊认识。

绩效考核就是管理者与员工双方（双赢），就目标及如何达到目标而达成共识，并增强员工成功地达到目标的管理方法。绩效管理不是简单的任务管理，它特别强调沟通、辅导及员工能力的提高。绩效管理不仅强调结果导向，而且重视达到目标的过程。

绩效管理与传统考核的区别

传统考核	绩效管理
判断式	计划式
秋后算帐	问题解决
成败	双赢
结果	结果和过程

传统考核	绩效管理
人力资源管理的工作程序	管理程序
注重过去的绩效	更关注未来的绩效

绩效考核要以尊重员工的价值创造为主旨，它虽是按行政职能结构形成的一种纵向延伸的考核体系，但它也应是一种双向的交互过程，这一过程包含了考核者与被考核者的工作沟通。通过沟通，考核者把工作要项、目标以及工作价值观传递给被考核者，双方达成共识与承诺。而且借助纵向延伸的考评体系，在公司中形成了价值创造的传导和放大机制。

绩效考核不能为考核而考核，考核是手段，不是目的，如果考核不能激发员工发展并整合为公司成长，那我们考核的结果可想而知。公司主管若只想运用绩效考核来控制员工，往往会令员工反感和对抗。因此，尤其要提升担当考核者的主管们的现代经理人意识和素质能力，真正使他们在公司管理的各个层次发挥牵引力。强化经理人的管理能力开发，是公司不可忽视的一个重要主题。

（2）进行工作分析，制定出切实可行的考核标准。

许多公司，尤其是一些高科技型公司，工程设计、科研开发人员、市场销售与售后服务人员以及管理人员的工作一直是我们考核工作的难点，因为他们的工作与生产工人、操作人员相比具有复杂性、创造性，在考核实施过程中对考核指标的把握上有一定的难度。但他们也确实需要得到一种科学合理公正的评价与认可，否则他们的工作积极性很难得到维持和提高，优胜劣汰的竞争环境也形成不了。为了保证一套科学有效的考核标准，进行有效的工作分析，确认每个人的绩效考核指标，就成为确立这些员工考核标准的必要环节。因此，公司应通过调查问卷、访谈等方式，加强与各主管和员工之间的沟通与理解，在公司中为每位员工做出工作职位说明书，让员工对自己工作的流程与职责有十分明确的认识，也使员工从心理意识上进入状态，接受考核。不同的岗位，不同的职责要求，不同的工作职位说明书，考核指标也理所当然有所不同。当然，在对考核指标的把握上宜遵循：贵精不贵多，5个左右即可满足；贵明确不贵模糊，缺啥考啥；贵敏感不贵迟钝，能被有效量化；贵关键不贵空泛，要抓住关键绩效指标。

（3）让价值评价体系成为价值创造与价值分配体系的中介。

绩效考核有助于员工个人行为改善，以及通过绩效管理较准确地评判员工未来发展，由此决定给予员工公平公正的回报，同时也可以提高员工士气和员工的主观能动性。有助于加强员工对于工作职责及目标和工作方式、方法的认识与理解，并加强交流和沟通。

绩效考核可增进上下级之间的互动，提高员工参与的可能性。公司管理的关键要在管理中形成管理回路，形成公司成长的正向反馈机制，这也是比尔·盖茨为我们描述的公司成长机制。价值评价作用的有效性，或者说价值评价要真正能在公司的价值创造中发挥牵引和激发作用，必须要解决好价值分配杠杆作用的发挥，这是一个根本性的问题。价值分配不仅仅包括物质的分配，也包括挑战性工作岗位的分配、职位的晋升等。从现在的物质分配来看，主要有工资、奖金、福利津贴以及远期收入。在工资方面，要充分让个人的工作能力、绩效在工资的组成结构中占有合理的位置，并成为个人工资提高的主要因素。当然，更重要也是更主要的还是要加强工作本身的激励，要不断创造有挑战性的工作岗位分配给有创造、进取的高绩效员工，给他们创造更大的职业生涯发展空间。同时，对优秀的经理人员和研发人员应该给予股票或股票期权，使之成为他们的"金手铐"。考核评价要真正成为公司组织内部成员价值分配的客观、合理依据。

（4）形成有效的人力资源管理机制。

绩效考核工作作为公司人力资源开发与管理工作的一个方面，它的顺利进行离不开公司的整体人力资源开发与管理架构的建立和机制的完善，同时绩效考核也要成为公司企业文化建设的价值导向。公司必须从整体战略的眼光来构筑整个人力资源管理的大厦，让绩效考核与人力资源管理的其他环节（如培训开发、管理沟通、岗位轮换晋升等）相互联结、相互促进。公司建立不了人力资源管理的良性机制，在如今的知识经济时代只会被无情地淘汰出局。

8.2.2 如何设计绩效考评文件

从总体上讲，设计绩效考评文件主要分三个步骤：考什么？谁来考？怎么考？如果很好地解决了这三个问题，那么你所设计的绩效考评文件就会非常实用有效。

"考什么？"指制定绩效考评的标准。不同职务绩效考评的标准不同，因为他们做的是不同的工作，所以用不同考核内容来进行考核。

首先要弄明白该职位的工作内容，可以参考该职务的岗位职责，也可以对当事人进行工作调查，总之要确实掌握该职务的工作内容。

然后，通过与该职务的直接上级、主管经理进行沟通，找出该职务工作的关键点在哪里。这些关键点在绩效考评中需要重点考核的内容。比如对于行政人员，事务性工作的处理速度、应急能力等就是工作的关键点。对于开发人员来讲，是否按时完成开发任务就是工作的关键点。在公司发展的不同阶段，各职务的工作关键也不尽相同。所以要找的是当前的关键点，找到关键点之后，将各关键点所占的比例明确下来。

下一步要将每个关键点的内容进行细化。每个方面可以分为几个层次，比如优秀、良好、合格、较差、很差等，并且对应相应的分数。

将上述这些内容整理在一起，就形成了该职务绩效考评标准。根据需要，可以设置一个总分、合格分等，用来量化员工的绩效考评结果。

"谁来考"指考评人是谁。不同的考评内容考评人也不尽相同。对于不同的考评人都要有相应的考评表。比如对于工作任务、工作习惯的考评，直接上级进行比较合适。而对团队合作的考评进行员工互评比较合适。另外，最好能够加上员工自评，员工自评不计入绩效考评的成绩，他只是给直接上级一个参考，如果绩效考评的成绩与员工自评的成绩相差甚远，就表明员工没对自己进行正确的评价，或者公司的评价有问题。这个时候就要引起直接上级和人力资源部门的注意，积极地与员工进行沟通，认真调查原因。

"怎么考"指绩效考评的程序。比如可以先安排员工自评，再安排员工互评，然后由直接上级进行考评，最后进行考评沟通。

最后，绩效考评的标准、考评表和考评程序都要形成正式的文件，在公司办公例会上进行讨论，讨论通过之后就可以开始试行。

8.2.3 绩效评估的面谈技巧

1. 绩效面谈

绩效面谈指部门主管与下属之间共同针对绩效评估结果所做的检视与讨论。一般而言，绩效面谈所检视与讨论的重点为回馈与肯定。

主管就员工过去一年的工作绩效，给予正式的回馈与正面的肯定，一般都是将员工的工作职责与实际的工作表现加以比较，评估该员工的表现是否符合工作职责的要求。另外，一些公司除了工作职责之外，会另以目标管理的原则，在年初制定一年的绩效目标，以作为年度绩效评估时的标准，因此在绩效面谈时，主管就可以凭借评估员工达成目标的程度给予回馈或肯定。

2. 绩效考核改进与发展

所谓的改进与发展，系主管能与部属就未达到绩效目标的部分，或员工技能不足的部分，拟订下一年度改进的方向与计划，对部属表现优异或较专长的部分，由主管与部属共同讨论未来的发展，并规划适当的训练与工作以配合部属的发展。

3. 沟通与激励

所谓的沟通与激励，指主管与部属就绩效的结果与工作的表现做变相的沟通。特别是当主管与部属对考绩结果意见不同时，主管更要听取员工的意见，并适时地提出具体的评分依据或纪录，让部属明白绩效评估的客观性。此外，在绩效面谈中，主管除了要与员工进行沟通外，更要将"激励"的目的，列入绩效面谈的主要考量。因此，主管在绩效面谈时，应适时地运用本身的奖赏、强制或参照权力，针对部属的绩效表现，给予适当奖赏或惩罚。

4. 公平与客观

由于绩效面谈是主管与部属公开且面对面的沟通，因此，主管在绩效评估的评比过程中，应该特别审慎与小心。因为，明确、公平且客观的绩效评估，才能让部属重视评核的结果，进而重视绩效面谈。

绩效面谈的目的是为了达到永续经营的终极目标，一般公司对于员工绩效评核相当重视。因此，大部分的公司均有绩效评估、绩效管理等制度。除此之外，这些公司也都希望在绩效评估后，能通过绩效面谈，将员工的绩效表现回馈给员工，使员工了解自己在过去一年中工作上的得与失，以作为来年做得更好或改进的依据；为员工提供一个良好沟通的机会，借以了解员工工作的实际情形或困难，并确定公司可以给予及时的协助；共同研商员工未来发展的规划与目标，确定公司、主管、员工个人对这些计划如何实施，及时提供必要的建议与协助。

5. 双赢的绩效面谈

我们从实务的经验中常发现，一些主管或下属往往认为绩效面谈是一种辩论的过程，其目的在于反驳对方的批评，因此，面谈的结果不是你输就是我赢！

事实上，这是一个非常错误的观念。因为，绩效面谈的主要目的是希望通过主管与部属的双向沟通，让部属的工作表现更有绩效，让公司的发展更健全。如果主管与部属对绩效面谈持的观点是"你死我活"，那么，绩效面谈岂不变成了"斗争大会"？所以，正确的绩效面谈应该是主管、部属双方都能打开心胸，彼此以坦诚的态度，齐心协力地解决问题，以达到绩效面谈双赢的目的。下图是绩效面谈的技巧。

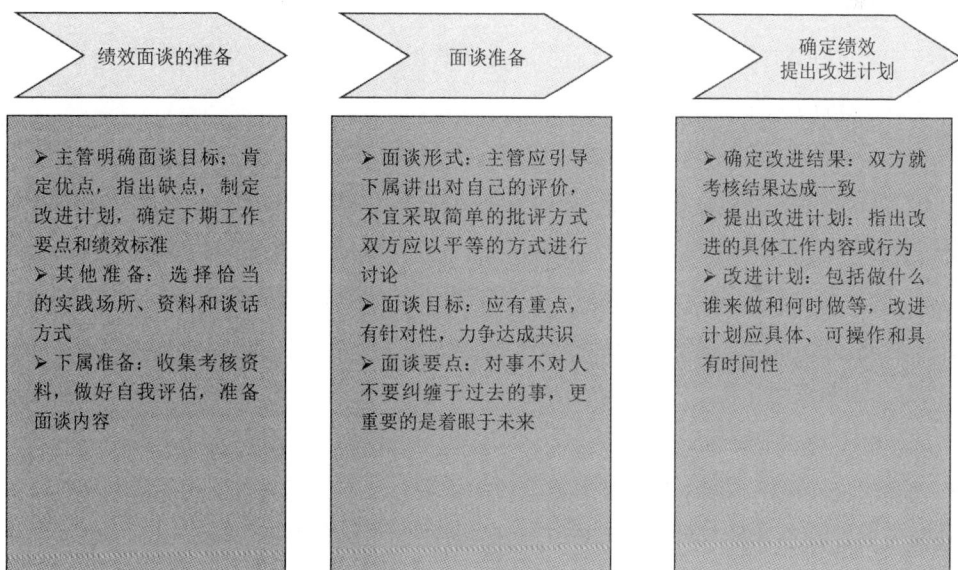

绩效面谈技巧

8.2.4 如何减少绩效评估中的误差

由于受评估中各种因素的影响，信度和效度再高的评估体系也会大打折扣。因此，我们要采取有效措施减少误差，使评估有效性最大化。可采取的措施如下。

（1）对工作中的每一方面进行评价，而不是只是笼统评价。

（2）评估人的观察重点应放在被评估人的工作上，而不要太过注重其他方面。

（3）在评估表上不要使用概念界定不清的措辞，以防不同的评估者对这些用词产生歧义。

（4）一个评估人不要一次评估太多员工，以免评估先松后紧或前紧后松，有失公允。

（5）对评估人和被评估人都进行必要的培训。

8.2.5　制订绩效改进计划

评估之后，对被评估人进行评估意见的反馈是很重要的，因为进行绩效评估的一个主要目的就是改进绩效。所以，主管和员工应合力安排绩效改进计划。

1．选取待改进方面的原则

（1）重审绩效不足的方面。主管的评价是否都合乎事实？也许主管没有真正察觉员工发生问题的缺点，也许主管认为的缺点事实上却是员工的优点。

（2）从员工愿意改进之处着手改进。这可能激发员工改进工作的动机，因为员工通常不会选取他根本不想改进的地方着手改进。

（3）从易出成效的方面开始改进。立竿见影的经验总使人较有成就感，也有助于继续其他方面的改进。

（4）以所花的时间、精力和金钱而言，选择最合适的方面进行改进。

2．绩效改进的实现

为了拟订一套完善的绩效改进计划，应符合下列要求要点：

（1）计划内容要实际。拟定的计划内容须与待改进的绩效相关。只是泛泛地学习一些理论知识的现象，改进意义不大。

（2）计划要有时间性。计划的拟定必须有截止日期，而且应该有分阶段执行的时间进度表。

（3）计划要获得认同。主管和员工都应该接受这个计划并致力实行，他们都应该保证计划的实现，而不是做做表面文章。

3．绩效改进的四个要点

绩效改进计划设计的目的在于使员工改变其行为。为了要使改变能实现，必须符合四个要点。

（1）意愿。员工自己想改变的愿望。

（2）知识和技术。员工必须知道要做什么，并知道应如何去做。

（3）气氛。员工必须在一种鼓励他改进绩效的环境工作。而造就这种工作的气氛，最重要的因素就是主管。员工可能因畏惧失败而不敢尝试改变，这时，需要由主管去协助他们，帮他们建立信心。

（4）奖励。如果员工知道行为改变后获得奖赏，那么他较易去改变行为。奖励的方式可分为物质和精神两方面。物质方面包括加薪、奖金或其他福利；精神方面则包括自我的满足、表扬、加重责任、更多的自由与授权。

8.2.6　绩效考核流程

绩效考核流程如下图所示。

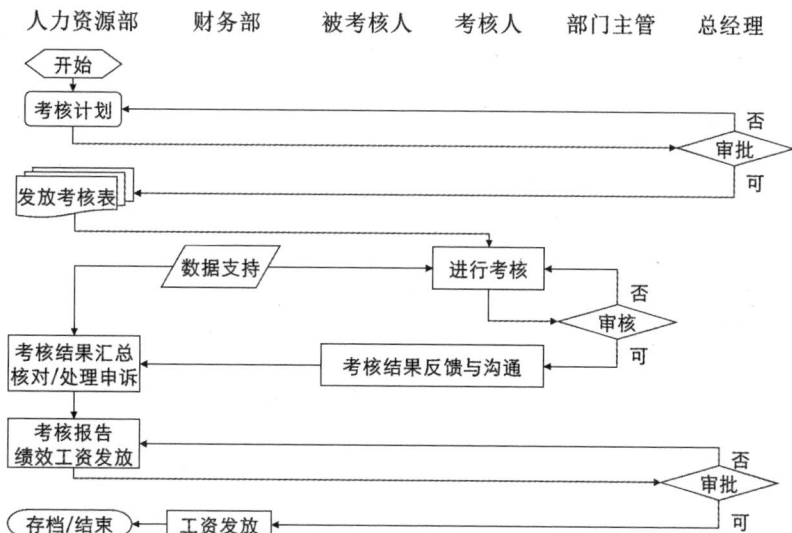

绩效考核流程图

8.2.7　绩效考核对管理者的作用

（1）保证员工有任务。

（2）按要求的标准做。

（3）在规定的时间内完成。

（4）使工作趋于熟练化。

（5）保证目前的绩效令人满意。

（6）分析绩效下降的原因。

（7）为员工的学习和发展创造更多的机会。

（8）激发员工提高自身技能和水平的动机。

（9）策划如何帮助员工达到预期生活目标和方案。

（10）挖掘员工个人职业发展的潜力。

8.2.8　绩效考核对管理者所具备的能力

对于管理者而言，绩效包括三方面的含义。

（1）管理者本人的绩效。

（2）管理者所辖员工的绩效。

（3）管理者所辖部门和流程的绩效。

同时，管理者运用绩效管理追求效率（资源利用最小化）、效果（在满足效率的前提下，追求结果的最大化）、笑容（良好的组织气氛）。管理者应具备以下的能力：

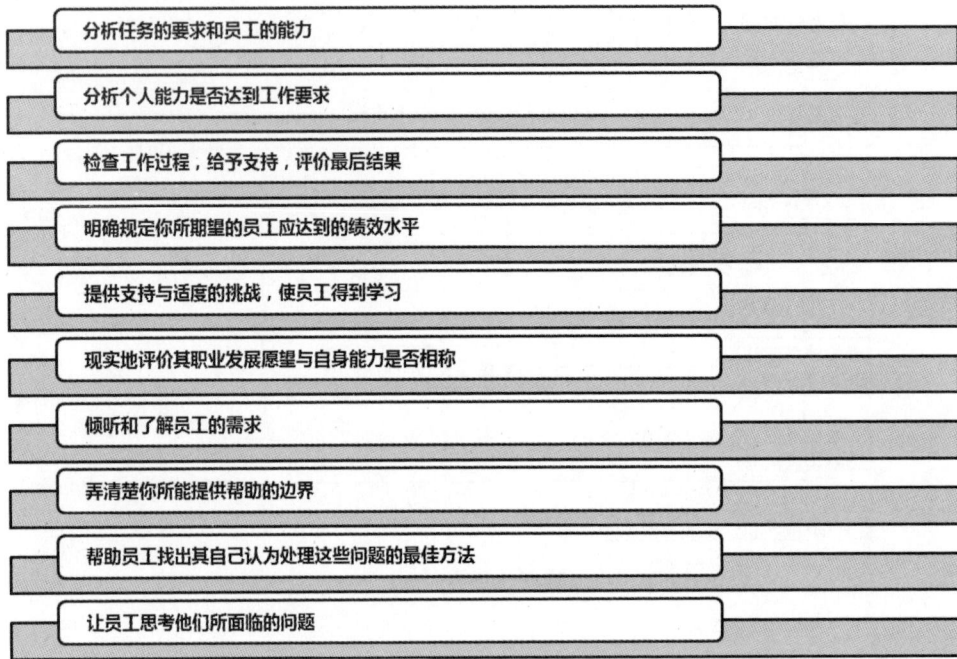

- 分析任务的要求和员工的能力
- 分析个人能力是否达到工作要求
- 检查工作过程，给予支持，评价最后结果
- 明确规定你所期望的员工应达到的绩效水平
- 提供支持与适度的挑战，使员工得到学习
- 现实地评价其职业发展愿望与自身能力是否相称
- 倾听和了解员工的需求
- 弄清楚你所能提供帮助的边界
- 帮助员工找出其自己认为处理这些问题的最佳方法
- 让员工思考他们所面临的问题

8.2.9 绩效考核的评估阶段

在反馈绩效结果的同时，考核负责人还要对绩效考评活动进行评估，将总结的经验和教训体现在下次的绩效考评目标中，为下一次绩效考评目标的设立，考评方法的改进以及考评信息的收集提供依据。评估阶段：①评估绩效结果与计划；②寻找差距，制定改进计划；③绩效评估面谈；④奖励/激励；⑤计划下一绩效周期。

8.2.10 绩效反馈阶段

（1）经过充分准备后，就考核结果向员工面对面反馈，内容包括肯定成绩、指出不足及改进措施、共同制订下一步目标/计划等。反馈是双向的，主管应注意留出充分的时间让员工发表意见。

（2）提示。该阶段是考核者和被考核者双方都比较紧张的时期。

（3）面谈沟通的程序。

①充分准备（拟定面谈时间、地点、方式、角度、内容等）。

②营造良好的沟通氛围。

③把握考核沟通原则。

④注意开始。

⑤平衡听讲问。

⑥处理话题偏听偏移。

⑦确定下阶段目标。

8.3 绩效管理的应用回报

8.3.1 绩效管理对管理者的应用回报

部门负责人不必介入到所有正在进行的各种事务中；通过赋予员工必要的知识来帮助他们自我决策；节省主管的时间，减少员工之间因职责不明而产生的误解；通过帮助员工找到错误和低效率的原因来减少差错。

通过绩效管理，员工们将知道主管希望他们做到何种程度，能做何种决策，何时必须介入。从而节省管理者的时间，提升工作效率。

8.3.2 绩效管理对员工的应用回报

使他们了解自己工作做的是否够好；使他们知晓自己有何种权利；有机会学习新技能；及时了解主管对自己的看法和意见；及时得到完成工作所需要的资源；员工将会因此对工作及工作职责有更好地理解而受益。

8.3.3 绩效管理对组织的应用回报

如果组织及其内部下属单位的目标都很清楚，并且它们同每位员工的任务相互关联，那么组织将会更有效率。当员工们都知道自己的工作对公司成功的重要性时，员工的士气和生产率将会提高。还可以避免法律麻烦：即避免辞退员工时无证据的错误。

绩效管理是一种投资，它需要时间和付出，但运用得当，就会给管理者、员工和组织带来许多回报！

绩效管理中正规激励与非正规激励：

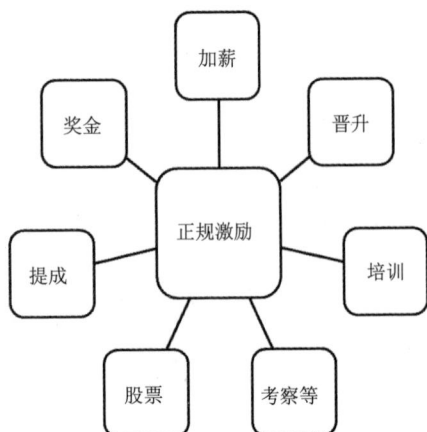

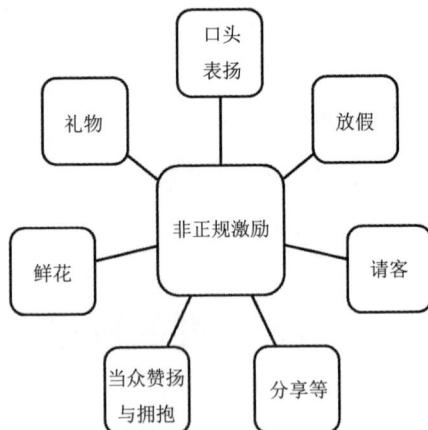

8.4 常见岗位绩效指标库

CEO 绩效考核评分表（年度）

日期	××	姓名	××	部门	总办	职务	CEO	直接上级	董事长		
类别	序号	考核项目	权重	目标值要求		评分等级		自评 30%	直接上级评 70%	得分	
业绩考核 70%	1	销售额	30%	实际到账的现金总量		完成 1.5 亿元以上 30 分					
						完成 1.2 亿元以上 20 分					
						完成 1 亿元 15 分					
						完成 9 000 万元 10 分					
						完成 8 000 万元 5 分					
						8 000 万元以下 0 分					
	2	利润	30%	税前利润		完成利润 1 500 万元以上 30 分					
						完成利润 1 200 万元 20 分					
						完成利润 1 000 万元 15 分					
						完成利润 900 万元 10 分					
						完成利润 800 万元 5 分					
						800 万元以下为 0 分					
	3	新产品研发	10%	指经过研发上市产生销售额的产品		按照流程研发新产品，达到进度，10 分					
						研发成功但未产生销售额，5 分					
						未完成进度，0 分					
	4	新市场开发	10%	按照战略规划完成公司的新市场开发		完成，10 分					
						每少两家扣 5 分，直至为 0					

续上表

类别	序号	考核项目	权重	目标值要求	评分等级	自评 30%	直接上级评 70%	得分
业绩考核 70%	5	系统建设	10%	2012年导入财务系统、组织系统	制作系统并导入流程，10分			
					制作但未导入，5分			
					未制作、未导入，0分			
	6	储备总经理培养	10%	正式总经理12名，储备总经理20名	按要求完成，10分			
					每少一名扣5分，直至为0			
	加权合计							

类别	序号	行为指标	权重	指标说明	评分等级	自评 30%	直接上级评 70%	得分
行为考核 30%	1	领导力	25%	1. 任命员工合理	1级5分			
				2. 能正确评价员工付出与回报	2级10分			
				3. 对员工业绩与态度进行客观评价	3级15分			
				4. 掌握岗位精确工作技术及全面专家技术，并组织实施产生良好效果，培训员工为胜任力者	4级20分			
				5. 影响力大，员工自愿追随并付出贡献	5级25分			
	2	承担责任	25%	1级：承认结果，而不是强调愿望	1级5分			
				2级：承担责任，不推卸，不指责	2级10分			
				3级：着手解决问题，减少业务流程	3级15分			
				4级：举一反三，改进业务流程	4级20分			
				5级：做事有预见，有防误设计	5级25分			
	3	指挥	25%	1. 常规指标并清晰	1级5分			
				2. 详细指导并告知操作方法	2级10分			
				3. 坚决恰当处理不合理要求并对后果负责，控制场面	3级15分			
				4. 团队工作井然，成员离场行为较好	4级20分			
				5. 指挥具有艺术性，成员不易违规	5级25分			
	4	决策	25%	1. 能做本职及下级决策，出现时间延长	1级5分			
				2. 通过讨论，总能获取最后正确决策	2级10分			
				3. 无依赖思想，使用理性工具	3级15分			
				4. 有预见性，感性与理性决策误差小	4级20分			
				5. 决策超出组织预见，成为组织成员决策依据	5级25分.			
	加权合计							

绩效考核总分	总分 = 业绩考核得分 ×80%+ 行为考核得分 ×20%		
考核人确认签名：		被考核人签名：	日期：

客服经理绩效考核评分表（月度）

日期		姓名		部门		职务		直接上级		
类别	序号	考核项目	权重	目标值要求	评分等级			自评30%	直接上级评70%	得分
业绩考核80%	1	客服流程体系的建立与完善	20%	建立 CRM 信息系统、培养客服管理制度、方法、流程	完成率在 90% 以上 20 分					
					完成率在 85% 以上 10 分					
					完成率低于 80% 为 0 分					
	2	客户信息掌控度	20%	全面掌握客户信息，实现功能最大化，信息利用率达到 90% 以上	信息利用率达到 90% 以上 20 分					
					85% 以上 10 分					
					80% 以下 0 分					
	3	客户满意度	20%	客户满意度在 90 分以上	客户满意度在 90 分以上 20 分					
					85% 以上 10 分					
					80% 以上 5 分					
					低于 80 分 0 分					
	4	客服培训	10%	培训课时 10 课时以上	培训课时 10 课时以上 10 分					
					5 课时以上 5 分					
					低于 5 课时 0 分					
	5	人才培养	10%	培养 1 名主管	达成 10 分					
					未达成 0 分					
	6	销售额	10%	销售收入不低于去年同期	销售收入超过同期 10 分					
					低于同期 0 分					
	7	流失数	5%	不产生孤儿客户流失	不流失 5 分					
					流失 0 分					
	8	客户信息管理	5%	客户信息资料齐整，无错漏	按要求完成 5 分					
					错漏超过 3% 为 0 分					
	加权合计									
类别	序号	行为指标	权重	指标说明	评分等级			自评30%	直接上级评70%	得分
行为考核20%	1	主动性	25%	1 级：等候指示	1 级 5 分					
				2 级：询问有何工作可给分配	2 级 10 分					
				3 级：提出建议，然后再做有关行动	3 级 15 分					

续上表

类别	序号	行为指标	权重	指标说明	评分等级	自评 30%	直接上级 评 70%	得分
行为考核 20%	1	主动性	25%	4级：行动，但例外情况下征求意见	4级20分			
				5级：单独行动，定时汇报结果	5级25分			
	2	以客户为中心	25%	1级：提供必要服务	1级5分			
				2级：迅速而不可分辩解决客户需求	2级10分			
				3级：找出客户深层次（真实）需求并提供相应产品	3级15分			
				4级：成为客户信赖对象，并维护组织利益下影响客户决策	4级20分			
				5级：维护客户利益，促进长远组织	5级25分			
	3	服务细致	25%	1级：完成公司KPI服务流程	1级5分			
				2级：主动性问询服务性问题	2级10分			
				3级：无客户性投诉的流程执行	3级15分			
				4级：适用性全面服务与实诚性服务	4级20分			
				5级：能给客户带来意想不到的服务知识与感受	5级25分			
	4	承担责任	25%	1级：承认结果，而不是强调愿望	1级5分			
				2级：承担责任，不推卸，不指责	2级10分			
				3级：着手解决问题，减少业务流程	3级15分			
				4级：举一反三，改进业务流程	4级20分			
				5级：做事有预见，有防误设计	5级25分			
	加权合计							
绩效考核总分			总分＝业绩考核得分×80%＋行为考核得分×20%					
考核人确认签名：				被考核人签名：		日期：		

财务部经理考核评分表（月度）

日期		姓名		部门		职务		直接上级		
类别	序号	考核项目	权重	目标值要求		评分等级		自评 30%	直接上级 评 70%	得分
业绩考核	1	财务报表审核报送	10%	财务报表在规定期限内审核完毕，并报送，无差错		按要求完成10分				
						报表延时或错报0分				

类别	序号	考核项目	权重	目标值要求	评分等级	自评 30%	直接上级 评 70%	得分
业绩考核	2	财务分析	10%	每月×日前提交上月财务分析报告	按要求完成 10 分			
					按时提交报告，但报告分析准确性高于 70% 以上，得 5 分			
					延时提交或报告准确性低于 70%，得 0 分			
	3	财务预算管理	10%	每月 1 日做本月预算，预算费用与实际费用误差率在 5% 以内	按要求完成 10 分			
					制定预算，误差率在 5%～10% 为 5 分			
					误差率超 10% 或无预算 0 分			
	4	税务安全	10%	指税务安全与税务准确	税务稽查率为 0，报税合理，税率在 5.5% 以内 10 分			
					少一项扣 5 分			
	5	财务核算	20%	每月 25 日前完成财务核算，无差错	按要求完成 20 分			
					个别差错，不影响整体数据 10 分			
					严重差错 0 分			
	6	财务系统建设	20%	按进度建立并完善财务系统	按进度执行 20 分			
					慢于进度的 20% 之内，10 分			
					慢于进度的 20% 以上，0 分			
	7	财务信息管理	10%	资料齐全，无外泄	按要求完成 10 分			
					资料丢失或外泄 0 分			
	8	财务人才培养	10%	指每月培训财务人员不少于 2 小时，培养财务主管 2 名以上	按时培训，且员工考核通过率高于 95%，10 分			
					其他 0 分			
	加权合计							

类别	序号	行为指标	权重	指标说明	评分等级	自评 30%	直接上级 评 70%	得分
行为考核	1	清财	25%	1 级：不违反财务制度	1 级 5 分			
				2 级：没有任何财务问题，并主动接受监督	2 级 10 分			
				3 级：不因自身利益而破坏游戏规则	3 级 15 分			
				4 级：主动节省费用，不影响工作质量	4 级 20 分			
				5 级：因为财务明磊，对其他成员产生影响力与威慑力	5 级 25 分			

续上表

类别	序号	行为指标	权重	指标说明	评分等级	自评30%	直接上级评70%	得分
行为考核	2	商业保密	25%	1级：明确知道商业技术及信息的范围及要点	1级5分			
				2级：工作期间遵守单位保密协议，并积极宣传正面信息	2级10分			
				3级：不进行商业性信息交易，不透露单位发展的技术及战略	3级15分			
				4级：维护公司商业机密并有实际案例	4级20分			
				5级：影响他人做好商业保密，离职后五年不脱密的职业操守	5级25分			
	3	承担责任	25%	1级：承认结果，而不是强调愿望	1级5分			
				2级：承担责任，不推卸，不指责	2级10分			
				3级：着手解决问题，减少业务流程	3级15分			
				4级：举一反三，改进业务流程	4级20分			
				5级：做事有预见，有防误设计	5级25分			
	4	领导力	25%	1级：任命员工合理	1级5分			
				2级：能正确评价员工付出与回报	2级10分			
				3级：对员工业绩与态度进行客观评价	3级15分			
				4级：掌握岗位精确工作技术及全面专家技术并组织实施产生良好效果，培训员工为胜任力者	4级20分			
				5级：影响力大，员工自愿追随并付出贡献	5级25分			
	加权合计							
绩效考核总分			总分 = 业绩考核得分 ×80%+ 行为考核得分 ×20%					
考核人确认签名：				被考核人签名：		日期：		

采购部经理考核评分表（月度）

日期			姓名		部门		职务		直接上级		

类别	序号	考核项目	权重	目标值要求	评分等级	自评30%	直接上级评70%	得分
业绩考核80%	1	采购及时性	20%	自提出需求7小时	7小时内完成20分			
					每超出1小时扣3分，最低0分			
	2	资金支付后滞期	10%	比上一个周期延迟1天以上	比上一周期延迟10分			
					与上一周期持平5分			
					短于上一周期0分			

续上表

类别	序号	考核项目	权重	目标值要求	评分等级	自评 30%	直接上级 评 70%	得分
业绩考核 80%	3	费用节省率	20%	比上期降低	比上期降低 1% 以上 20 分			
					与上期持平 10 分			
					高于上期 0 分			
	4	次品率	20%	在 1% 以内	1% 以内 20 分			
					高于 1% 为 0 分			
	5	供应商资料库建设	10%	每月 5 号前上交资料，不少于 3 家新供应商	准时上交，数量超过 3 家为 10 分			
					延时上交或数量不足单项为 5 分			
					两项均未满足为 0 分			
	6	供应商意向合作协议书	10%	签订合作意向的行业供应不低于 70%	大于 70% 为 10 分			
					达到 60%～70% 为 5 分			
					小于 60% 为 0 分			
	7	采购分析调查报告	5%	按标准 5 号前上交	按标准及时间要求提交 5 分			
					满足时间或标准任一项 3 分			
					两项均不满足 0 分			
	8	行情分析	5%	市场分析于每月 5 号前上交，并提供规定数据	按标准及时间要求提交 5 分			
					满足时间或标准任一项 3 分			
					两项均不满足 0 分			
加权合计								

类别	序号	行为指标	权重	指标说明	评分等级	自评 30%	直接上级 评 70%	得分
行为考核 20%	1	清财	25%	1 级：不违反财务制度	1 级 5 分			
				2 级：没有任何财务问题，并主动接受监督	2 级 10 分			
				3 级：不因自身利益而破坏游戏规则	3 级 15 分			
				4 级：主动节省费用，并不影响工作质量	4 级 20 分			
				5 级：因为财务明磊，对其他成员产生影响力与威慑力	5 级 25 分			
	2	慎独	25%	1 级：工作时不做工作无关事宜，迫不得已才突破标准	1 级 5 分			
				2 级：按制度与工作标准达成结果	2 级 10 分			
				3 级：没有因为工作质量与业绩扣罚经历	3 级 15 分			

续上表

类别	序号	行为指标	权重	指标说明	评分等级	自评 30%	直接上级 评70%	得分
行为考核 20%	2	慎独	25%	4级：以工作质量为守则，上级是否在场并不重要	4级20分			
				5级：认知工作，甘心情愿工作，超出上级期望	5级25分			
	3	人际关系	25%	1级：接受邀请，维持正常工作关系	1级5分			
				2级：建立融洽关系讨论非工作事例	2级10分			
				3级：社会交往普遍发生	3级15分			
				4级：成为密友并能正当拓展业务	4级20分			
				5级：亲和力强，感染不同层次社会伙伴成为战略合作方	5级25分			
	4	承担责任	25%	1级：承认结果，而不是强调愿望	1级5分			
				2级：承担责任，不推卸，不指责	2级10分			
				3级：着手解决问题，减少业务流程	3级15分			
				4级：举一反三，改进业务流程	4级20分			
				5级：做事有预见，有防误设计	5级25分			
	加权合计							
绩效考核总分		总分＝业绩考核得分×80%＋行为考核得分×20%						
考核人确认签名：			被考核人签名：		日期：			

销售经理考核评分表（月度）

日期		姓名		部门		职务		直接上级	

类别	序号	考核项目	权重	目标值要求	评分等级	自评 30%	直接上级 评70%	得分
业绩考核 80%	1	销售额	40%	每月1 000万	达成销售额40分			
					达成90%以上30分			
					不足90%为0分			
	2	新客户开发量	20%	每月10个	10个以上20分			
					7～10个10分			
					低于7个0分			
	3	客户流失率	10%	每月3个以内	无流失10分			
					3个以内5分			
					超过3个0分			

续上表

类别	序号	考核项目	权重	目标值要求	评分等级	自评30%	直接上级评70%	得分
业绩考核80%	4	培训新业务员	10%	7个以上课时	7个以上课时10分			
					否则0分			
	5	市场分析报告	10%	每月5号前按标准上交	每月5号前按标准上交10分			
					否则0分			
	6	客户投诉解决	10%	在一个工作日内响应100%解决	按要求完成10分			
					未达标0分			
	加权合计							

类别	序号	行为指标	权重	指标说明	评分等级	自评30%	直接上级评70%	得分
行为考核20%	1	以客户为中心	25%	1级：提供必要服务	1级5分			
				2级：迅速而不可分辩解决客户需求	2级10分			
				3级：找出客户深层次（真实）需求并提供相应产品服力	3级15分			
				4级：成为客户依赖对象，并维护组织利益下影响客户决策	4级20分			
				5级：维护客户利益，而促进长远组织利益	5级25分			
	2	人际关系	25%	1级：接受邀请，维持正常工作关系	1级5分			
				2级：建立融洽关系讨论非工作事例	2级10分			
				3级：社会交往普遍发生	3级15分			
				4级：成为密友并能正当拓展业务	4级20分			
				5级：亲和力强，感染不同层次社会伙伴成为战略合作方	5级25分			
	3	承担责任	25%	1级：承认结果，而不是强调愿望	1级5分			
				2级：承担责任，不推卸，不指责	2级10分			
				3级：着手解决问题，减少业务流程	3级15分			
				4级：举一反三，改进业务流程	4级20分			
				5级：做事有预见，有防误设计	5级25分			
	4	领导力	25%	1级：任命员工合理	1级5分			
				2级：能正确评价员工付出与回报	2级10分			

续上表

类别	序号	行为指标	权重	指标说明	评分等级	自评 30%	直接上级评 70%	得分
行为考核 20%	4	领导力	25%	3级：对员工业绩与态度进行客观评价	3级15分			
				4级：掌握岗位精确工作技术及全面专家技术并组织实施产生良好效果，培训员工为胜任力者	4级20分			
				5级：影响力大，员工自愿追随并付出贡献	5级25分			
	加权合计							
绩效考核总分		总分 = 业绩考核得分 ×80%+ 行为考核得分 ×20%						
考核人确认签名：			被考核人签名：			日期：		

人力资源经理绩效考核评分表（月度）

日期		姓名		部门		职务		直接上级	
类别	序号	考核项目	权重	目标值要求	评分等级	自评 30%	直接上级评 70%	得分	
业绩考核 80%	1	招聘达成率	10%	提出招聘需求20天内完成，完成需招聘岗位数量90%以上	在规定时间内完成人员招聘任务，且到岗率高于90%，得10分				
					在规定时间内完成人员招聘任务，且到岗率低于90%，但高于85%，得5分				
					其余0分				
	2	劳动纠纷解决	10%	劳动纠纷在第一时间解决，且没有对公司造成重大影响	劳动纠纷解决率100%，未发生劳动仲裁10分				
					发生劳动仲裁事件0分				
	3	培训	10%	按培训计划要求，组织全员或新员工进行培训，包含文化、制度等内容	培训计划实现率在90%以上得10分				
					培训计划实现率在80%～90%得5分				
					培训计划实现率<80%得0分				
	4	绩效考核指标库建立	10%	绩效考核指标库建立，按要求进度完善	按进度要求完成，10分				
					进度拖延，0分				
	5	薪酬测算	10%	每年×月前提交一份薪酬调研报告，同时提出一份新的激励薪酬计算方法	按要求完成，且薪酬的可行性高于90%，得10分				
					完成其中一项5分				
					其他0分				
	6	人力资源报告	10%	每月×日前提交一份人力资源开发、使用及培训报告	按时提交，采信度在90%以上得10分				
					按时提交，采信度在80%以上10分				
					延时提交或采信度低于80%得0分				

239

续上表

类别	序号	考核项目	权重	目标值要求	评分等级	自评 30%	直接上级 评 70%	得分
业绩考核 80%	7	工作分析库建立	10%	按进度要求，完成并完善各岗位工作分析	按进度完成所有岗位工作分析得 10 分			
					完成进度 90% 以上岗位工作分析得 5 分			
					不足进度 90% 岗位工作分析完成得 0 分			
	8	员工关系管理	10%	员工日常关系维护，流失率低于同期	员工流失率低于同期得 10 分			
					员工流失率基本与同期持平得 10 分			
					员工流失率低于同期得 0 分			
	9	新员工培养	10%	制订新员工培养计划，并对新员工开展培训、帮助新员工渡过试用期	新员工试用通过率在 90% 以上得 10 分			
					新员工试用通过率在 85% 以上得 5 分			
					新员工试用通过率低于 85% 得 0 分			
	10	人力资源人才培养	10%	培养主管 2 名	缺少一名扣 3 分			
				专员 2 名				
	加权合计							

类别	序号	行为指标	权重	指标说明	评分等级	自评 30%	直接上级 评 70%	得分
行为考核 20%	1	商业保密	25%	1 级：明确知道商业技术及信息的范围	1 级 5 分			
				2 级：工作期间遵守单位保密协议，并积极宣传正面信息	2 级 10 分			
				3 级：不进行商业性信息交易，不透露单位发展的技术及战略	3 级 15 分			
				4 级：维护公司商业机密并有实际案例	4 级 20 分			
				5 级：影响他人做好商业保密，离职后五年不脱密的职业操守	5 级 25 分			
	2	承担责任	25%	1 级：承认结果，而不是强调愿望	1 级 5 分			
				2 级：承担责任，不推卸，不指责	2 级 10 分			
				3 级：着手解决问题，减少业务流程	3 级 15 分			
				4 级：举一反三，改进业务流程	4 级 20 分			
				5 级：做事有预见，有防误设计	5 级 25 分			

续上表

类别	序号	行为指标	权重	指标说明	评分等级	自评 30%	直接上级评 70%	得分
行为考核 20%	3	领导力	25%	1级：任命员工合理	1级5分			
				2级：能正确评价员工付出与回报	2级10分			
				3级：对员工业绩与态度进行客观评价	3级15分			
				4级：掌握岗位精确工作技术及全面专家技术并组织实施产生良好效果，培训员工为胜任力者	4级20分			
				5级：影响力大，员工自愿追随并付出贡献	5级25分			
	4	团队精神	25%	1级：大方传播必要信息有助于别人成功	1级5分			
				2级：与别人合作不会发生情绪上隔阂，总能让每一位员工参与会议的讨论	2级10分			
				3级：总能选择最佳赞誉方式并授权	3级15分			
				4级：亲自或协同解决冲突并有好效果	4级20分			
				5级：所处团队成员执行工作氛围良好	5级25分			
	加权合计							
绩效考核总分			总分 = 业绩考核得分 ×80%+ 行为考核得分 ×20%					
考核人确认签名：			被考核人签名：			日期：		

8.5　工具表单

表单1.目标任务指导书

目标任务指导书

姓　名		职　务		隶属部门		指导人	
绩效目标名称		实现目标的主要控制点		管理者的指导与帮助		双方签章	
目标任务	1. 2. 3. 4. 5. 6.						
行为与态度	1. 2. 3. 4. 5. 6.						

续上表

绩效目标名称		实现目标的主要控制点	管理者的指导与帮助	双方签章
管理行为	1. 2. 3. 4. 5. 6.			

表单 2. 定期考绩汇总表

定期考绩汇总表

姓名	性别	到职日期	年龄	所属部门	职位	现在薪金	上次考绩	复评				考绩后薪资	总经理核定	备注
								分数	等级	拟予奖惩	增减金额			

表单 3. 工作成果周报表

工作成果周报表

序号	部门	重要工作事项	预计周进度	实际完成进度	拖后	超前	原因	责任人	改进意见

表单4.绩效考核面谈表

绩效考核面谈表

部门		职位		姓名	
考核日期					
工作成功的方面					
工作中需要改善的地方					
是否需要接受一定的培训					
本人认为自己的工作在本部门和全公司中处于什么状况					
本人认为本部门工作最好、最差的是谁,全公司又分别是谁					
对考核有什么意见					
希望从公司得到怎样的帮助					
下一步的工作和绩效的改进方向					
面谈人签名			日期		
备注					

说明:1.绩效考核面谈表的目的是了解员工对绩效考核的反馈信息,并最终提高员工的业绩;
2.绩效考核面谈应在考核结束后一周内由上级主管安排,并报人力资源部备案。

表单5.绩效考核申诉表

绩效考核申诉表

申诉人		职位		部门		直接主管	
申诉事件:							
申诉理由(可以附页)							
申诉处理意见 上级部门负责人签名: 日期:							
申诉处理意见 人力资源部经理签名: 日期:							
申诉处理结果 人力资源总监签名: 日期:							

备注:
(1)申诉人必须在知道考核结果3日内提出申述,否则无效。
(2)申诉人直接将该表交人力资源部。
(3)人力资源部须在接到申述的5个工作日内提出处理意见和处理结果。
(4)本表一式三份,一份人力资源部存档,一份交申述人主管,一份交申诉人。

表单6.绩效评估表

绩效评估表

被评估者:

评价指标		评价内容	评定
工作业绩	目标完成情况	积极制定目标,且超出工作计划完成得更多的工作目标	
		能够制定目标,及时完成工作目标,积极参与配合工作目标之外的其他工作	
		根据工作计划,能够及时完成工作目标	
		基本完成目标,极少数次要目标未完成	
		较多工作目标或重大工作目标未完成	
	工作质量	无须技术性指导,工作质量突出,无任何差错,能够完成难度较大的工作任务	
		基本不需要技术性指导,工作质量较高,无重大失误和差错	
		需要适当的工作指导,能够按照要求完成工作	
		需要一定的技术性工作指导,工作质量处于一般平均水平	
		工作质量低劣,常有差错发生或出现重大差错	
	品质意识	重视工作品质,严格按照公司统一制度和标准要求工作	
		品质意识较强,能够按照公司的统一制度和标准对待工作	
		品质意识一般,偶尔出现品质要求不严,但未对公司造成影响	
		品质意识较差,经常出现品质要求不严现象	
		品质意识很差,只追求数量,不注重实际效果	
工作能力	基本业务能力	积极进取,不断自我提升,完全具备高质完成本职工作的能力,还能一专多长	
		能够不断地自我完善,业务能力强,对本职工作的各项工作内容得心应手	
		具备完成本职工作的一般技能和技巧,基本能够完成分内的各项工作	
		具备较好的基础或潜力,但在技能、技巧上仍有所不足,还需一定的指导和培养	
		基本技能、技巧未达到要求,不主动提升,虽经指导亦不能完成基本工作内容	
	领导和策划能力	善于领导下级,保持高昂的士气,有系统地策划工作,积极达成目标	
		灵活运用下级,保证融洽的工作氛围,策划工作且顺利达成目标	
		能够领导下级,并策划一般性工作,能够完成工作目标	
		尚能领导下级,但士气不高,能够完成交办的事项,在策划改进方面尚待提高	
		领导不佳,未得下级信赖,出现抱怨等情形,缺乏一定的策划力	
	创新能力	积极创新,不断自我剖析和改进,推动创新工作,完成多项开拓性质的工作	
		富有创新意识,能够积极参与开拓创新工作	
		有创新意识,能够对自己的工作不断改进和提高	
		少有创新,偶尔能够提出初步建议,但较少有实质性工作创新和改进	
		极少创新,安于现状,完全按章办事,不能打破现有的思路和陈规	

续上表

评价指标		评价内容	评定
工作能力	沟通表达能力	说服力强，具备较强的沟通技巧，富有亲和力，文字表达结构严谨，简练流畅	
		说服力较强，善于疏导，文章结构合理，文字简洁	
		有一定的疏导技巧，尚能被他人接受，文章通顺，较简洁，很少语病	
		说服力较差，勉强被他人接受，书面表达能力较差	
		说服力差，态度生硬，缺乏技巧，文章结构零乱不规范，书面表达能力差	
工作态度	原则性	坚持原则，敢于碰硬，依制度办事，能够同违规行为做斗争	
		原则性较强，是非分明，积极进行批评与自我批评	
		一般情形下，能够做到坚持原则	
		原则性较差，碍于人情关系，默许或纵容违规行为	
		原则性极差，不能坚持基本的工作原则，甚至自身出现违规行为	
	责任心	勇于接受挑战承担责任，为实现目标尽全力，能彻底完成任务，可放心交办工作	
		能不断自我改进和提高，顺利完成交办的任务，可以交付工作	
		工作上不断改善，尚有责任心，能够如期完成任务	
		责任心不强，遇到问题不能主动解决，经常需要他人督促，工作方能完成	
		工作避难就易，挑挑拣拣，虽经他人时时督促，仍无法如期完成工作	
	团队精神	能够牺牲个人利益，顾全大局，和他人通力合作，积极达成目标	
		充分理解团队目标，乐意为团队目标做贡献	
		理解领导意图，主动为领导者分担责任，乐于协助团队其他成员，共同努力	
		只关心本职工作，对其他工作不闻不问	
		只关心个人利益，难与其他团队成员合作，甚至影响团队工作氛围	
评语及建议			评价人签名：

案例传真

成功组织一次高效的绩效反馈面谈

岁末年初时，许多公司都要进行绩效考核，对员工一年来的业绩进行回顾和评价。但是从许多公司以往绩效考核的结果来看，结果却并不尽如人意。管理层觉得考核并没有对员工进行恰当区分，员工业绩优劣不明显，而员工觉得考核结果并未反映出自己的工作实绩，因而满腹牢骚。怎样才能使绩效考核发挥其应有的积极作用？考评反馈很关键。

又到财政年的年末，A公司除了忙着做今年的会计决算和来年的财政预算外，经理和员工们又开始了一年一度的被他们称之为表演的绩效考评。

王经理直接管着16名员工，因此他又将忙于填写16份内容相差无几的绩效考核表。由于人力资源部已经催了很多次了，所以他必须在周末的时候完成这些表格。否则，下周一又要接到人力资源经理的催"债"电话了。

他确实想到了一个好办法。他把表格发给每位员工，让员工自己在上面打分，然后派人收齐，在上面签上名，再交给人力资源部。好，问题解决了，纸面上的工作都按人力资源部要求完成，人力资源部也很满意，于是每个人都结束表演回到了"现实的工作"中去。

忙碌一时的绩效考评工作就这样"完成"了。

王经理的绩效考评工作是不是真的完成了呢？如果你是王经理的老板，你会对他的这些表现满意吗？我相信你不会！因为他的工作完成得并不出色。

那么，王经理的问题到底出在哪里呢？

抛开形式主义不说，即使依照形式主义，他也没有走完"形式"，因为他还有一个很重要的工作没有做，那就是绩效考评结束后对员工绩效考评结果的反馈，他没有组织有效的绩效反馈面谈。

绩效反馈面谈是绩效考评中至关重要的一个环节，其重要程度甚至超过了绩效考评的本身。绩效考评的结果是拿来用的，而不是拿来存档的，没有反馈就根本谈不上使用。没有反馈的绩效考评起不到任何作用。

没有绩效反馈员工就无法知道自己工作是否得到了上级的认可，就会乱加猜测，疑神疑鬼，影响工作心情；没有绩效反馈经理就无法知道绩效考评是否真正起到了作用，对继续进行考评没有信心；没有绩效反馈经理就不能有的放矢地指出员工的不足，更无法给员工提出建设性的改进意见，最终将导致员工的进步受到限制，管理水平将无法得到有效的提高。

由于种种无法言明的原因，各级经理和主管们在绩效反馈面前都选择了回避，对绩效反馈避而不谈，考评结束之后就将考评结果束之高阁，使绩效考评沦为填表游戏，成为形式主义的代名词。

实际上，我们能否真正回避绩效反馈呢？是否经理不组织反馈，员工就不关心了，就可以安心工作了呢？答案是否定的。

绩效考评结束后的一段时间内，员工的心情都不会平静，那些担心绩效考评结果会对自己不利的员工将坐卧难安，因为他们不敢确定绩效考评的结果对他们意味着什么，是被降职、减薪还是被解雇？这些与员工切身利益密切相关的问题在没有答案之前肯定会给员工的心理造成严重的负担，降低员工的工作效率，这种情绪蔓延开来更会严重影响员工的士气。

如果真是这样，那么我们的绩效考评作用将受到严重的质疑，绩效考评到底是为了提高员工绩效还是降低员工绩效？如果是为了提高员工绩效，那么我们为什么不能和员工平等地坐在一起，将员工的绩效考评结果反馈给员工呢？

可见，组织一次成功的绩效反馈面谈将对绩效考评起到积极的促进作用，使之真正发挥作用，达到我们所要达到的目的。那么，怎么才算是成功的绩效面谈呢？以下几个方面需要特别注意。

1. 做好充分准备

做任何一项工作事前都需要做好充分的准备，否则，你将难以驾驭整个局面，绩效反馈尤其如此。绩效反馈不但要做好准备，而且要做好充分的准备，你要事前做好演练，针对每个员工的绩效考评结果，结合员工的特点，事前要预料到员工可能会对哪些内容有疑问，哪些内容需要向员工作特别澄清说明，只有每项内容都准备充分了，你才能更好地驾驭整个面谈的局面，使之朝积极的方向发展，而不是陷入尴尬的僵局或面红耳赤的争吵，僵局和争吵都会损坏你和员工的关系，不利于以后的工作安排。

我们事前要收集以下资料。

（1）目标管理卡。当初与员工一起制订的绩效管理目标，可能是目标管理卡，也可能是绩效计划，这是当初你和员工共同的承诺，共识的结果，也是绩效管理整个过程的重要依托，直到绩效反馈，它依然是重要的信息来源。所以一定要再一次把绩效管理目标拿出来，作为你们谈话的重要内容，以备随时参阅。

（2）职位说明书。职位说明书作为人力资源管理最基础和最重要的文件当然是绩效面谈的内容之一。管理活动是个动态的过程，员工的工作有可能在过程当中发生改变，可能增加一些当初制订绩效目标时所未能预料的内容，也有可能一些目标因为某些原因没能组织实施。那么，这个时候职位说明书作为重要补充将发挥重要作用。所以，员工的职位说明书也一定要置于案头以备查阅。

（3）绩效考评表。绩效考评自不待说，你要把它拿出来等着员工签字认可！

（4）员工的绩效档案。所谓绩效档案，就是你在平时的管理活动中，在跟踪员工绩效目标的时候所发现和记录的内容，这些东西是你作绩效评价的重要辅助资料，是造成事实的证据。这个工作可能是一些管理者的薄弱环节，平时只忙于事务，可能无暇收集这些资料，也有可能根本就忽视了这个环节，如果你到现在还没有开始收集员工的绩效资料，没有建立员工绩效档案的话，那你要开始做这个工作了，否则到时你无法向员工解释你的考评结论，员工也不会认可你的结论，那么你们肯定会陷入尴尬的僵局或面红耳赤的争吵。

（5）安排面谈计划。通常一个经理有若干个下属，你不可能同时面对一群人来面谈，你只能一对一面谈。所以你必须有一个统筹的安排，根据自己的工作安排，与员工进行适当地沟通之后，拟订一个行之有效的面谈计划，并将计划告诉员工，让员工有一个心理和行动上的准备。

（6）让员工做好准备。只有经理本人做准备是不行的，面谈是经理和员工两个人共同完成的工作，只有双方都做了充分的准备，面谈的成功才成为可能。所以，在面谈计划下发的同时也要将面谈的重要性告知员工，让员工做好充分的准备。

2. 注意面谈方式

准备工作固然重要，但相对来说，面谈的过程更加重要。所以，我们一定要在面谈过程中注意方式、方法，使面谈在融洽的气氛中进行，在愉快告别中结束，真正起到帮助员工提高的目的，而不要演变成批斗会、辩论场。通常一个员工的绩效表现有正反两个方面，有表现优秀值得鼓励的地方，也有不足须加以改进之处，所以我们的反馈也应该从正反两个方面着手，既要鼓励员工发扬优点，也要鞭策员工改进不足。

对于正面反馈，这里有 3 点要特别注意。

（1）真诚。真诚是面谈的心理基础，不可过于谦逊，更不可夸大其词。要让员工真实地感受你确实是满意他的表现，你的表扬确实是你的真情流露，而不是"套近乎"，攀关系。只要这样，员工才会把你的表扬当成激励，在以后的工作中更加卖力，通俗地说，你的表扬和溢美之词一定要"值钱"，不是什么都表扬，也不是随时随处都表扬，而是在恰当之处表扬，表扬要真诚，发自肺腑。

（2）具体。在表扬员工和激励员工的时候，一定要具体，要对员工所做的某件事有针对性地、具体地提出你的表扬，而不是笼统地说员工表现很好就完事。比如员工为了赶一份计划书而加了一夜的班，这时你不能仅仅说员工加班很辛苦，表现很好之类的话，而是要把员工做的具体事特别点出，例如："小王，你加了一夜的班赶计划书，领导对你的敬业精神很赞赏，对计划书的编写很满意。"这样，小王就会感受到不仅加班受到了表扬，而且计划书也获得了通过，受到了赏识，相比较后面的话可能更会对小王有激励作用。

（3）建设性。正面的反馈要让员工知道他的表现达到或超过了经理的期望，让员工知道他通过他的表现得到经理的认可，要强化员工的正面表现，使之在以后的工作中不断发扬，继续做出更优秀的表现。同时，要给员工提出一些建设性的改进意见，以帮助员工获得更大提高和改进。

对于反面的反馈，要注意以下几点。

（1）具体描述员工存在的不足，对事而不对人，描述而不作判断。你不能因为员工的某一点不足，就做出员工如何如何不行之类的感性判断。这里，对事不对人，描述而不判断应该作为重要的原则加以特别注意。

（2）要客观、准确、不指责地描述员工行为所带来的后果。你只要客观准确地描述了员工的行为所带来的后果，员工自然就会意识到问题的所在，所以，在这个时候不要对员工多加指责，指责只能僵化你与员工之间的关系，对面谈结果无益。

（3）从员工的角度，以聆听的态度听取员工本人的想法。听员工怎么看待问题，而不是一直喋喋不休地教导。

（4）与员工探讨下一步的改进措施。与员工共同商定未来工作中如何加以改进，并形成书面内容。

实施反馈面谈在上述准备工作做好后，我们就可以进行反馈面谈。面谈应该在一个无打扰的环境中进行，面谈不应该被电话和外来人员打断，只有这样面谈才能获得更佳的效果。

在面谈的过程，要注意观察员工的情绪，适时进行有针对性的调整，使面谈按计划稳步进行。

在面谈结束之后，一定要和员工形成双方认可的备忘录，就面谈结果达成共识，对暂时还有异议没有形成共识的问题，可以和员工约好下次面谈的时间，就专门的问题进行二次面谈。

这样几个步骤下来，我们就可以对面谈有所把握，更加职业化地组织高效的绩效反馈面谈了。

（资料来源：根据网络资料改写）

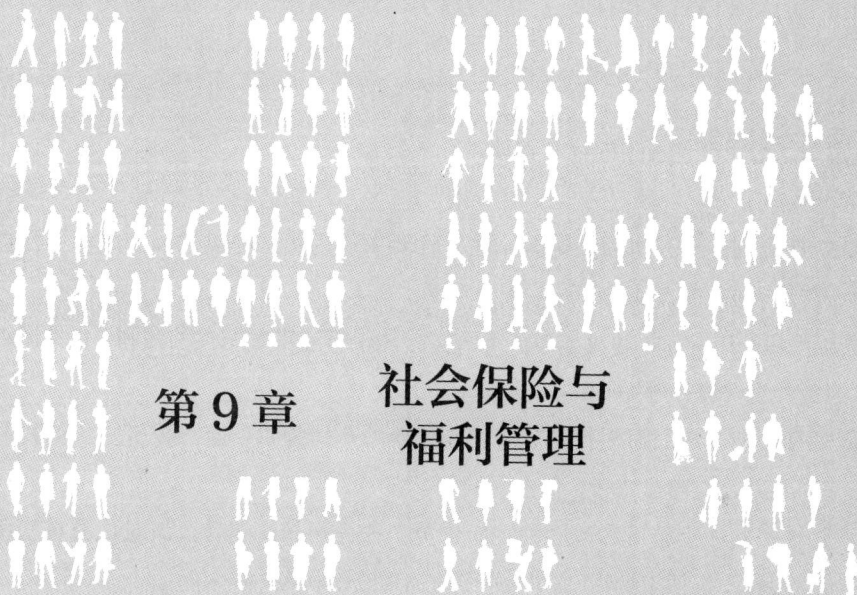

第 9 章　社会保险与福利管理

9.1 员工福利管理制度

×× 公司		员工福利管理制度		
××-RZ01				
版本	拟定人	审核人	批准人	生效日期

1．目的

为增强员工的集体归属感和打造公司的凝聚力，充分体现公司对员工的关怀与关爱，特制定本制度。

2．适用范围

本制度适用于公司全体员工的福利管理。

3．福利分类

（1）法定性福利：指公司为满足国家法定性要求而为员工提供的福利。包括社会保险、法定节假日、劳动保护、教育培训等。

（2）通用性福利：指公司针对全体员工所实行的带有通常普遍性的福利。包括活动基金、节日礼金、慰问礼金、餐饮补贴等。

（3）职务性福利：指公司根据各职务工作性质特点所提供的有一定针对性的福利。包括通讯补助、交通补助、内部招待费、商业保险等。

（4）激励性福利：指公司为鼓励关键岗位员工在公司长期工作，或对优秀员工所提供一种带激励性质的福利。包括旅游活动、旅游奖励及其他福利等。

4．福利的明确

（1）法定性福利。

①社会保险：社会保险的组成为养老保险、医疗保险、失业保险、工伤保险、生育保险五种保险。

a.归口办理：社会保险由公司统一在所在地社保局开户，人力资源部负责归口办理。

b.社保购买的条件：经试用期考核合格的转正员工，由人力资源部为其办理社会保险参保手续。引进的特殊人才可在试用期开始购买，视具体情况报人力资源总监审批后执行。

c.社保缴费管理：社保中属于公司应承担的缴费数额从公司福利费中提取并支付，属于员工个人应承担的缴费数额，由公司从员工当月薪资中扣除并代缴。

d.员工离职或与公司终止劳动关系，公司从员工离职的当月或次月停止社保的缴纳。

e.员工 15 日前离职者，当月停止社保的缴纳。员工 15 日后离职者，次月停止社保的缴纳。

f. 员工社保卡由社保局制作完成后，由人力资源部发放给员工个人保管，损坏及遗失由员工个人负责。

g. 社保申办、变更、转移及相关待遇的享受按照国家社会保险相关的管理规定执行。

②法定节假日：公司根据国家相关法律、法规执行法定节假日、带薪年假、婚假、产假、丧假、工伤假等相关制度，具体执行办法详见公司《假期管理制度》。

③劳动保护：公司根据《劳动法》等国家有关法律法规的规定，提供符合规定的办公环境、办公设施、办公用品和劳动安全卫生设施、劳动防护用品等，并对从事有职业危害作业的员工定期进行健康检查。

④教育培训：公司对员工提供职业技能、专业知识等培训、进修，具体按公司《员工培训管理制度》执行。

（2）通用性福利。

①活动基金。

a. 为加强各部门团队建设与管理，公司特设活动基金以分别用于各部门日常团队建设与管理。

b. 活动基金按季度 100 元 / 人的标准拨付，基金池的方式管理。

c. 活动基金拨付原则：实际人数≥编制人数时，按核定的编制人数拨付；实际人数＜编制人数时，按实际在职人数进行拨付。活动基金由各级人力资源部编制基金拨付表，传人力资源部、财务部审核后转当地财务部门执行。

d. 活动基金的使用：活动基金实行季度拨付与季度使用的管理方式，各部门在不影响正常工作的情况下每季度可组织一次或多次的户外团队活动，所发生费用从活动基金中限额报销，超出部分由部门自行承担。

e. 各部门使用活动基金前应提前申请，报人力资源总监批准后方可，报销费用时应附活动基金使用申请审批表作为附件，否则，财务部门将不予费用报销。

f. 公司鼓励部门间联合开展活动，以促进团队沟通与团队建设，活动基金报销以活动参与部门费用总计审核与分摊核算。

g. 活动基金原则上分季度使用，基金池费用达到上限时，将停止拨付基金，待活动基金使用后再行拨付。若确因工作原因，当季度部门未使用活动基金，需提交特别报告，经人力资源总监批准后，方可实行活动基金的连续拨付。

②节日礼金。

A. 节日礼金项目，逢劳动节、国庆节、元旦节、端午节、中秋节、妇女节、儿童节等节日来临之际，为表达公司对员工的节日祝贺与慰问，特设节日礼金福利项目。

B. 节日礼金标准（元 / 人）。

节日类别	职位等级	礼金标准（单位：元）
劳动节、国庆节、元旦节	公司所有正式员工	100
端午节、中秋节	公司所有正式员工	100
妇女节	公司所有女性员工	50
儿童节	公司所有员工的子女（14 岁以下）	50
其他	公司根据情况统一规定，并另文通知	—

C. 节日礼金发放形式。

a. 劳动节、国庆节、元旦节等节日前 10 天，由人力资源部将各部门在岗人员编制节日礼金发放表，统一报人力资源总监、财务经理、财务总监、总经理审批后予以发放。

b. 端午节、中秋节由人力资源部确定以礼品或现金方式发放后，再按相关流程予以办理。

c. 妇女节由人力资源部按礼金标准统一采购或指定采购相关礼品或现金 50 元，发放在岗女性员工或由公司统一组织女性员工外出活动。

d. 为体现公司对员工家庭的关怀，在儿童节来临之际，公司为在职员工的 14 岁以下子女提供一份节日礼品或现金 50 元（员工多子女或夫妻双方均系公司员工，均只提供一份）。

③慰问礼金。

A. 慰问礼金项目及标准（元 / 人），以下礼金仅限转正后的正式员工。

慰问金类别	礼金标准	备注
生日礼金	100	以员工身份证出生日期为准
结婚礼金	600	仅限员工在公司工作期间领取结婚证的正式员工
慰唁金	400	仅限正式员工直系家丧亲属（配偶、父母、岳父母、公婆、子女）
生育礼金	400	符合计划生育条例规定的合法生育，且须提供子女出生证明
住院探望	400	由人力资源部会同员工上级领导购买礼品或发放现金对住院员工探望

B. 慰问礼金发放形式。

a. 生日礼金以月度集中的方式发放，由人力资源部根据当月生日的员工组织活动或提供相应生日礼品或发放现金。

b. 礼金在员工领取结婚证 6 个月内，凭结婚证原件及复印件向人力资源部申请领取此项礼金。若夫妻双方均系本公司员工，结婚礼金在原标准基础上相应增加 200 元。

c. 慰唁金在员工直系亲属死亡的 3 个月内，凭当地派出所提供的死亡或销户证明等证明文件的原件及复印件，向人力资源部申请领取。

d. 生育礼金在员工子女出生 3 个月内，凭合法的生育证明及子女出生证明原件及复印件，向人力资源部申请领取。

e. 员工因病住院，当地人力资源部应会同部门经理人员或公司相关领导，转送现金或购买相应礼品前往医院对住院员工进行探望慰问。

④餐饮补贴。公司为所有员工给予300元/月的工作餐费补助。

⑤防暑降温补贴。每年7～9月份，公司给予外勤人员（不含中心总监及以上人员以及享受公司车辆补贴的人员）按10元/人/外勤工作日发放防暑降温费。

（3）职务性福利。

①通信补助。

a. 通信补助对象标准。公司根据各岗位的工作性质特点，特确定通信补助的发放对象及相应标准（元/月），副经理级别的费用标准参照主管级别的标准执行。

职位等级	职务	费用标准
高管	董事长、总经理	实报实销
	副总、总监	400
经理	副总监、各部门经理	200
主管	副经理、各部门主管	150
员工	公司员工	100

b. 通信补助报销规定，手机通信费用报销以员工常用手机号码为准，报销限一人一号。手机号码若有变动，应及时知会相关人员，并报当地人力资源部备档。

c. 通信补助一律按标准执行，实行"限额、凭票、据实"报销的原则，员工每月15日前须提供上月度手机通信发票，经财务部门审核后予以报销。超过规定时间，公司将不予报销当期费用。根据公司业务发展需要新增设的岗位，由人力资源部门根据工作性质特点对等的原则，予以核定通信补助报销标准。上述未列岗位，若因阶段性工作原因需临时性增加通信补助，部门以专项报告申请，报集团人力行政总监批准后执行。

②交通补助。

a. 交通补助对象标准。公司根据各岗位的职等职务及工作特点，特确定交通补助的发放对象及相应标准（元/月），副经理级别的费用标准参照主管级别的标准执行。

职位等级	职务	费用标准
高管	董事长、总经理	实报实销
	副总、总监	1 000
经理	副总监、各部门经理	600
主管	副经理、各部门主管	400
员工	公司员工	200

b. 交通补助报销规定，员工个人或家庭拥有私人小车且主要用于本人上下班或日常工作使用，须到集团人力资源部办理"交通补助报销审批表"，详细登记车辆油耗、上下班距离里程等，经人力资源部复核，报人力资源总监批复后，员工可凭当期加油费、停车费、洗车费发票等在标准范围内限额报销。符合上述报销条件的员工，若未购买小车，可按上述标准的60%报销交通补助费用，凭油费、公交票、出租车票等合法有效发票报销。

c. 由公司在工作场所附近提供了相应住宿的，或由公司安排了上下班交通工具的，不得享受该项福利补助。

d. 享受交通补助的员工，市内因公办事不得再报销出租车等交通费用。

e. 享受交通补助的员工，自驾车异地出差费用参照"差旅费报销管理制度"有关规定执行。

f. 上述标准为最高上限标准，人力资源部将根据员工个人实际情况进行核定费用标准，经集团人力行政总监审批后，交各级财务部门按批准金额标准审核费用报销。

g. 交通补助报销时间规定，员工须于每月 15 日前提供相关票据，填报费用报销单，经财务部门审核后报销。超过规定时间，公司将不予报销当期费用。

③内部招待费。

a. 内部招待费标准。为促进公司总部与分子公司人员之间的交流与沟通，公司特对总经理、副总及总监等岗位人员设定一定标准的内部招待费用，内部招待费只能按照岗位设置使用，不因人员的更换而多次使用。具体标准如下表（单位：元 / 人 / 年）。

职位等级	职务	费用标准
高管	董事长、总经理	实报实销
	副总、总监	5 000
经理	副总监、各部门经理	2 000

b. 内部招待费报销规定，公司总部出差分子公司招待当地人员，或分子公司招待同级单位来访人员所发生的招待费用，可从上述内部招待费报销，招待本部门下属人员不得从内部招待费报销。

c. 公司内部招待，原则上应由职位级别高的一方买单，并将发生费用带入所属单位报销，若需账务处理，再由财务对此项费用进行内部转账处理。内部招待费用报销时，须在报销单附件上注明被招待人员单位部门、姓名、人数、时间等，以备财务部门进行费用审查核实。

d. 内部招待费实行年度费用总额包干的方式管理，各责任人视情况自行确定内部招待费使用。严禁重复报销内部招待费用的情况发生。如甲乙不在同一单位，甲招待乙，双方均回所在单位报销，若一经审计查出，处责任人一方所报销招待费 10 倍以上的罚款，情节严重者，公司将作辞退处理。

④商业保险

a. 为进一步加强保障，完善员工福利保障体系，公司特根据相关岗位的实际情况为员工购买商业保险。商业保险对象标准：经常出差人员，意外交通险标准：100 ～ 200 元；未参加社保人员，意外伤害险标准：100 ～ 200 元。

b. 商业保险分年度购买，保险期满后由公司根据情况选择与调整新的商业保险。

c. 人力资源部应加强对商业保险服务的监督，确保员工获得应有的权益保障。

（4）福利报销流程及审批权限。

a. 福利费用实行预算管理。公司给予员工的各项福利支出应当全部纳入员工所在单位的年

（月）度人力费用预算管理，按预算管理制度规定程序报经集团审核批准后执行。

b. 凡超出预算范围的福利费用，均需报公司董事长审批后执行。

c. 各项福利费用审批一律按照公司财务管理制度的相关规定执行。

5．附则

由人力资源部负责草拟、解释与执行，自公司董事长签批核准后从颁布之日起生效执行。

9.2　社会保险管理制度

×× 公司		社会保险管理制度		
××-RZ01				
版本	拟定人	审核人	批准人	生效日期

1．目的

为保障员工的合法权益，根据《中华人民共和国社会保险法》《工伤保险条例》及相关法规，结合本公司的实际情况，特制定本制度。

2．适用范围

与公司建立唯一劳动关系的所有合同制员工。

3．流程图

＜社保办理流程＞

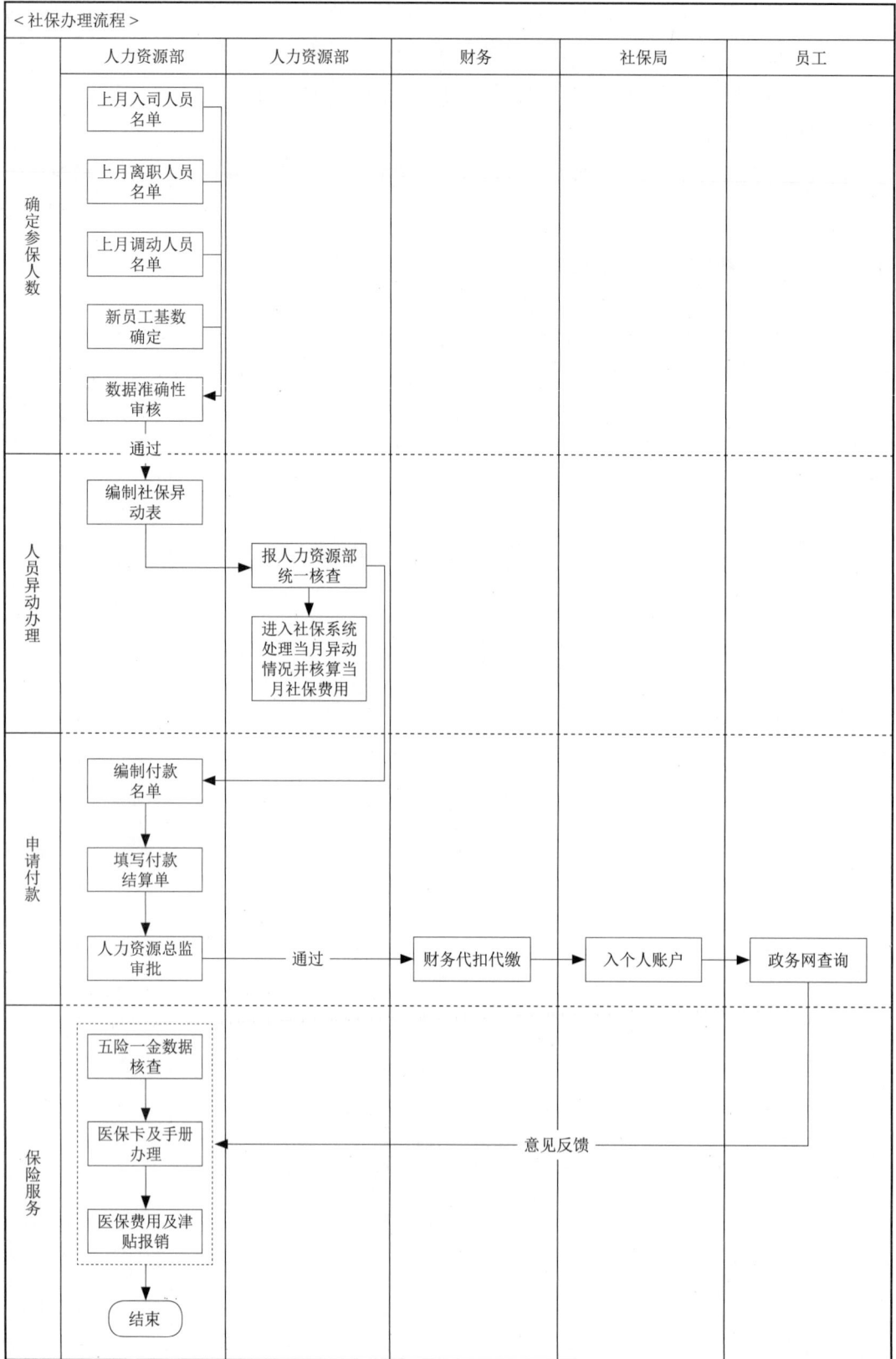

	人力资源部	人力资源部	财务	社保局	员工
确定参保人数	上月入司人员名单 上月离职人员名单 上月调动人员名单 新员工基数确定 数据准确性审核 通过				
人员异动办理	编制社保异动表	报人力资源部统一核查 进入社保系统处理当月异动情况并核算当月社保费用			
申请付款	编制付款名单 填写付款结算单 人力资源总监审批		通过 → 财务代扣代缴	入个人账户	政务网查询
保险服务	五险一金数据核查 医保卡及手册办理 医保费用及津贴报销 结束			意见反馈	

4. 流程说明

步骤	工作事项	责任岗位	事项说明	应用附件和表单
1	确定参保人员	人事专员	1. 每月25日前完成收集上月15日后至本月15日转正和调入人员名单作为异动增加人员名单 2. 每月25日前完成收集本月15日后至下月15日离职和调出人员名单作为异动减少人员名单	
2	人员异动办理	人事专员	1. 每月25日完成收集本月社保、公积金异动名单 2. 新增和停保人员必须于每月25日前在12333公共信息平台进行申报	
3	申请付款	人事专员	1. 社保费用：每月10日前提交社保费用付款申请；每月25日跟进本月社保费用支付完成 2. 公积金费用：每月25日前完成本月公积金汇缴，提交付款申请，每月30日跟进本月公积金费用支付完成	
4	保险服务	人事专员	1. 医保：每月5日查询上月新增医保卡名单，及时领取医保卡 2. 意外险：新入职外勤人员及时购买或更新 3. 生育津贴：（1）女职工：产假期满3个月内办理，每周三提交资料；（2）男职工：妻子分娩后6个月内办理，每周二提交资料	

5. 社会保险种类与占比

2019年长沙市参保单位社会保险缴费比例及正式基数

保险种类	缴费基数	单位部分	个人部分	合计
企业养老	不低于2 859元	16.0%	8.0%	24.0%
基本医疗	不低于2 859元	8.0%	2.0%	10.0%
大病补助	—	—	大病补助（130元/年）	130元
失业保险	不低于2 859元	0.7%	0.3%	1.0%
生育保险	不低于2 859元	0.7%	无	0.7%
工伤保险	不低于2 859元	0.5%（一类）	无	0.5%
合计		25.9%	10.3%	36.2%
公积金		8.0%	8.0%	16.0%

备注：2019年缴费基准值，按照2018年全口径月平均工资4 764元作为基准值（即市社保最低缴费基数2 859元，最高缴费基数14 292元），其中基数上下限是：单位部分：2 859元～无上限，个人部分2 859～14 292元。

6. 附加说明

（1）本规定自签批核准之日起生效，若有与原文件规定相冲突的地方，以本规定为准。

（2）本规定由人力资源部负责草拟、修订和解释，经董事长签批核准后生效，修订时亦同。

9.3 社会保险参保缴费流程（长沙市）

社会保险参保缴费流程

工作事项	办理流程	操作事项	责任人
社保异动	1. 收集本月离职、下月离职和本月转正人员名单及信息 2. 插入 UKEY，登陆长沙人力资源和社会保障局网站，输入密码，单击异动申报—异动新增/异动减少—填写异动人员信息—保存—单击申报及查询—单击申报—等待审核（1～3个工作日）—审核通过后下载异动表保存	1. 新增人员社保缴费基数为最低缴费基数2 859元，最高缴费基数14 292元 2. 当月15日之前转正的，当月办理增加，15日之后转正的，下月办理增加（办理异动前收到转正申请为准，如转正日期为本月15日之前，但本月25日办理异动时未收到转正申请，则不予办理，直至收到转正申请） 3. 下月15日之前离职的，本月办理减少；15日之后离职的，下月办理减少（以离职申请表的申请离职时间为准） 4. 社保异动原则：本月办理新增，本月生效；本月办理减少，下月生效，即本月的费用已经产生，下月起不再产生费用	
社保费用付款	1. 插入 UKEY，登陆长沙市人力资源和社会保障局网站，下载缴费通知单和月应缴明细，并按格式整理 2. 填写付款申请单（标题为×月社保费用付款申请单），上传缴费通知单、月应缴明细表作为附件，要求付款日期一般为申请日七天内		
社保费用明细表（扣工资）	1. 按社保月应缴明细表核算本月费用明细 2. 上月新增的人员，本月应缴明细表中会有两个月的费用，将此费用减去上月已扣除的费用，得出本月应扣费用 3. 本月新增的人员，本月应缴明细表中不会有费用，要参照相同缴费基数的人员的费用核算本月应扣费用 4. 因员工未及时提起离职申请导致异动未及时办理，所产生的费用由员工全额承担	社保新增费用计算方式：本月新增，本月生效，费用产生在下月，即本月新增，本月应缴明细表中不会有费用明细，在下月的应缴明细表中体现两个月的费用	
打印社保对账单	1. 每月携带财务提供的社保缴费转账回单到任一长沙银行相应窗口打印，到相关窗口领取社保收据 2. 社保收据交财务部出纳	必须带上转账回单，否则银行不予打印，收据要复印存档、扫描，原件交给财务时需在发票签收本上登记签收	
社保年审	每年5～8月。具体时间关注长沙市人力资源和社会保障局网站通知，按要求在系统填报社保年审，系统审核通过后无须现场提交资料	年审每年必须在规定期限内完成，未在期限内完成的，社保缴费基数自动上浮10%，一定要及时完成年审	
劳动监察	每年社保年审后就可以准备劳动监察书面资料提交。要关注审批结果，根据结果修改、新增资料		
社保数字证书驱动下载	登陆长沙12333网站—人力资源和社会保障数字证书—登录东方新诚信长沙人社数字证书服务网—下载专区—数字证书驱动		
社保数字证书续费	登陆长沙12333网站—人力资源和社会保障数字证书—登录东方新诚信长沙人社数字证书服务网—证书业务办理进行缴费—下载新的驱动		
社保注销	1. 网上下载《长沙市社会保险注销登记表》加盖公章 2. 工商局的《准予注销登记通知书》 3. 当月的《人员异动减少表》，加盖公章 4. 当月缴费的发票复印件《无欠费情况才受理注销》		
医保卡领取	单位介绍信及个人身份证原件（长沙市社保局：http://www.cs12333.com/revision/ 在常见问题—社保常见问题—医保卡查询月份中查询本单位新增人员医保卡情况，并于10个工作日内，带单位介绍信及本人身份证原件到市人社局1410、1413房间领取；带单位介绍信及本人身份证原件到政务中心社保柜台查询领取）		

续上表

工作事项	办理流程	操作事项	责任人
失业金领取	城镇户口办理就业失业证资料： 1.《湖南省就业失业登记证》申领审批表 2. 身份证、户口本复印件 3. 与单位解除劳动关系协议复印件 4. 社区出具的未就业证明 5. 两寸彩照 3 张 6. 失地农民要提供拆迁部门的证明和征地农民补建补缴查询单	农村进城务工人员办理就业失业证资料（农村户籍的在单位所在社区办理）就业失业登记所需资料： 1.《湖南省就业失业登记证》申领审批表 2. 劳动合同原件复印件 3. 身份证户口本复印件 4. 连续 6 个月以上的社会保险缴费记录 5. 常住地务工居住证明（单位出具职工居住集体宿舍的证明） 6. 照片两张 7. 解除劳动关系协议	
社保异地转回长沙	转出地开医疗和养老参保缴费凭证，长沙参保 3 个月后开参保凭证，员工带着这两个凭证和身份证到社保局办理		
残疾人申报	1. 已填写好的《长沙市按比例安排残疾人就业情况核定申报表》（《申报表》可到各核定地点领取或登录下面的网址下载： http://cdpf.changsha.gov.cn/44/） 2.《营业执照》副本原件及复印件 3. 在职残疾职工本人的《中华人民共和国残疾人证》或者《中华人民共和国残疾军人证》（1至 8 级）原件及复印件。其中《中华人民共和国残疾军人证》须经县级以上民政部门开具核实证明 4. 2019 年度在职残疾职工的劳动合同原件及复印件、社会保险费缴费证明原件及复印件、工资支付原始凭证和复印件	http://cdpf.changsha.gov.cn/index.aspx（关注长沙残疾人联合会网站公告）	

案例传真 工伤职工擅自休假可按旷工论处

【案例】郭某，女，40 岁，连续工龄 18 年，系广州某区百货公司劳动合同制工人。1995 年 9 月 2 日因二级左足跟骨骨折，经 3 个月治疗后骨折愈合良好。1996 年 1 月份区和市医务劳动鉴定委员会鉴定确认其医疗终结时间至 1996 年 1 月 2 日止，不属残废（疾）范畴。同年 1 月 15 日公司将此鉴定结论告知郭某，并两次给她发出书面复工通知书，但她仍拒不复工，擅自休假两个多月，既不提供"病假建议书"，也不说明休假的任何理由，单位认为她属"无正当理由经常旷工"。由于她连续旷工超过 15 天，故单位于 1996 年 4 月 8 日做出除名处理。此时她才提出她是工伤，不需提供病假建议书也可休病假的"理由"。

【专家评析】劳动部劳部发〔1996〕266 号《企业职工工伤保险试行办法》规定，对工伤者实行工伤医疗期（即医疗终结期），医疗期长短视工伤程度而定。郭某工伤后，区、市医务劳动鉴定委员会已确认其医疗终结时间至 1996 年 1 月 2 日止，医疗终结期内可享受相应的工伤待遇，包括工伤津贴（工伤生活费）、医疗费、住院伙食补助费等，但医疗期终结后则不再享受工伤待遇（经鉴定确认为旧伤复发者除外），除 1 至 4 级残废可办理提前退休外，其他等级的工伤者都应按单位的要求复工，对不属残废（疾）的工伤者，单位给予相应的工伤待遇后可按普通职工管理，工伤职工不能不经单位批准擅自休病假。根据劳动部劳力字〔1990〕1 号《关于〈企业职工奖惩条例〉有关条款解释问题的复函》规定："除有不可抗拒的因素影响，职工无法履行请假手续的情况外，职工不按规定履行请假手续，又不按时上下班，连续旷工超过 15 天，或一年内累计旷工超过 30 天，即属于无正当理由经常旷工。"由于郭某已医疗终结，且单位已给她发出两次书面复工通知书，但她拒不上班，又不属于"不可抗拒的因素"情况，"工伤者休病假不需请假"更不成理由，故单位对她做出除名处理决定是正确的。

（资料来源：根据网络资料改写）

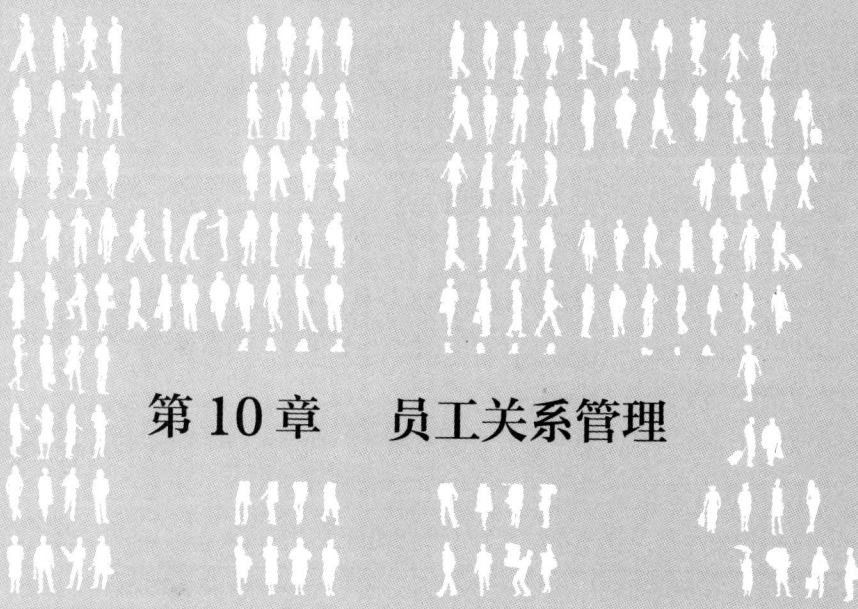

第 10 章　　员工关系管理

10.1 员工关系管理制度

×× 公司		员工关系管理制度			
××-RZ01					
版本	拟定人	审核人	批准人		生效日期

1. 目的

为规范公司的员工关系管理工作，创建和谐、融洽的劳资合作关系，增强团队凝聚力、向心力，在团队中形成互相帮助、协调开展工作的良好氛围，从而不断提高员工的满意度，促成团队工作效率与合作意识的提高，特制定本制度。

2. 适用范围

本制度适用于公司所有员工（包括试用期员工）。

3. 员工关系管理内容

（1）员工关系管理作为人力资源管理的一个子项目，在公司里将发挥其独特的管理效用。员工关系管理的内容包括：建立双向沟通体系，建立申诉渠道，离职管理，员工活动，员工福利，员工关怀（工作－生活平衡）计划。

（2）员工关系的管理应该是每一位管理者的职责，其专职管理岗位为人力资源部员工关系管理员，部门管理者有义务承担部门内员工关系管理部分工作。

（3）员工关系管理中部门管理者与人力资源部的分工

	部门管理者	人力资源部
分工职责	• 保持员工与管理者之间沟通渠道畅通，使员工能了解公司大事并能通过多种渠道发表建议和不满 • 营造相互尊重、相互信任的氛围，维持健康的劳动关系 • 确保公司的员工申诉程序按有关规定执行 • 坚持贯彻劳动合同的各项条款 • 与人力资源部门一起参与劳务谈判 • 支持员工活动，给予合理的工作调整 • 主动关心员工福利问题 • 在工作期间，日常的激励与关怀	• 建立双向的沟通体系，解答员工疑惑，促使各方沟通顺畅 • 向管理者介绍沟通技巧，促进上行及下行沟通 • 建立投诉渠道，在如何处理员工投诉方面向管理者提出建议，帮助有关各方就投诉问题达成最终协议 • 分析导致员工不满的深层原因 • 进行离职管理，开展离职面谈，并反馈合理化信息 • 对管理者进行培训，帮助他们了解和理解劳动合同条款及在法规方面易犯的错误 • 组织员工活动，缓解工作压力 • 提供公司福利 • 实施员工关怀（工作－生活平衡）计划，从工作和生活上给予员工关怀

4. 建立双向沟通体系

人力资源部与员工的沟通渠道依据人力资源部管理职责，形成人力资源部与员工的沟通桥梁，保证人力资源部与员工的沟通顺畅。

（1）入司前沟通。

为达到"以公司理念凝聚人、以事业机会吸引人、以专业化和职业化要求选拔人"之目的，在招聘选拔面试时须将企业文化、工作职责等进行客观描述。招聘管理员负责完成对公司拟引进的一般职位的"入司前沟通"，人力资源部负责人、各部门负责人或公司总经理完成对中高级管理人员、技术人员的"入司前沟通"。

同时，进入公司的新员工，由人力资源部招聘管理员负责引领新员工认识本部门负责人及人力资源部人员，介绍公司相关的沟通渠道，后勤保障设施等，帮助新员工尽快适应新的工作环境。

（2）新员工培训沟通。

人力资源部培训管理员对员工上岗前必须掌握的基本内容进行培训，以掌握公司的基本情况，提高对企业文化的理解和认同，全面了解公司管理制度，知晓员工的行为规范，知晓自己本职工作的岗位职责和工作考核标准，掌握本职工作的基本工作方法，从而比较顺利的开展工作，尽快融入公司，度过"磨合适应期"。

（3）试用期间沟通。

为帮助新员工更加快速地融入公司，度过"磨合适应期"，应尽量给新员工创造一个合适、愉快的工作环境。

由人力资源部员工关系管理员、新员工所属直接或间接上级与新员工进行沟通。人力资源部负责人主要负责对中高级管理人员进行试用期间的沟通；一般人员的沟通、引导，原则上由其所属上级和人力资源部员工关系管理员负责。

人力资源部沟通频次要求：员工关系管理员在新员工试用第一个月，至少面谈 2 次（第一周结束时和第一个月结束时）；试用第二个月（入司后第二个月），每月至少面谈或电话沟通1 次。

试用期面谈由员工关系管理员形成简单的试用期面谈电子记录，并及时存档。

（4）转正沟通。

新员工在转正考核通过后五个工作日内，员工关系管理员与转正员工进行沟通，形成转正面谈（书面或电子）记录。

①用人部门与员工的沟通渠道。用人部门管理者作为员工直接上级和间接上级，在员工的成长和发展中起着极其重要的作用，规范和加强管理者与员工的沟通，能够提高员工对公司的认可度，加深管理者对员工的了解。

②部门专业培训中的沟通。用人部门管理者在新员工上岗后的五个工作日内，组织新员工进行专业培训，员工关系管理员通过与员工试用期沟通了解培训情况。

员工直接上级或间接上级负责对员工进行专业培训，在培训过程中以对员工灌输专业知识和技能为主，同时加强与员工的互动，了解员工对岗位的看法和要求，在专业领域遇到的困难，双方协商讨论。

③日常沟通。部门管理者注重日常沟通，每五个工作日安排与部门内 1 ～ 2 名员工进行

20 ～ 30分钟的沟通，掌握员工的工作和生活状态，了解员工需要解决的问题，帮助和支持员工。

④总经理与员工的沟通渠道。建立公司总经理与员工的沟通渠道，是为了增加员工与高层的接触，提高高层管理者的亲和力，体现公司对员工的关怀。

a. 员工通过人力资源部建立渠道进行沟通。员工通过与人力资源部建立的沟通渠道反映问题，人力资源部将较为重要的信息以书面形式反映给公司总经理。

b. 随机访谈。公司总经理在每季度随机选择2 ～ 3名员工进行面谈，了解员工的想法和对公司管理的建议。

⑤员工意见窗口。启动员工意见窗口，员工通过电子邮件和咨询电话提出疑惑或建议，员工关系管理员负责反馈和申报。

a. 意见箱、邮箱传递。人力资源部员工关系管理员开通员工咨询及意见邮箱，或者写信投在公司意见箱，员工关系管理员每日进行收发，代表人力资源部和公司为员工解答。

b. 电话沟通。员工通过人力资源部咨询电话，联系员工关系管理员，提出个人问题，由员工关系管理员及时解决。

每月月底，员工关系管理员将本月内收集的员工意见信息和反馈情况，形成书面报告上报人力资源部负责人。

c. 员工满意度调查。员工满意度调查每半年度进行一次，分别在每年6 ～ 7月和11 ～ 12月进行，其中，6 ～ 7月份的调查为全员参与的调查，11 ～ 12月的调查为不少于1/3员工参与的调查，负责问卷调查和分析的主要责任人为员工关系管理员，用人部门积极配合。

5．建立申诉渠道

建立员工申诉渠道的主要目的是尽量减少员工因在工作中可能受到的不公正、不恰当的处理而产生的不良情绪。

（1）员工申诉的主要范围包括：对工作安排不接受、对考核及申诉结果有异议、对上级处理结果不认同等。

（2）申诉程序。

①员工向直接上级或者监察部投诉，如直接上级在3个工作日之内仍未解决问题，可越级向部门经理或分管领导投诉，同时也可向人力资源部经理或员工关系管理员投诉，人力资源部负责在3个工作日内解决投诉问题。

②员工对人力资源部的处理结果不满意的，可继续向人力资源部的负责人提请复议，负责人有责任在7个工作日内重新了解情况并给予处理意见。此复议为申诉处理的最终环节。

③每季度月初员工关系管理员对上季度员工申诉情况进行数据统计分析，填写《员工申诉季度报表》，上报人力资源部负责人及高层。

6．离职面谈

（1）本着善待离职者原则，对于主动离职员工，通过离职面谈了解员工离职的真实原因以便公司改进管理。对于被动离职员工，通过离职面谈提供职业发展建议，不让其带着怨恨走，诚恳地希望离职员工留下联系方式，以便跟踪管理。

（2）沟通时机。

第一次：得到员工离职信息时或做出辞退员工决定时。

第二次：员工离职手续办理完毕准备离开公司的最后一个工作日。

（3）离职面谈责任人。

① 第一次离职面谈。

对于主动提出辞职的员工，员工直接上级或其他人得到信息后应立即向其部门负责人和人力资源部员工关系管理员反映，拟辞职员工部门负责人应立即进行离职面谈，了解离职原因，对于欲挽留员工要进行挽留面谈，对于把握不准是否挽留的应先及时反馈人力资源部以便共同研究或汇报，再采取相应措施。

对于公司辞退的员工，在辞退员工决定批准后，由员工所在部门负责人进行第一次离职面谈，并以书面形式反映辞退原因和经过，形成最终的情况说明。

②第二次离职面谈。

对于最终决定同意离职的员工，由人力资源部进行第二次离职面谈。

一般员工由员工关系管理员进行离职面谈，二级部门负责人以上员工（含二级部门负责人）由人力资源部负责人进行离职面谈。

第二次面谈过程中，员工关系管理员或人力资源部负责人填写《离职员工面谈表》的相关内容，离职员工签字认可后存档。

（4）离职原因分析。离职原因分析每季度定期进行1次，由员工关系管理员负责完成，以书面形式上报人力资源部负责人，以便改进人力资源管理工作。

（5）离职统计。员工关系管理员对每月1日对上月度离职人员进行数据统计，填写《离职统计月（季）度报表》，上报人力资源部负责人。

7．员工日常活动组织

（1）活动目的。

①以活动为载体，丰富员工业余文化生活，凝聚团队精神，陶冶员工情操。

②为同仁创造相互交流、相互沟通、相互了解、增进友谊的机会，建立团结和谐的工作氛围。

③加强企业文化建设，共同创造丰富多彩、健康向上的员工文化生活氛围。

④纪念重大节日，烘托节日气氛，增强员工的归属感。

（2）活动思路。

①组织员工积极参加各项文体活动。

②制定股份员工活动推动方案，组织开展全员参与的文体活动。

③每月至少组织一次主题性活动。

（3）部门活动计划建议。

序号	员工福利活动	具体事项
1	员工下午茶	每周一次下午茶：咖啡、点心、水果等
2	生日活动	每月中旬集中一次为当月生日的员工举办生日会，准备生日礼物、蛋糕、鲜花、水果、生日祝福语等以及拍照做群相册上传公司微信群或员工活动宣传栏
3	文体活动	羽毛球、乒乓球、趣味运动会、茶话会、户外活动等
4	节日	如端午节、中秋节等提前一天搞员工集体过节活动
5	司龄祝福语	入职公司多少年，在满1年、2年、3年等当天发司龄祝福语，表示感谢
6	加班食品	对于在公司加班的员工，提供加班食品：如方便面、饼干、火腿肠、面包等
7	其他福利	根据情况来定

8. 附则

由人力资源部负责草拟、解释与执行，自公司董事长签批核准后从颁布之日起生效执行。

10.2 员工关系管理的重要性

1. 实现人与事最佳配合

实行员工关系管理，必须进行合理的组织设计，即根据企业目标和业务特点，确定各部门或岗位的工作任务，所应承担的职责、权限，工作关系和方式，能力素质要求、任职资格要求等，从而实现人事匹配。

2. 建立畅通的沟通机制

畅通的沟通机制有助于员工之间或员工与管理层之间及时交流信息、沟通思想，员工可以自由地表达自己的需求、见解和情绪，管理层可及时、准确地了解员工真实的想法和需求，从而有利于问题的解决、知识与信息的传播和共享。

3. 激励先进、鞭策后进

良好的员工关系管理能促进企业形成积极向上的企业文化，鼓励员工进取、合作、创新，使争先创优成为所有员工的共同奋斗目标。

4. 帮助员工进行职业规划

职业发展是员工关注的第一要素。通过员工关系管理，企业能帮助员工寻找到个人发展与企业发展的最佳结合点，做好员工职业生涯的规划服务，帮助员工尽快实现其个人的发展目标，留住优秀员工，进而促进企业的长远发展。

10.3 如何对员工进行激励

目前很多企业在管理方式上都特别注重员工的成长，注重员工对企业的认同感，通过增加员工对企业的认同感，从而增加员工对企业的黏性，从而提升员工工作的积极性，那么该如何对员工进行激励呢，希望这篇经验能够帮助到大家。

作为企业的领导者要学会分析员工需求的层次及程度，每个员工的需求层次和程度是有差异性的，一旦下属的需求得到满足后，那么下属会对下一层次的需要油然而生。那么作为领导者要随时把握员工的需求进行激励，员工的工作大致可以分为两类，一种是心理上的，一种是经济上的。

在对员工进行激励的过程中除了要进行需求分析之外还要进行抱怨分析，员工的抱怨同样大致可以分为两类，一般有积极的抱怨和消极的抱怨，积极的抱怨指那些提及工作执行障碍的抱怨，消极的抱怨指和工作没有直接关系的抱怨。

如果领导者发现员工有积极的抱怨的时候，这类员工是想努力把工作做好，但是他们经常被一些干扰因素所烦恼，想通过抱怨提醒领导来进行解决。如果这个时候上级领导分析准确，积极的回馈员工给予正面的激励，就能大大地提高员工工作的积极性。

对于消极抱怨的员工，这些抱怨可能有充分的理由，也可能是更深层次原因造成的，如对管理制度不清楚或者管理制度不合理，或者经理处理问题不得当，这个时候上级领导要对员工进行心理上的激励，那么就能从侧面将员工的工作积极性调动起来。

激励员工的目的就是消除员工的不满意，那么企业管理者可以从以下几个方面进行员工满意度的修复，检查企业制度、政策和管理是否是大多数员工所接受的，自身的管理风格及工作方式是否是企业员工所认同的，通过改善工作条件和改善人际关系，增加员工的安全感，从而激励员工。当然，员工的自我提升，以及对其背景的细致调查也是企业管理的重要方式。

1. 员工如何创造价值

有很多企业的员工在自己工作的地方感觉不到自己的价值，总觉得自己在单位没有存在的意义，急于想要创造更多的价值。针对这一情况，笔者给大家一些建议，希望能帮助迫切需要创造价值的员工找到自己的意义。

2. 充实自己、提升自己

要想在自己的岗位上创造属于自己的价值，就需要提升自己的能力，了解自己的岗位应该掌握的知识和技能，能妥善处理岗位上遇到的一系列问题，能力基础打牢固了，才能更好地创造自己的价值。

3. 多将心思投入到工作中

一个人的集中力决定着一个人是否能为这件事做出贡献，如果你集中于某件事，那你就会把你的全部精力投入其中，想方设法把工作做好，那么工作成绩自然就提高了。

4. 多向领导提出合理的建议

员工不仅要完成上级交代的任务，还应该在完成任务的基础上发挥自己的智慧，多想想工作中可以改进和提升的地方，并形成自己的理解和思路，及时向领导提出合理的建议，发挥出自己的价值。

5. 多帮助身边的同事

一个人的价值可以体现在很多方面，比如帮助身边的同事朋友。在工作中，难免有人会遇到各种各样的难题，如果你能挺身而出，向他们伸出援手，帮他们完成工作，那么就等于帮助了自己的所在的企业，创造了自己的额外价值。

6．避免工作中出现问题

员工要在工作中体现价值，首先就要学会不在工作中犯错误，有损企业的利益。要保证自己的工作顺利完成，这样也算是一种价值体现。

7．做好对外宣传工作

即便你不在单位的宣传部门工作，但你仍旧是单位的员工，就有义务为集体做好对外宣传，包括自己的亲戚朋友和家人，要让知道你的人都了解你们单位，并对你们单位产生好感，这样有百利而无一害。

8．员工背景调查对企业的作用

员工背景调查在欧美国家比较盛行，在美国请一个保姆都要对其进行背景调查。近几年，随着"学历门""造假门"等现象的发生，员工背景调查逐渐在中国流行起来。员工背景调查，简单地说，就是指用人单位通过各种合理合法的途径，来核实求职者的个人履历信息的真实性的行为和过程。那员工背景调查对于企业招聘究竟有什么价值呢？

9．帮助企业 HR 筛除有虚假信息的候选人

作为"阅人无数"的 HR 来说，应该都会遇到过求职者简历信息造假、新员工实际工作能力与面试不符的情况。如何才能解决这个问题？唯有把背景调查作为招聘流程的一个重要环节，在面试后、入职前对候选人做背景调查，核实其身份、学历、资格证书以及工作履历、工作表现等情况，这样才能杜绝"假简历""伪能力"的候选人混入企业，形成人岗不匹配，造成企业"真损失"。所以，员工背景调查对于企业招聘的价值之一，就在于能够起到"去伪存真"的作用。

10．全面了解求职者的素质与能力

张贴栏，天桥旁，地面上，到处可见"办文凭"等字样，造假技术在不断普及，"面霸"技巧也在不断升级。对此，我们的面试方法与技术也在日益更新与完善，从面谈到无领导小组到情景模拟，从 BEI 访谈到 STAR 法则，从笔迹鉴定到微反应。诸多的对策，也只是仅对面试者所述内容的判断与甄别，而所问与所述只是冰山之一角，其潜在的"特质与素养""态度与动机"却难以鉴别，其工作期间的表现及评价却不得而知。通过员工背景调查，我们可以更全面地了解员工的素质与能力情况，获得更全面、更客观的信息，为员工未来的培训、晋升与职业发展提供参考和依据，做到"全面了解""知人善任"。

11．帮助企业节省成本、规避用人风险

众所周知，企业招聘一个新员工，需要投入网络招聘费用（或招聘会费用或猎头费用以及内部推荐费用）、宣传费用等前期成本，需要支付 HR 招聘 / 面试的工资费用、交通差旅费等运作成本，还需要支付新员工的薪酬、福利培训费等试用期成本，还需要承担机会成本与再招聘成本。如果招聘到合适的员工则能为企业创造价值与效益，如果招聘到不合适的员工则可能

给企业带来经济损失与名誉损失，还需要重新招聘一名新员工。由此，招聘匹配的重要性可想而知，不匹配则给企业带来巨大的成本浪费与风险。更有甚者，在很多企业中，还经常发生仓管员工偷窃、财务人员贪污、采购人员吃回扣等现象。

据有关部门统计，我国每年因诚信缺失而造成的直接损失约达 5 855 亿元，相当于财政收入的 37%，国民生产总值每年因此减少了 2 个百分点。研究数据表明，企业遭遇的人才风险管理问题中，员工违法乱纪占 9%，企业名誉损失占 15%，员工偷盗等行为占 28%，商业信息安全问题占 36%，而不称职员工、人员流失率高达 65% 到 76%。

要规避这些风险与成本浪费，员工背景调查是有效的手段和方法。通过对拟录用员工进行基本信息的核实，确保信息的真实性。通过对拟录用员工进行工作表现与工作能力的深度调查，确保候选人与岗位匹配。

10.4　员工满意度调查

10.4.1　员工满意度调查的认知

员工满意度调查是一种科学的人力资源管理工具，它通常以问卷调查等形式，收集员工对企业管理各个方面满意程度的信息，然后通过后续专业、科学的数据统计和分析，真实的反映企业经营管理现状，为企业管理者决策提供客观的参考依据。员工满意度调查还有助于培养员工对企业的认同感、归属感，不断增强员工对企业的向心力和凝聚力。员工满意度调查活动使员工在民主管理的基础上树立以企业为中心的群体意识，从而潜意识的对组织集体产生强大的向心力。

10.4.2　员工满意度调查的理念

现代企业管理有一个重要的理念：把员工当"客户"。员工是企业利润的创造者，是企业生产力最重要和最活跃的要素，同时也是企业核心竞争力的首要因素。企业的获利能力主要由客户忠诚度决定，客户忠诚度由客户满意度决定，客户满意度由所获得的价值大小决定，而价值大小最终要靠富有工作效率、对企业忠诚的员工来创造，而员工对企业的忠诚取决于其对企业是否满意。所以，欲提高客户满意度，需要先提高员工满意度，前者是流，后者是源。没有员工满意度这个源，客户满意度这个流也就无从谈起。

10.4.3　员工满意度调查的意义

员工满意度调查是企业管理的一项基础工具。企业所有的管理活动和管理制度都是服务于企业的利润和绩效，管理的出发点和归宿点是人，员工也是企业管理当中唯一活的因素，组织的灵活性和组织活动能力强弱由企业全体员工决定。

员工满意度调查，调查的对象是企业的员工，通过调查了解管理中最重要和最活跃的因素——员工来了解企业状况，在调查的过程中一方面了解和理解员工的详细情况，一方面也向员工传达了企业的文化管理理念和先进的现代管理思想，起到传播的作用；另一方面通过调查活动起到上下沟通的作用。同时，通过员工满意度调查，从另外一个角度来审视企业的经营、管理、管理制度、组织状况和管理者情况等企业经营管理方面的状况，帮助企业了解现状，发现问题，进而为解决问题提供量化数据支撑。从员工的角度来审视企业可以收到非常好的效果，因为企业的全体员工是企业建设的直接参与者和行使者，同时也是企业管理和经营活动的直接感受者，因为他们直接在做，并在做的过程中，直接感知和体验第一手的信息，因而更为真实可靠。同时全体员工也是企业经营的主体和管理的受众。所以开展员工满意度调查为企业管理提供了真实可靠的量化数据基础，是企业管理的一项基础性工具，是企业战略管理的基础。

10.4.4　员工满意度调查的作用

员工满意度调查能够有效地诊断企业潜在的问题，了解企业决策对员工的影响，以对企业管理进行全面审核，保证企业工作效率和最佳经济效益，减少和纠正低生产率、高损耗率、高人员流动率等紧迫问题。具体来说，员工满意度调查对企业能起到下列这些重要作用：

（1）预防和监控的手段。通过员工满意度调查可以捕捉员工思想动态和心理需求，从而采取针对性的应对措施。

（2）管理诊断和改进的工具。了解企业内部在哪些方面亟待改进，企业变革的成效及其改革对员工的影响，为企业人力资源管理决策提供重要依据。

（3）广泛听取员工意见和激发员工参与的一种管理方式。通过员工满意度调查能够收集到员工对改善企业经营管理的意见和要求，同时又激发员工参与组织变革，提升员工对组织的认同感和忠诚度。

（4）企业管理成效的扫描仪。员工满意度调查可以提供企业管理绩效方面的数据，监控企业管理成效，掌握企业发展动态。

10.4.5　员工满意度调查的内容

企业进行员工满意度调查可以对企业管理进行全面审核。员工满意度调查将分别对以下几个方面进行全面评估或针对某个专项进行详尽考察。

（1）薪酬。薪酬是决定员工工作满意度的重要因素，它不仅能满足员工生活和工作的基本需求，而且还是企业对员工所做出贡献的尊重。

（2）工作。工作本身的内容在决定员工的工作满意度中也起着很重要的作用，其中影响满意度的两个最重要的方面是工作的多样化和职业培训。

（3）晋升。工作中的晋升机会对工作满意度有一定程度的影响，它会带来管理权利、工作内容和薪酬方面的变化。

（4）管理。员工满意度调查在管理方面一是考察企业是否做到了以员工为中心，管理者与员工的关系是否和谐；二是考察企业的民主管理机制，也就是说员工参与和影响决策的程度如何。

（5）环境。好的工作条件和工作环境，如温度、湿度、通风、光线、噪音、工作安排、清洁状况以及员工使用的工具和设施，极大地影响着员工的满意度。

10.4.6　员工满意度调查的功能

一个成功的员工满意度调查通常有如下四大功能。

（1）"地震预测仪"。作为预防和监控的手段，诊断企业潜在的危机问题，并能及时捕捉员工思想动态和心理需求，从而采取针对性的应对措施。

（2）企业"温度计"。通过满意度指数的测量，找出员工对企业管理中满意或不满意的合理和不合理因素，从而有的放矢地制定和调整管理制度。

（3）"体质检验单"。通过员工满意度调查，全面系统客观地评估组织变化和企业政策对员工的影响及企业经营管理现状和水平，为提升企业综合竞争力提供有效的数据。

（4）"CT 检测仪"。作为企业政绩扫描仪，提供企业管理绩效方面的数据，监控企业管理成效，掌握企业发展动态。员工满意度调查的汇总结果可以为企业 / 部门业绩提供来自员工民意方面的量化数据。

10.4.7　员工满意度调查的流程

（1）决定是否需要实施一个员工满意度调查的项目。

（2）向管理层推销调查。

（3）决定员工满意度调查中该问什么问题。

（4）选择员工满意度调查方法。

（5）在员工满意度调查中该注意的问题。

（6）确认最终问卷并且测试。

（7）向企业内部宣传员工满意度调查。

（8）邀请员工参加调查。

（9）解释调查的结果。

（10）分享调查结果。

（11）根据调查结果采取改进行动。

（12）什么时候需要重复员工满意度调查。

10.4.8　员工满意度调查的实施

企业怎样开展员工满意度调查？在什么样的情况下需要在企业开展员工满意度调查？

我们首先要清楚几个问题。

（1）企业管理者要考虑一个问题：你是否了解企业员工对他们的工作和工作环境的感受。如果不了解，那么你的企业需要开展员工满意度调查，即使企业的员工并不多。特别是当你的企业迅速膨胀、员工流失率提高、谣言四起、政策和构架发生变化、行业竞争激烈和薪资福利面临改革的时候，开展员工满意度调查就显得更为迫切了。

（2）在认识到开展调研的必要性后，下一步就要获得企业决策者的支持。如果员工满意度调查的工作没有纳入预算，得不到高层的重视，那么在企业内就很难开展。

（3）确定调研的内容。在确定内容之前，首先要考虑企业当前的实际情况，对以下几个问题的思考，会有助于找出所需要了解的核心问题。

这次开展调查的原因是什么？

在组织中，哪些工作开展的较好，而哪些不够好？

当前，在企业中的流传的谣言有哪些？

企业的价值导向是什么？

企业以前是否有做过员工满意度调查？如果有，则有必要查阅以前的调查结果。

（4）选择调研的方案。调研的方案有多种，企业可以结合自身的情况，在衡量各种方案的利弊后决定取舍。

①访谈调查法：收集口头资料；记录访谈观察。

- 特点：优点是具有直接性、灵活性、适应性和应变性；回答率高、效度高，但事先需培训；费用大、规模小、耗时多、标准化程度低。
- 类型：结构性访谈——需事先设计精心策划的调查表；非结构性访谈——无问题提纲，可自由发问，适用于部门较分散的企业。
- 人数：集体性和个别性访谈。
- 时间：一次性或跟踪性访谈。

②问卷调查法：设计出卷子后分发个别员工或集体。

- 特点：范围广、结合访谈效果更佳。
- 类型：有开放式问卷和封闭式问答两种，各有优缺点、两者结合更好。
- 问卷：需设计题目、说明、指导语、内容、动态问题、态度、编号。
- 设计：是非选择、多项选择、对比选择、排序选择、程度选择、自由提问、时间限制。

③抽样调查法：随机抽样、等距抽样、分层抽样、整体抽样。

（5）实施调查。像对待企业的产品和服务一样，必须抱着严肃认真的态度来开展员工满意度调查。在实施调研的前期，要做好相关的沟通工作，包括与各级管理者沟通，与企业员工沟通。沟通的内容包括调研的目的、调研的重要性、时间的安排、参与的方式、后续结果的公布等。沟通不好，一方面得不到管理者的支持与重视，会直接影响他所在部门员工的心态，从而影响到调研的参与度和质量；另一方面，不能引起员工的关注和理解，那么员工也不会抱着积极认真的态度来参与，效果自然大打折扣。

（6）处理调查结果。实施调查后收回大量问卷和调查报告，选择分析方法，调查人员通过检验、归类、统计，形成用文字、图表来表达调查结果，并对现存问题进行总体评价分析，提出改革的具体措施。改革措施要综合考虑问题的严重程度、关键程度、企业的承受能力、措施实施的可行性大小，在企业人、财、物力有限的情况下，要衡量各种解决方法需要的成本和未来的效益，从中选择最优方案去改善最关键的问题，最终提交综合报告。

（7）实施改进。对于通过调研所发现的问题，企业要提出具体改进措施，并赋予实施。如果只是为了拿个数据看看，了解一下员工对企业的反映，而不准备采取任何行动，员工会把满意度调查看成"形式主义"，今后调查的效果也会大大削弱，甚至会适得其反。

（8）跟踪反馈效果。实施改进措施并不是员工满意度工作的终结，人力资源部还要对改进措施进行两方面的效果评估，一是评价措施的经济性，即能够以一定的投入获得较大的产出；二是评价措施的实用性，即改进措施对员工满意度指标的改善。以便总结经验和教训，更好地开展下一步的工作。

10.5　劳动风险管控与处理

10.5.1　劳动管理之法律风险防范

（1）关于新员工入职申请表填写和身体检查问题。要求所有新员工（含职员、工人）在入职申请表上明确申明："本人保证如实告知公司关于个人的情况，并没有隐瞒任何过往工作经历、身体健康状况，以及保证所有个人资料均无作假，否则将构成弄虚作假并严重违反公司规章制度，本人愿意接受公司任何形式的处分，包括辞退并无任何经济补偿！"

（2）关于新招员工与原单位的劳动关系问题。事实上，我们很难完全掌握新员工是否和原单位已经完全中止了劳动关系，要求所有新的员工在入职前签名并存档，保证他们和原单位已经清理并完全中止了劳动关系，凡是一切与原单位的劳动纠纷、经济纠纷问题、竞业限制等，一概由员工本人承担！

（3）关于签订无固定期限劳动合同问题。对于符合签订无固定期限劳动合同条件的员工，如果员工要求并同意签订固定期限劳动合同的，一定要他们签一份书面同意书（或者在合同文本上写明），证明签这个固定期限劳动合同是员工本人的意愿！从而避免公司的法律风险。

项目	1. 新员工入职之如实申报问题	2. 新员工与原单位解除劳动合同关系和有关竞业限制的声明书	3. 新员工入职体检之尘肺检查	4. 员工培训（员工应知应会）	5. 员工签收文件（证据收集）
具体要求	所有新入职员工（含工人、职员）均需要如实填写入职申请表，并确认他们已经签署承诺以下申明："本人保证如实告知公司关于个人的情况，并没有隐瞒任何过往工作经历、身体健康状况，以及保证所有个人资料均无作假，否则将构成弄虚作假并严重违反公司规章制度，本人愿意并接受公司任何形式的处分，包括辞退并无任何经济补偿！"	要求所有员工（含工人、职员，第三方的员工除外）在入职前必须签署并承诺，保证他们已经和原单位已经清理并完全中止了劳动关系，凡是一切与原单位的纠纷、经济纠纷问题、竞业限制等，一概由员工本人承担	要求对所有新员工进行胸透或者"后前位 X 射线高千伏胸片"检查	所有员工（特别是新员工）是否已经都接受所有公司规章制度的培训，并且在培训记录上签名，我们是否把这些培训记录存档	是否所有员工（特别是新员工）都已经签收了公司制度（文件）？尤其是《员工手册》。这些签名都已经存档

10.5.2　降职降薪处理技巧

问题：如果一个员工表现不佳，我们对他进行了足够的辅导（比如我们已经有两次正规的辅导，并有完善的书面辅导记录），并给予他改进的机会（在第二次书面记录中还写明，如果下次评估时表现还是不能达到要求，则公司将考虑降职降薪，员工也在上面签名同意了）。如果到时他还是没有达到职位要求，我们是否可以降职降薪？（因为之前已经签了劳动合同，这样有无风险？）

对于多次表现不佳不能通过考评的员工，在法律上我们通常称之为"员工不胜任工作"。根据法律规定："员工不能胜任工作的，经过培训或调整岗位，仍不能胜任的，用人单位有权提前 30 天通知或额外支付代通知金后，依法解除其劳动合同。"法律对于培训或辅导的次数并没有要求。

我觉得这个处理方式非常合理和人性化，值得所有企业借鉴。辅导记录和员工签过字的文件既可以让他有压力，意识到下次必须要提高自己的表现才行，同时还是很好的证据。他到时还没达到要求的话，你们保留好相关证据，届时作为管理者一方，有权对该员工降职降薪（即合法要求员工变更劳动合同），甚至有权依法予以辞退。劳动部也曾发文明确过这个问题。

讨论：《劳动合同法》中规定符合解除劳动合同的要义。

如何理解和操作？

第三十九条　劳动者有下列情形之一的，用人单位可以解除劳动合同：

（一）在试用期间被证明不符合录用条件的；

（二）严重违反用人单位的规章制度的；

（三）严重失职，营私舞弊，给用人单位造成重大损害的；

（四）劳动者同时与其他用人单位建立劳动关系，对完成本单位的工作任务造成严重影响，或者经用人单位提出，拒不改正的；

（五）因本法第二十六条第一款第一项规定的情形致使劳动合同无效的；

（以欺诈、胁迫的手段或者乘人之危，使对方在违背真实意思的情况下订立或者变更劳动合同的）

（六）被依法追究刑事责任的。

是否我们按照以上国家法律法规处理一个违规员工，就没有了任何风险？

10.6　常见劳动争议案例分析

【个案讨论 1】

案例：北京肯德基有限公司与前员工师某因劳动合同纠纷对簿公堂，师某指责肯德基将其违法解雇，并称肯德基所依据的有其签字的《员工手册》并非他本人的签名。北京东城法院开审此案。

评析：肯德基方面诉称，师某曾是肯德基的员工，担任管理岗位的工作，双方签订劳动合同。在肯德基工作期间，师某曾因疏于餐厅管理，几次被公司给予书面警告，并根据《员工手册》条款，在 2010 年 5 月解除了劳动合同。此后，师某申请劳动仲裁，要求肯德基支付违法解除劳动合同双倍赔偿金及加班费等。仲裁委认为，肯德基未能证明公司已履行了公司制度中向员工告知的法定程序，裁决肯德基支付师某解除劳动合同经济补偿金 8 万余元。肯德基对仲裁结果不服，将师某起诉到法院，要求解除与他的劳动合同，并不用支付经济补偿金。

肯德基输掉了与师某的仲裁官司，从报道来看原因在于"肯德基未能证明公司已履行了公司制度中向员工告知的法定程序"，也就是说肯德基是有规章制度的，但由于不能证明该制度员工知情，所以败诉。所以用人单位一定要注意这类签收和培训证据的收集，否则制度再好，也不管用。更有意思的是，师某不是没签名，而是主张《员工手册》中的签名并非本人所签，经过申请，鉴定机构认定签名不是师某本人所写，公司败诉就更加难以避免了。

【个案讨论 2】

违纪解除不是说"开"就"开"！

案例：夏某系某食品公司员工，2009 年 9 月 16 日 17 点 30 分左右，已经是下班时间，全体员工在公司大厅聚餐（该大厅与生产车间有明显距离），为部分员工庆祝生日。在聚餐期间，夏某与几位同事一起吸烟，被总经理林某看到，林某指示公司人事经理去制止吸烟，夏某遂把烟灭了。后聚餐间隙，林某与夏某为聚餐时能不能吸烟发生争论，林某认为夏某的争辩是顶撞领导，遂当众辱骂夏某，还试图殴打夏某，同事及时拉开了他。第二天，公司人事部即以"在厂区内吸烟，经公司领导批评，不接受，在全体员工面前当众顶撞领导，造成极恶劣影响"为由，发出处罚单给予夏某除名处罚。夏某不服公司除名处罚，以公司违法解除劳动合同为由，将食品公司告上了仲裁庭，提出要求公司撤销除名处罚，承担违法解除劳动合同赔偿金 16 800 元等诉讼请求。

评析：员工直接承认违纪事实的证据一般较难以取得，单位应侧重收集客观旁证，注重证据的书面性，收集的及时性。

单位在职员工由于属于利害关系人，他们的证言在目前司法实践中，证据效力较低，人事部门仅凭证言做出违纪处罚需要承担一定的法律风险。

用人单位规章制度是企业的内部法律，也是对员工奖惩的依据。以往，因为员工严重违反规章制度而解除劳动合同的占解雇方式的很大比例，即使不少企业的规章制度往往流于形式，缺漏、模糊、可操作性差。但是，《劳动合同法》及其配套法规的出台，让违纪解除这把利剑成为一把双刃剑，企业一旦运用不当，即会造成违法自伤的恶果。从以上案例中可以看出，违纪解除绝对不是单位说开除就能开除的。

【个案讨论3】

两次书面警告＝解除劳动合同？

案例：王某与甲公司2009年1月1日订立劳动合同，2010年9月8日甲公司以王某多次违纪行为，导致公司解除其劳动合同，王某不服，向当地劳动人事仲裁委提起劳动争议仲裁申请，要求甲公司因违法解除劳动合同支付赔偿金。

评析：庭审中王某声称自己虽然在甲公司工作期间，有过两次违纪行为，一次是离开工作岗位，忘记填写离岗登记；一次是上班时间利用公司电脑上网看网络小说。但均不足以达到严重违纪，只是轻微违纪，且已经先后受到公司书面警告和罚款处理，不能因本人一次错误，重复受罚。而甲公司以严重违纪解除本人劳动合同且不支付任何经济补偿金于法无据，要求仲裁委支持本人请求事项。

庭审中甲公司声称：王某自进入公司以来多次违纪，远不止两次，现王某自己承认的违纪行为就有两次，王某第一次违纪行为公司做出了书面警告并罚款50元处罚，王某第二次违纪行为公司做出了罚款100元的处罚，公司《员工手册》明确规定：员工因违反公司劳动纪律受到第一次书面警告后，再犯可受书面警告错误的，公司可解除员工的劳动合同且不予支付任何经济补偿金。公司对王某做出过两次处罚，虽第二次处罚没有书面警告，但王某的违纪行为第二次比第一次严重，所以第二次罚款比第一次罚款要多50元，根据"举轻以明重"之民法理论原则，王某第二次违纪行为所受到的处罚当然要比第一次违纪行为所受到的书面警告加罚款为重，公司《员工手册》也规定两次书面警告即可解除合同，公司只要根据员工此二次违纪行为就可解除劳动合同，符合《劳动合同法》第三十九条第二款之规定，当然合法有效。因此要求驳回员工的请求。

劳动仲裁委经审理查明王某与甲公司建立劳动关系，王某对两次违纪行为确认，承认收到了甲公司的书面警告，月工资收入中先后有两次受到甲公司第一次罚款50元和第二次罚款100元的事实，王某对甲公司《员工手册》内容确认。甲公司解除王某的劳动合同是依据《员工手册》中员工两次书面警告方可解除，而本案中甲公司并未给予王某第二次书面警告，只是进行罚款处罚，且《员工手册》未明确规定"上班时间利用公司电脑上网看网络小说"属于书面警告的行为范围，《员工手册》亦未规定罚款与书面警告效力等同，因此甲公司解除王某劳动合同行为欠妥，仲裁难以认可。王某据此认为甲公司解除行为违法，应当支付赔偿金的主张，仲裁予以支持。

专家提醒用人单位平时应当做好建规立制工作，及时告知员工。一旦员工有违纪事实，应当根据公司规章、《员工手册》或劳动合同等按照程序妥善处理，如此方可减少或避免不必要的劳动用工风险，不至于在劳动争议中陷于被动。

【个案讨论4】

企业规章制度需有告知的必要性？

案例：劳动者王先生和张先生于2008年5月8日进入某电子公司工作，均担任公司市场部经理。2009年12月28日，电子公司核查发现张先生24日上下班有刷卡记录，但部门核实他没来上班，经人事部查看录像后，发现是其同事王先生代为刷卡。电子公司据此认为张先生和王先生的行为严重违反电子公司《人事行政管理办法》中"代人打卡或托人打卡者，经提报并属实，予以开除处分"之规定，将两人开除。

两人对公司的处分决定不服，认为其并不存在代人打卡以及托人打卡的行为，电子公司提供的考勤记录（注：显示张先生的上下班的考勤记录时间）和监控录像光盘（注：监控录像显示出上述数次的打卡时间段出现于刷卡设备处的均为王先生，而非张先生）系单方制作，两人不予确认。而且将一次代人打卡的行为认定为严重违反劳动纪律或用人单位规章制度属于定性错误，并且，根据法律的规定，电子公司的《人事行政管理办法》既没有经过民主程序制定，也没有向全体员工公示，不能作为定案的依据。据此，两人诉请电子公司支付经济补偿金。但电子公司认为托人打卡的行为属于欺骗劳动报酬的行为，性质恶劣，属于严重违反劳动纪律的行为，将两人与公司解除劳动合同，并无须支付经济补偿金符合法律规定。

评析：本案的焦点在于两点，①案件争议的事实是否存在；②处罚法律依据是否合法。在法律一般的通称，就是"事实是否认定清楚，适用是否法律正确"。

结合电子公司提供的证据，经过综合判断，我们假定法院认定张先生委托他人代打卡是事实（在实际司法实践过程中，事实的认定是需要双方举证、质证和法院调查证据的系列过程方可）。那么，我们看起来电子公司依照规章制度条款解除与王先生和张先生的劳动关系似乎顺理成章，完全符合公司管理规定。但电子公司以王先生和张先生违反"代人打卡及托人打卡者，经提报并属实，予以开除处分"规定为由将两人开除，应就该规章制度的合法性负举证责任。但电子公司并未提供任何证据证明《人事行政管理办法》是通过民主程序制定，也未举证证明已公示或者告知王先生和张先生。依据上述调查结果，法院认为张先生的行为并未达到《中华人民共和国劳动合同法》第二十五条第（二）项规定"严重违反劳动纪律或用人单位规章制度"的"严重违反"的程度。因此，电子公司即时开除张先生和王先生不合法，应分别向两人支付经济赔偿金。

企业的规章制度是企业规范运行和行使劳动用工管理权的重要方式之一，并且在劳动争议纠纷处理的过程中，规章制度成为裁判机构一个相当重要的裁判依据。在司法实践中，劳动者违反规章制度事实的认定和规章制度的合法有效性是认定公司处分行为效力的两个条件，缺一不可，任何一个条件不成立，公司的处分行为即存在法律风险，在类似劳动争议纠纷的仲裁或者诉讼中将承担败诉的法律后果。

依据《劳动合同法》的规定，用人单位的规章制度若合法有效的话，必须具备三个要件：①经过民主程序制定；②经过公示并告知；③不违反法律的强制性规定。很多用人单位因为工作地点不固定或者工作时间不统一，无法做到第二点，从而为劳动合同的履行埋下争议的隐患。

根据实践经验，用人单位的规章制度一般可以采取以下公示方法：①在公司的网站上公布；②电子邮件通知；③公告栏张贴；④员工手册发放；⑤规章制度培训；⑥规章制度考试；⑦规章制度传阅。

专家还建议，就本案中用人单位的答辩词中，发现该电子企业的规章制度不够规范（出现了带有"开除"字眼的条款），该条款是企业用人制度未经过专业法律人士审核的明显表现。因为该条款的法律渊源是国务院于1982年4月10日发布施行的《企业职工奖惩条例》（以下简称《条例》）。该条款在《劳动法》《劳动合同法》等法律未颁布实施之前，看似也都无可厚非，毕竟从计划经济转型过来。但随着新《劳动合同法》等劳动法律法规的颁布实施，并且《条例》于2008年1月15日被国务院516号令废止，并明确该《条例》被《中华人民共和国劳动法》和《中华人民共和国劳动合同法》代替，企业的规章制度应该不能再出现诸如开除、除名、辞退、罚款等条款。

案例传真　帮助员工做好工作生活平衡

HR们也开始意识到很多员工无法承受工作的压力，或者因无法忍受工作导致的与家人逐渐疏远，而不得不放弃自己的事业，毅然离开。面对员工生活和家人的众多难题，看着员工面容憔悴、工作效率低下，HR们"看在眼里，疼在心里"。显然，如何实现员工工作和生活的平衡，已经成为现代社会高节奏下人力资源管理的一个重要课题，这也是企业实施全面薪酬的重要一环。

鱼和熊掌如何抉择？老难题有了新内涵。所谓"工作与生活的平衡"主要指职业人士如何进行工作和生活的时间支配，在做好工作的同时，兼顾自己的健康和家人的生活。有人还专门针对这一问题提出了与IQ、EQ并行的TQ（Time Quotient，时商）的说法。20世纪90年代，世界范围内的经济竞争日益激烈，职业人士的"工作与生活平衡"问题日渐凸现，引发了一系列经济发展、社会生活问题，对它的研究也越来越受到重视。在中国，随着改革的深入、人才竞争的加剧，人们也十分关注这一问题。

据调查显示，在中国，有65%的人抱怨自己工作生活失衡；韩国是最"失衡"的国家，这一比率高达92%；而情况最好的荷兰，也只有57%的人认为自己工作和生活是平衡的。中国压力最大的群体是26～35岁的人，他们占据了中国工作和生活失衡人群的33%以上。而在这群人中又以男性最为突出，高达67%的男性反映自己难以找到工作和生活的平衡点。同时，

18～25岁年轻女性的工作和生活平衡问题也令人担忧，有70%左右的人认为自己工作与生活失衡。有35%的中国人被来自家庭内部的压力困扰，认为"照顾他人"是难以平衡生活与工作的重要原因。这可能是由于家庭结构和人口老龄化问题让人背上了沉重的生活压力。中国的女性认为"工作和生活平衡"是工作满意度最重要的一方面，而男性则将之排到第4位，但是他们也普遍对自己的现状表示不满。其实，工作与生活的平衡是一个得与失的交易。因为平衡意味着选择和取舍，并要承担相应的后果。那么，究竟是令人羡慕的工作重要，还是拥有一个幸福美满的家庭生活重要呢？上述调查表明，很多人为了保持"平衡"筋疲力尽却仍不得要领。怎样才能在心里放一个跷跷板，保持好工作与生活的平衡，成为工作和生活的双重富翁呢？事实上，这些问题绝不仅仅只是员工个人应该思考的问题，对于企业来说也非常重要。目前越来越多的企业开始意识到员工"工作与生活的平衡"对企业发展至关重要。一方面，企业的战略目标是否能够实现，员工的努力是重要的一点，只有解决了员工的后顾之忧，使其全身心投入工作才能产生好的业绩；另一方面，实现工作和生活的平衡对于留住优秀员工也相当重要。由于工作生活失衡导致的家庭、健康甚至死亡问题对企业和员工无疑都是巨大的损失。因此，必须把"工作与生活平衡"作为"全面薪酬"的一项重要内容，从对员工的人性化关怀方面给员工提供这样一种非物质激励。

跷跷板的平衡艺术：工作向左，生活向右。那么，企业如何适时适量地支付这项"隐性薪酬"，让员工实现工作和生活的平衡呢？录用个人特征、志向兴趣符合岗位任职资格的求职者，实现人岗匹配。企业如果招聘到一位不合适的员工，即使该员工使出浑身解数、筋疲力尽，也无法很好履行岗位职责，必然会造成工作和生活的失衡，所以企业做出录用决策的时候不仅仅要考虑求职者的能力，其性别、年龄、家庭、健康状况等个人特征是否与工作岗位相符同样非常重要。此外，时间和精力分配仅仅是"工作和生活平衡"的表象问题，兴趣需求得不到满足才是深层次的原因，所以招聘时，面试官还要和应聘者充分沟通，看岗位是否符合他的志向兴趣，否则对员工和企业都将造成遗憾，最终"不欢而散"。因此，在招聘录用时就必须实现人岗匹配，把潜在的工作生活不平衡因素"扼杀在摇篮中"。开展宣传教育，对员工和管理者贯彻"工作和生活平衡"的观念。在中国的传统观念里，往往只强调工作，而忽视生活。过去，社会通过树立像陈景润、焦裕禄这样的榜样来鼓励人们积极工作。但是，现代人面对匆忙的工作、拥堵的交通、纷繁的生活，必须找到工作与生活的平衡点，必须强调这样一种观念，即工作与生活的平衡是为了更好地工作和生活的观念。这个观念不仅仅要贯穿到员工心中，对于管理者来说同样重要，管理者必须有一颗关心员工生活的心，一方面让员工知道上级在关心他，为一方面要从企业的角度帮助员工真正解决一些生活上的问题。

人力资源部门可以举办一些讲座、沙龙等交流活动，循序渐进地启发引导员工和管理者接受一些新的观念，比如工作和生活是一块硬币的两面，互为补充，互为因果。生活幸福和安宁的人才能保持持续的工作热情，使得事业有成，进而家庭和睦，形成良性循环。不要以被人称为"工作狂"为荣。长期自我强迫、超负荷工作可能会导致没有了生活情趣，逐渐变得情急浮躁、性情冷漠、刚愎自用、以自我为中心，忽视家人的感受，缺乏付出和获得爱的能力。人力资源经理在培训中，还可以将一些生动的案例与员工分享，比如德国人非常尊重个人生活时间，他们经常花费大量的时间进行钓鱼、日光浴等休闲活动，其实他们在工作时是异常认真、一丝不苟的。

美国总统里根卸任时，继任者询问担任总统最重要的事情是什么，他郑重地告诫道：一定要重视家庭生活。美国星巴克、华盛顿互助银行、波音、亚马逊等公司的管理人员，周末绝不加班，他们的观念是在休息时间因工作打扰别人，是极为失礼的。美国食品杂货连锁店威格曼食品市场（WFM），非常重视员工工作和生活的平衡，其员工流动率仅为8%，几乎年年获得最佳雇主称号。他们认为，员工的替代成本是该岗位薪水加福利的1.5倍，假如每年能留住20名打算离职的员工，就等于节省了260万美元。

宏碁（Acer）公司董事长王振堂以身作则，每天晚上7点就开始催下属离开，不要加班。据调查，管理者职位越高，越注重保持工作和生活的平衡。他们尽量做到早餐和晚餐跟家人一起吃，遇到对家人有特殊意义的日子，他们绝不在时间冲突时向工作安排让步，恪守对家人的约定承诺，保持家人对自己的信赖，不打乱家庭生活的节奏。当然，这需要顶住领导、同事，甚至下属的不少压力。A女士和丈夫都是公司高管，每天早出晚归，无法保证女儿按时吃饭，结果女儿被检查出了严重的胃病，她倍感内疚。后来她换了份普通的工作，月薪只有过去的30%，但每天能够按时上下班，有充分的时间照顾女儿，她感到非常满足。B先生的领导准备派他到外地常驻，但儿子刚刚出生，他不愿让夫人独自承担带孩子的辛劳，毅然辞职跳槽，而心里却很坦然。开展培训活动，辅导员工学习实现"工作和生活平衡"的技巧。辅导员工进行职业生涯规划。一般来说，员工个人和企业之间，目标和利益是不尽一致的。应该辅导员工做好职业生涯的规划，根据自己的意愿、能力、家庭情况，事先规划好在自己人生的不同阶段，工作和生活各自的目标。如果没有这样的系统思考，在遇到具体问题时，就难以把握大局，容易迷失方向。反之，如果有了坚定的原则，就会从容不迫，随时正确衡量自己的选择是否符合最终目标，使得工作与生活达到动态平衡。上下级充分沟通，合理分配工作时间。

合理定岗定编，科学分配工作量是员工实现"工作和生活平衡"必备的基础前提。员工应该分清楚哪些是自己的分内工作，哪些工作并不属于自己的岗位职责范围。这样，员工就可以通过与上级的沟通，合理拒绝上级要求的各种本职工作以外的事情，减少角色超载的情形。对于上级来说，应该告诫和监督员工在工作过程中足够投入，培养时效观念，以提高工作效率，赢得从此任务转换到彼任务的过渡时间；同时告诉员工不要以加班为荣，上班时专时专用，休息时间只关注生活。

进行生活技巧的培训。当今企业对于工作能力的培训已经相当丰富了，但是对于员工工作外的培训却是一个新话题，可以把这个当成对员工的一种福利。实现工作和生活的平衡，必须从工作、生活两方面共同努力，相辅相成。因此，企业一方面可以根据本企业的工作状况对员工生活带来的影响进行相关的培训，如怎样处理家庭生活等；另一方面可以组织内部员工交流各自在工作生活平衡方面的经验和心得，因为一个企业内部的员工遇到这方面问题肯定有相类似的地方。

关心员工的身体，对员工进行健康投资。据统计，有 1 200 名知名企业家英年早逝，一些民营企业的老板的确是工作的"拼命三郎"，他们往往也要求员工向自己看齐。然而对于普通员工而言，熬夜加班会直接导致睡眠不足，这对绩效的影响是不言而喻的。人力资源部应该鼓励计划性工作，不提倡连续工作十几个小时或通宵熬夜工作。管理人员除了自己不玩命工作，也不要鼓励或者要求员工这样做。人力资源部门或者直接上级应该随时关心和检查员工的工作状况，告诉员工如果出现下列情形，工作和生活可能已经在不平衡状态中，必须及时采取相应措施：（1）惧怕每天早上上班；（2）有不少工作时间是在装模作样；（3）难以集中注意力，工作上没有任何创新思路；（4）工作压力过大，没有时间休闲放松；（5）一想到办公室，就感到厌恶；（6）很久没有因为工作成果而兴奋了。

关注员工的健康，人力资源部不能只停留在报销医药费、定期体检等传统项目上，而应该主动对员工进行更为广泛的健康投资。这些方面，很多国外知名企业的做法值得借鉴。强生公司采用非物质激励手段，要求员工接受体检和问卷调查，被认为属于高发病人群的员工会被劝导参加饮食和锻炼计划，帮助他们培养健康的饮食习惯和运动方式。公司 CEO 威廉·韦尔顿还每周都邀请员工走出户外，开展"与 CEO 步行"一小时活动。

摩托罗拉公司经常安排一些体育活动、组织集体旅游等，敦促员工进行运动。要求员工出差时，必须入住有健身设施的酒店。

著名的统计软件厂商 SAS 公司，在办公区专门为员工设立了按摩室、午休室和游泳池等。实施弹性工作制，使员工拥有时间安排的自主选择权。弹性工作制的具体操作形式包括在家工作、工作分享、部分工时、弹性上班等。这同样可以借鉴一些知名企业的做法：IBM 公司设立了 8 点、8 点半、9 点三个早上打卡时间，相应的下班打卡时间为下午 5 点、5 点半和 6 点，员工可根据自己的实际情况自由选择，另外，IBM 有 40% 的员工不用到公司坐班。

安永会计师事务所在美国地区有 2 300 多名员工被允许采用弹性工作制。著名咨询公司北大纵横，因为项目期间需要加班加点工作，因此实行咨询顾问半年工作、半年休息的制度，适应了知识经济时代高素质员工的需求。尽力帮助员工解决后顾之忧。有不少员工自认为是"大忙人"，常把家庭生活和孩子交给别人代管，将需要花时间、精力、情感处理的问题用钱去打发，还美其名曰"社会化分工"。比如给家人买贵重礼品、送孩子出国旅行，以为这样可以弥补平常对家人的忽略，但事实上是达不到满意效果的，因为有的东西是无法用物质弥补的，必须付出感情和时间。但是，要让这些工作负担很重的员工工作、生活两肩挑，确实有很大困难。那么，人力资源部就需要适当地帮助员工解决后顾之忧。不妨再借鉴一下一些知名企业的做法：花旗集团的"员工援助计划"包括儿童看护计划，设置了儿童智力、情绪、医疗等课程，每天为 1 500 多名儿童（员工的孩子）提供服务。微软在员工子女的幼儿园中安放了摄像设备，员工可以在线看到孩子，男性员工也有一个月的"产假"，以便照顾妻子和婴儿。

综上所述，均衡的生活和工作能为企业和员工带来双赢的局面。因为要想真正实现企业的"外部客户满意"，必须首先使企业的"内部客户"——员工满意。企业注重员工工作和生活的平衡，能够提高员工满意度，降低员工缺勤率和流失率，还能够吸引高素质人才，从而最终使得企业提高效率，扩大产出。研究表明，在维持员工工作和生活平衡方面舍得投资的企业，能够从员工身上得到更多的回报。因此，企业必须把工作和生活的平衡作为全面报酬体系的重要组成部分，让员工感觉鱼和熊掌并非不能兼得。

阿里巴巴"新六脉神剑来了"

阿里巴巴"新六脉神剑来了"。（2019 年 9 月 10 日）

20 周年，阿里巴巴"新六脉神剑"来了！马云泪洒现场：我要换个江湖了！后会有期！

一群有情有义的人，在一起做一件有价值有意义的事。

使命：让天下没有难做的生意。

愿景：活 102 年，我们不追求大，不追求强，我们追求成为一家活 102 年的好公司。

至 2036 年，服务 20 亿消费者，创造 1 亿就业机会，帮助 1 000 万家中小企业盈利。

今天，在成立 20 周年之际，阿里巴巴宣布全面升级使命、愿景、价值观。

阿里巴巴"新六脉神剑"背后的故事："新六脉神剑"价值观由六句阿里土话组成，每一句话背后都有一个阿里发展历史上的小故事，表达了阿里人与世界相处的态度。

客户第一，员工第二，股东第三

2006 年，阿里巴巴 B2B 业务上市前夕，马云首次公开提出"客户第一，员工第二，股东第三"。有投行分析师当即表示后悔买入阿里巴巴的股票。但马云认为：我们要选择的是相信我们理念的钱。2014 年 9 月 19 日，八位客户代表在纽交所敲响了阿里巴巴的开市钟。他们当中有淘宝店主、云客服、快递员和资深的"剁手党"等，阿里巴巴合伙人、员工和投资人一起站在台下，向敲钟人致以掌声。仪式刚刚结束，美国财经媒体 CNBC 的"华尔街直播室"（Squawk on the Street）专访马云，第一个问题就直指华尔街最难理解的"股东第三"。主持人大卫·法柏（David Faber）问："在过去几年接受采访时，你多次谈到客户第一，员工第二，股东第三。今天你拥有了更多的股东，这是否会彻底改变你看待公司或经营公司的方式？"马云回答："我始终坚信客户第一，员工第二，股东第三。"他说，"今天我们融到的不是钱，而是来自人们的信任。数以百万计的小企业、众多的股东，我对此感到非常荣幸、非常兴奋。我想到未来 5～10 年的责任，是如何让这些股东高兴。但最重要的是，让站在台上敲钟的那些人——我们的客户成功。如果他们成功，我们所有人都会高兴。这就是我所坚信的东西。"

因为信任，所以简单

2004 年，为了解决淘宝上陌生买卖双方之间的信任问题，支付宝应运而生。支付宝首创"担保交易"的方式，即托管买家支付的资金，在买家确认收货无误后支付给卖家。这成为中国网络交易信任的起点。起初，不少用户对线上交易怀有担忧，担心其安全性。为解决用户的后顾之忧，2005年2月，支付宝推出了"你敢付，我敢赔"的消费者保障计划，承诺如果账户被盗将进行全额赔付，打消了用户的疑虑。15年来，从快捷支付、面向小微商家的纯信用贷款到芝麻信用、区块链溯源技术等，支付宝每一个创新产品和服务的推出，都与信任有关。世界上最宝贵的是信任，最脆弱的也是信任。阿里巴巴成长的历史是建立信任、珍惜信任的历史。你复杂，世界便复杂；你简单，世界也简单。阿里人真实不装，互相信任，没那么多顾虑猜忌，问题就简单了，事情也因此高效。

唯一不变的是变化

1999年，马云赴硅谷为刚刚创立不久的阿里巴巴寻求融资。按照惯例，寻求融资必须提供BP（Business Plan，商业计划书）。但马云认为，对变化纷繁的互联网而言，做一份厚厚的所谓详尽"计划书"反而是忽悠和欺骗。结果是，因为没有天花乱坠的BP，37家硅谷的风险投资拒绝了阿里巴巴。马云随即决定把BP放在一边，大胆宣布"I never plan"（我永远不做计划）。互联网世界瞬息万变，适应未来最好的方式就是创造未来。从那时起，阿里人就坚信，唯一不变的是变化。2003年诞生的支付宝开启了移动支付的先河；2009年阿里云成立，让阿里成为国内最早布局云计算的平台型企业；2016年底，阿里提出包括新零售在内的"五新"战略，揭开零售业数字化革命的大幕。阿里巴巴早已不是等风来，也不是迎风走，而是做"造风者"。无论你变不变化，世界在变，客户在变，竞争环境在变。因此，阿里巴巴要求每一位阿里人心怀敬畏和谦卑。改变自己，创造变化，都是最好的变化。拥抱变化是阿里巴巴最独特的DNA。

今天最好的表现是明天最低的要求

2001年1月，阿里巴巴还没有找到成熟的商业模式，营业收入波动剧烈，而此时，账户里只剩下700万美元，按照每月100万美元的开支，阿里巴巴最多只能坚持半年。在生死边缘，阿里巴巴受到航空公司的会员积分体系启发，创造性地设计出了金、银、铜牌考核制度，销售员当月的业绩决定了其下个月的提成。这套制度激励了阿里人不断追求卓越，以更高的要求为客户创造价值，由此培养出的销售团队被誉为"中供铁军"。2002年，阿里巴巴实现全年盈利。在阿里巴巴最困难的时候，正是这样的精神，帮助它渡过难关，活了下来。"今天最好的表现是明天最低的要求"意味着在身处逆境时懂得自我激励，在身处顺境时敢于设定具有超越性的目标（Dream Target，梦想目标）。面向未来，不进则退。阿里人仍要敢想敢拼，自我挑战，自我超越。

此时此刻，非我莫属

1999年9月14日，阿里巴巴在《钱江晚报》上发了第一条招聘广告。上面的广告语是：If not now，when？If not me，who？此时此刻，非我莫属。后来，这句话成了阿里巴巴的第一句土话。它体现了阿里人对使命的信念和"舍我其谁"的担当。社会责任是阿里巴巴的核心竞争力。从一个创业公司逐渐成长为一个数字商业的新经济体，阿里巴巴为社会担当的初心从未改变，因为一群有激情、有担当、有使命感的阿里人汇聚在一起，这家企业始终保持温度，将自身发展融入社会发展，不断地通过技术和创新，解决社会问题、推动社会进步。每一位阿里人必须要有"家国情怀"和"世界担当"，只有这样，阿里巴巴才会赢得尊重。

认真生活，快乐工作

2009年2月17日，马云在一封致全体阿里人的邮件中，提出"认真生活，快乐工作"的理念。

我们认为，工作只是一阵子，生活才是一辈子。

工作属于你，而你属于生活，属于家人。

像享受生活一样快乐工作，像对待工作一样认真地生活。

只有认真对待生活，生活才会公平地对待你。

阿里因你而不同，家人因你而骄傲。

每个人都有自己的工作和生活态度，阿里巴巴尊重每个阿里人的选择。

阿里人把这条价值观的考核，留给生活本身。

（资料来源：根据网络资料改写）

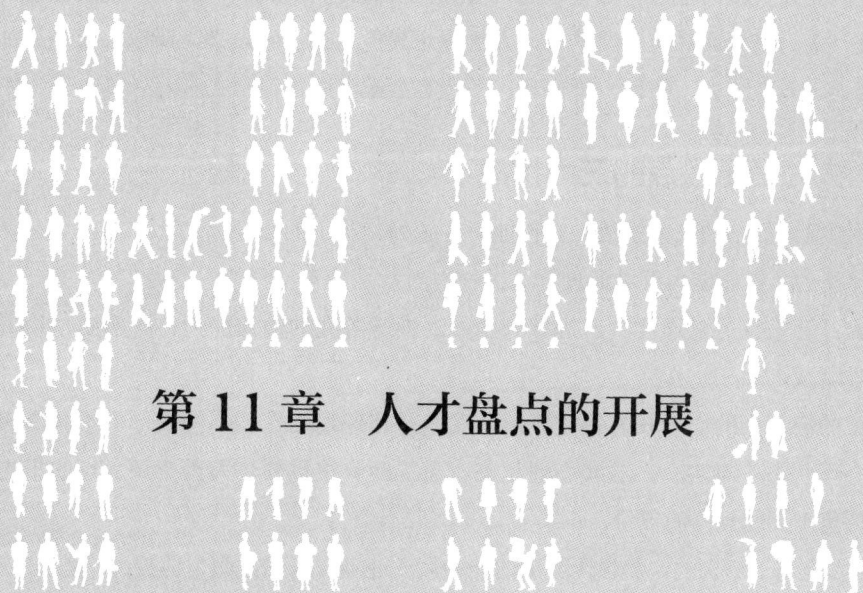

第 11 章　人才盘点的开展

11.1　企业如何开展人才盘点

人力资源盘点主要回答三个问题：一是数量，即人员的数量；二是结构，有怎样的岗位；三是能力。人力资源部最核心的工作是向企业提供人力资源的支撑，确保企业在业务运营和战略发展中有足够的人力支撑，即每个岗位都人机匹配，且这些人都具备相应的能力。总的来说，人力资源盘点就是要对企业现有的人力资本进行评价、识别。

人才的流动是一个动态的过程，比较难掌握，比如一些大企业希望不喜欢的员工离职，一些中小企业因为在关键岗位没有可替代的人员又担心关键员工离职，这给人力资源盘点带来了难度。此外，人力资源面对的对象是人，人的思想和能力很难看出来，所以人员能力的评价需要从操作能力、专业能力、知识、价值观、个性等多维度进行。

11.1.1　人力资源盘点的三大挑战

人力资源盘点面临的三大挑战：操作能力、智力、员工的心。

- 操作能力：操作能力可以通过测试进行判断，是最容易测评的能力。
- 智力：智力也可以通过测试进行判断，人们常关注的沟通能力、影响力、价值观等则较难测试。
- 员工的心：人的心理状态很难判断，尤其是在职场工作多年的人，更不容易表现自己的心理状态。事实上，这些心理状态对员工而言很重要，人力资源盘点的报告中应当包括员工离职倾向的评价。

人的能力是属于个人的，要想让员工的能力属于企业，需满足两个前提：一是员工有能力，二是员工愿意为企业工作。也就是说，员工的能力处于流动状态，只要员工离职，其能力就不再属于企业。对于中国移动、海油等大企业来说，其最大的人力资源难题是淘汰人的问题；而对于中小企业来说，面临的人力资源问题更大，招聘员工是问题，让员工留下更困难，如果员工留不下，盘点也就失去了意义。

可见，员工的能力难以判断，内心的想法比较隐蔽，会给人力资源盘点带来很大挑战。

11.1.2　人才盘点的认知

人才盘点是对组织结构和人才进行系统管理的一种过程。在此过程中，对组织架构、人员配比、人才绩效、关键岗位的继任计划、关键人才发展、关键岗位的招聘，以及对关键人才的晋升和激励进行深入探讨，并制定详细的组织行动计划，确保组织有正确的结构和出色的人才，以落实业务战略，实现可持续成长。人才盘点是组织与人才盘点的简称。

11.1.3　人才盘点的意义

人才盘点有助于建立人才储备库，为企业源源不断地识别和培养胜任（出色的，一流的）管理人才。

（1）有助于形成统一的人才标准，识别优秀人才，辅助实现人才规划。

（2）诊断企业，持续改进企业的用工效率。

（3）塑造绩效导向的文化，对高绩效、高发展潜力的人才进行针对性的激励和发展，同时为管理者的能上能下奠定基础。

（4）各部门负责人通过参与人才盘点工作，能够有效地提升用人、识人的能力，为管理者和被管理者提供更好的发展。

（5）将人力资源与企业战略紧密地链接在一起。

人才盘点是组织能力建设的一项重要工作。人才盘点的最终目的是塑造企业在某个方面的核心竞争力，为达到这一目标，对当前企业的运行效率、人才的数量和质量进行盘点，提前对企业发展，关键岗位的招聘，关键岗位的继任计划，以及关键人才的发展和保留做出决策。因此，人才盘点具有很强的战略意义，也是战略性人力资源管理工作的核心内容。

11.1.4　人才盘点的目标

（1）提高员工个人的核心竞争力，为员工提供有效的职业发展道路，同时使企业具备行业内一流的人才。

（2）培育企业未来的管理团队，让领导梯队的各个领导人职务都有出众的候选人。

（3）让人才成长速度高于业务发展速度，保证业务发展过程中有充足的人才供给。

11.1.5　人才盘点的内容

（1）人才基本情况盘点。主要包括人才的年龄、性别、学历、岗位、工作年限等基本信息。

（2）人员流动情况盘点。包括人员入职情况，人员离职情况，招聘渠道分析。

（3）人才能力盘点。包括人才能力素质，人才工作状态，人才管理能力。

11.1.6　人才盘点的范围

人才盘点的过程实际上是识别关键人才的过程，因此，人才盘点的范围应该是对企业所有具备管理潜力的人才进行盘点，从中甄选出关键人才。关键人才一般包括：高绩效、高潜力人才；高绩效、中潜力人才；中绩效、高潜力人才。

11.1.7　人才盘点的原则

（1）战略导向原则。战略导向原则指企业未来打算做什么和怎么做。进行人才盘点、培训和人力资源规划都要适度超前，不能只看当下。如果企业在需要时才让人力资源部找人，很多岗位尤其是一些稀缺岗位往往很难在短时间内找到合适的人才。因此，进行人才盘点时要用未来作为比对的标准，即一定要基于企业未来的发展，要有规划，不能凭空想象。

另外，作为人力资源管理人员，要明确自己的配角地位和支撑角色，不能过分强势和完全主导他人。

（2）定性定量原则。

（3）上下互动原则。优秀的人才盘点和人力资源规划一定要具备自上而下和自下而上两个动作的互动过程，如果只有自上而下的互动，容易导致下属与企业的发展战略发生偏差；如果只有自下而上的互动，会出现人员膨胀和部门领导成本意识不强的问题。

11.1.8　人才盘点的步骤

（1）测试阶段。这个阶段考核对象需要完成工作行为测试（WBI），从外向性、亲和力、思维开放性、责任感、情绪稳定性五个纬度对与工作相关的人的行为风格和个性特征进行测试。

（2）考核阶段。用 360 度评估方式，通过在企业内选择与某员工工作有直接联系的上级、同事、下级等 6 ～ 8 人，让他们对该员工的行为表现进行评估打分，可以全方位的了解该员工的工作表现。

（3）专家访谈。这个阶段人才盘点工作组成员与员工就个人 3 ～ 5 年的职业规划做深入访谈，以便对其综合素质以及培养潜力做出更为直观地判断。访谈结束之后，每一位参与访谈的组成人员都要对被访员工给出自己独立的评价意见。

（4）人才评价与任用。建议根据评估结果（包括 WBI 测试结果，360 度评估结果和专家评估意见结果）和人才盘点工作小组的反复讨论，慎重地对企业人员进行人才分类盘点，确定出企业的核心员工、潜力员工、普通员工和待改善员工，并给出其任用建议和理由说明。

①核心员工：是企业的中流砥柱，是企业生存和发展的根本，这部分员工建议可大胆地破格提拔任用，让他们可以站在更高的位置上去影响更多的人。

②潜力员工：这部分员工需要企业重点关注，通过辅导、培训、沟通和交流等多种形式，帮助他们快速成长。

③普通员工：能做好自身的本职工作，但是在企业发展的潜力较小。

④待改善员工：即问题员工。在沟通、批评教育后仍没有效果的，应立即予以辞退。这类员工在企业中的存在给企业造成的负面影响是很大的。

11.1.9　人才盘点的评估标准

（1）基本素质能力。员工在管理自己、管理他人和管理任务方面的能力，主要考虑员工现有的素质能力。

第11章
人才盘点的开展

（2）预期成功要素。对员工在个人悟性、勤奋和可塑性方面的评价，可主要考察对员工进行辅导培养是否具备可行性条件。

（3）对企业的价值。该员工对企业的忠诚度和岗位稀缺性，主要考虑的是该员工对本企业的价值程度。

11.1.10　人才盘点继任规划的成熟度模型与核心

人才盘点继任规划的成熟度模型。

（1）高管培养。关注最高层后备人员的培养，通过课程等方式。

（2）替代计划。识别具备潜力的人，将其安排到最合适的岗位上培训。

（3）继任计划。对关键岗位实施人才盘点和培养。

（4）继任管理。以 CEO 和高管团队为核心，制定支持业务策略的继任计划，人才培养前置。

组成完整的继任规划的四个核心部分。

（1）能力评价。依据各企业内的领导力评价标准化。

（2）人才盘点。以 CEO 和高管团队为核心，关于业务单元组织与人才发展的汇报。

（3）制定人才发展计划。根据后备人才的优点和改善点设计的发展改善计划。

（4）设计培养项目支撑个人和组织能力提升。培养计划的实施及结果反馈。

11.1.11　人才盘点会的实施

（1）人才盘点会的实施前提。

① CEO 是否会亲自参加和主持人才盘点会。

②组织是否足够开放，以及是否鼓励公开的与下属谈论和反馈个人优劣和发展。

③人力资源部门是否有足够的专业性和影响力，能够理解业务并与各级管理者对话。

④各部门的一把手是否普遍关注下属团队的发展。

⑤是否有承诺的文化，是否组织能够说到做到。

前三条是核心条件，最后两个条件虽然重要，但并不是不可或缺，可以逐步弥补。

人才盘点的第一责任人一定是 CEO。

● 结果的公开化。

● HR 应成为人才能力和组织需求的洞察者，具备与业务一把手甚至 CEO 的对话能力。作为非常核心的角色参与到人才盘点会的整个流程当中，并提供人才潜力评价的建议。领导，很重要！如果没有某些事情触发领导认识到人才培养的重要性，那 HR 很关键、也是比较头痛的事情，就是如何让领导认识到（或重视）这一点，这是普遍企业存在的问题。因为人才培养确实难以用量化的数字，去体现其对企业的价值和效益驱动力。

（2）准备阶段。

①确认评价标准并收集评价结果。

②设计非常简单有效的表格用于盘点会。

③开展各业务部门的沟通说明会。

④各业务部门填写盘点表格。

（3）实施人才盘点会。

人才盘点会通常每年举行一次，分业务单元进行，每个业务单元的高级副总裁将带领他的直接下属向 CEO 做该业务单元组织与人才发展的汇报。

汇报内容：团队的组织结构和人才梯队现状，并强调与组织战略的一致性。

汇报性质：跨级对话。

汇报实质：高层间较量谁对这个组织更有洞察力和远见。

CEO 的关注点：

①组织结构合理性。

②人才队伍的建设情况。

③关键岗位的人员准确度。

④与全年战略目标实现相关的人才问题。

将盘点会作为人才盘点的方式，这并不完整。大量的盘点是不可能在会议上完成的，因为按照中国企业召开会议的习惯，通常不到万不得已不会持反对意见，多数反对意见都是在会后才出现，所以更多的盘点应该放在人员配置会上。

盘点结果：形成一套人才培养的行动计划——今年人才培养的实施重点。

①关键人才库，以类似九宫格的人才信息或人岗匹配度模式体现。

②帮助每个组织形成未来 6 ～ 12 个月的行动计划（可能包括晋升、轮岗、外派、培训、淘汰等内容），人岗没有真正培养行动的实施，盘点将没有任何价值。

（4）后续跟进

①高潜力人才的培养。

②发展反馈。

● 相关性比较强的业务单元，关键人才进行不同业务单元间的轮岗（这种做法大大增加了人才的曝光率和发展空间）。

● 由全球高层的发展反馈，一针见血地点出被反馈者的问题所在，并且给予个人极有价值的发展建议，提升管理者满意度，明确职业发展方向。

11.1.12　人才盘点的方法与使用工具

（1）人才盘点的方法如下。

①列出企业所有确定的项目、正在推广中的项目。

②根据项目计划确定每个人力资源需求计划。

③项目人员交叉使用运筹规划。

④通过项目预算与人工成本系统控制人工。

企业若没有经验积累，可以找同行作为标杆进行参考，如果人力资源部不了解相关信息，则需与业务部门一起完成。人力资源部可以通过人工预算的方式，利用人均产值、人均利润进行衡量，避免其他部门多招聘员工。

（2）人才盘点的工具。

①综合能力评价。在 HR 协助下，上级管理者完成对下级的综合能力评价，如下图所示。

综合能力评价表

②综合排序。根据员工的综合表现和所负责岗位的重要性，对下属人员进行综合排序。

③九宫格。人力资源在进行人才盘点时，必须要学会制作九宫格，如下图所示。

潜能

内容	贡献者	完成胜任者	杰出绩效者
可提拔	6个月内新被提拔人员（7）	提升绩效（8）	现在需被提拔（9）
在原岗位上发展	发挥优势，提升绩效（4）	发挥优势，提升绩效（5）	发展其更高级的技能（6）
不能被提拔	降职或辞退（1）	发挥优势提升绩效（2）	经验丰富的"老鸟"（3）

绩效

人才九宫格

九宫格的横轴表示绩效，纵轴表示潜能，潜能和绩效的简要定义如下表所示。

潜能/绩效水平	简要定义
高潜能	在1年之内有能力可以承担更高的职责或挑战
中潜能	在2年内有能力可以承担更高的职责或挑战
低潜能	未看到几年内有能力可以承担更高的职责或挑战
卓越绩效	每次工作都出类拔萃，成为公司甚至行业内的榜样
优秀绩效	几乎总是能够出色完成任务，是值得信赖的公认的优秀员工
良好绩效	基本能够较好地完成工作任务，工作表现较为稳定
有待改善绩效	较常出现工作业绩未达到要求的情况

人力资源部根据九宫格可以知道企业中潜力大、业绩优秀的员工数量，确定培训重点以及需保留的员工。在现在的关系导向型社会中，各个部门往往都是凭感觉上报优秀人员，因此人力资源部的价值就在于替企业留住关键人员，对有前途的员工进行培养，不胜任的员工予以淘汰。

因此，在进行人才盘点时一定要画出九宫格，即使画得不够完整，也要列出相关的几类人。比如专门对某一重点队伍的盘点分析，评价维度可以包括资格条件、胜任能力、业绩结果、关键行为，针对每一维度评价员工特点，再对员工进行分类，如哪些是理论和实践水平均较高的员工、哪些是不具备资格的员工等。需注意的是，直接上级确定九方格图时，应与下属进行一对一沟通，九方格图的结果需要经过两级审核。

④安排关键岗位的继任计划。

高潜力人才来源于人才九宫格中的（6）（8）（9）。继任计划的安排如下图所示。

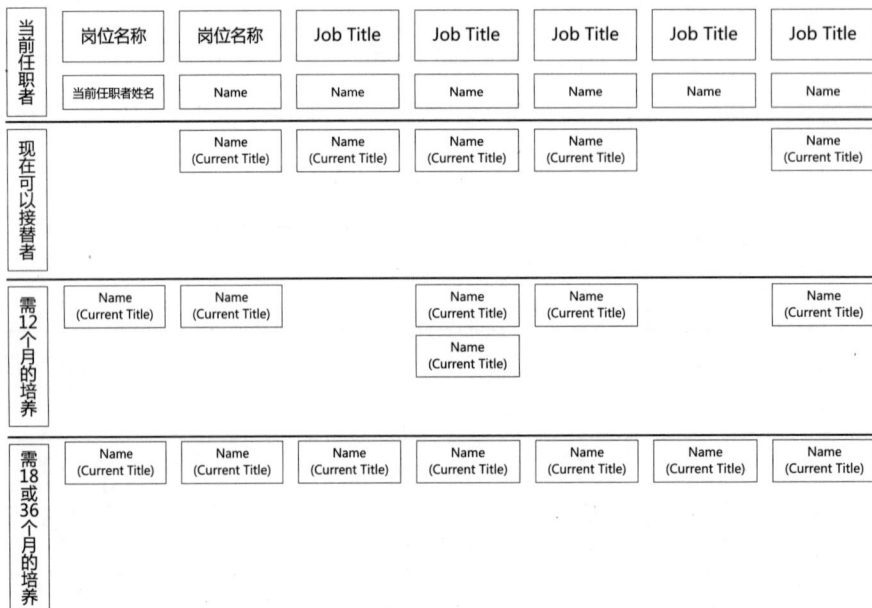

注意：盘点有多少个空置的关键岗位？关键岗位有没有内部继任者？如果没有，启动外部招聘。

继任计划

11.2 工具表单

表单 1. 继任者计划

继任者

姓名	职务	任职时间	业绩表现（近半年绩效考核）						级别	潜能	补充经验	关键行动	备注
			1月	2月	3月	4月	5月	6月					

表单 2. 重点人才状态盘点表

重点人才状态盘点表

序号	姓名	入职时间	所属部门	岗位	目前工作状态	离职风险	可能离职的原因	安抚方式

表单 3. 人员结构分析

人员结构分析

分析项目	结构内容	人数	总人数	占比（%）	结构分析图	分析结果
层级	总监					
	经理					
	主管					
	员工					
部门	总办					
	财务部					
	人力资源部					
	行政部					
	营销部					
	工程部					
	客服部					
	品牌中心					
	信息中心					
学历	高中					
	中专					
	大专					
	本科					

分析项目	结构内容	人数	总人数	占比（%）	结构分析图	分析结果
年龄	20岁以下					
	20～24岁					
	25～29岁					
	30～39岁					
	40～49岁					
	50～59岁					
技术职称	无职称					
	初级					
	中级					
	高级					
婚否	未婚					
	已婚					
性别	男					
	女					
入职年限	1年以内					
	1～3年					
	3～5年					
入职年限	5～10年					
	10年以上					
工作年限	应届毕业生					
	1～3年					
	3～5年					
	5～10年					
	10～15年					
	15年以上					
地区	湖南省内					

案例传真 **某民营环保型公司的人力资源盘点**

某民营环保公司主要从事水处理工程，在现阶段业务发展非常迅速，不但研发做得很好，业务模式也很成熟。但是在对该公司进行人才盘点时，人力资源发现无法按照成熟型公司的模式进行操作，很多成熟型公司的人才盘点方法和工具在该公司都不可行。原来该公司还只属于一家成长型公司，老板最关心是否有人进行业务拓展，而非薪酬问题是否能够解决。

于是，该公司的人力资源在盘点时重新调整思路，根据公司的业务发展节奏来判断公司对不同人员的需求程度，并进行排序，同时盘点哪些员工来了后，公司的业务收入和利润会增加，原因在哪儿。盘点结束后，人力资源把员工数量和主要岗位等信息都开发出来了，最终取得了满意的结果。

人力资源部在对成长型公司进行人才盘点时，应做到如下几点。

（1）关注战略。人力资源部应关注公司下一步要做什么，不能只看当下。

（2）关注重点项目。人力资源部要关注公司有哪些重点项目，每个项目需要多少人，因为员工的安排最终要落实到具体项目或岗位上。

（3）关注产品。人力资源部要关注公司是否有重大产品开发项目，若有则需了解其业务模式，因为其中往往蕴含着很多人员的需求。

（4）关注市场。在盘点中，人力资源部还应多关注市场，不可过分冒进，公司解雇员工很难，招聘需谨慎。

另外，对于成长型民营公司，需要注意的问题包括：第一，在人力资源盘点中，民营公司，尤其是成长型民营公司波动大，且往往老板一人说了算，难免会出现老板一时冲动的情况，因此人力资源部需要关注公司的业务情况；第二，需特别关注公司的支付能力，人力资源部要确认公司需要什么员工以及财务状况，要将人才盘点落地到公司的预算中。

苏宁的人才盘点

苏宁电器现阶段的战略是向电子商务发展，苏宁易购发展很快，因此出现大量新的岗位。对此，苏宁电器完全基于下一步的发展进行人才盘点，其发展了“事业经理人”概念，希望员工能够长期与公司共同发展，即尽可能从原来的岗位发展人员，而不是招聘。

在此情况下，苏宁也遇到了挑战，即此模型可能导致该公司吸引外部人才的积极性降低，出现公司员工不能适应新岗位的问题。

岗位变化主要表现在新增岗位和减少岗位两方面。基于岗位角度进行人才盘点时，不但要清楚公司会出现哪些新增和消失的岗位，还要了解这些岗位的数量以及每个岗位的人数。

人力资源部需要对公司现状进行盘点，比如运营一个线下的电器企业和运营一个以运营互联网和线下互动的电器企业所需要的能力是不完全一致的，所以战略导向要随着公司的新战略、下一步发展、公司的岗位变化和能力的变化而改变，这也就要求了在进行人力资源盘点时需先确定公司的战略规划。

某公司岗位变化及能力变化分析

某工程机械公司提出一个重要理念，即“第三次创业”，该公司的主要战略是“国际化”，即通过国际化推动公司成长。

在国际化的战略下，公司所需要的能力发生了变化，因而出现了岗位调整，如国外发展部分需大量员工进行海外营销和海外服务，同时该公司准备采用并购方式兼并海外企业，这就需要一些并购和跨文化管理方面的人才等，而在国内，由于市场的变化，国内的营销岗位可能就会减少。

可见，能力变化，体现在运营跨国公司与运营国内企业上是完全不同的，运营跨国公司对团队管理的规范性、专业性、外语水平等要求都很高，原来公司过分强调速度就会导致流程规范性较差，在国际市场上就会遇到很大挑战。

某汽车研究院的人才盘点

某汽车研究院主要负责研究新型汽车，是一家比较典型的项目导向型公司。一次，该研究院准备开展一个项目，但苦恼的是这个项目始终没有确立下来，因此无法决定是否进行人员招聘。同时，该研究院并未确定这部分研发是外包还是自己做。如果选择外包，研究院员工主要负责管理、沟通和输入要求；如果选择自己完成，则研发的所有岗位都必须配备齐全。对此，研究院需要进行盘点，确定要研发的车型、项目以及每个项目所需岗位等具体事项。

项目型公司做人才盘点很重要的原则，即必须确定项目计划，并把项目计划细化到节点。因为项目用人都是阶段性的，所以进行人才盘点时必须计算出人力资源成本，即项目需要的人员。

某应用软件公司的人才盘点

某应用软件公司在进行人才盘点时，都会向负责市场管理的员工了解公司最近的项目，如哪些项目正在谈，哪些项目已经接近签约，哪些项目做得可能性比较大，哪些项目还只是说说，并一一列出来，然后在此基础上判断公司的整个项目情况和每个项目预计的时间。

该公司以前的人力资源管理很差，后来通过引进一个系统得到了很大改变。同时，作为系统集成的软件开发公司，这类公司经常遇到的人力资源问题，就是项目签约前需做大量工作，各部门在项目前期都希望多要人。经过人才盘点，现在该公司实行赊账的方法，根据项目计划确定每个人力资源需求计划，并将人力成本计入项目中。很快，该公司人力资源部的压力减轻了，人力成本也得到了有效控制。

总之，对于项目型公司而言，梳理清楚项目计划，做好人力资源工作，对改进公司管理有很大帮助。

（资料来源：根据网络资料改写）